インド新論理学の解脱論

山本和彦

法 藏 館

The Theory of Liberation in Navyanyāya

Kazuhiko Yamamoto

Hōzōkan
Kyoto
2015

目　次

略号

ĀTV	Ātmatattvaviveka of Udayana Ācārya
BĀU	Bṛhadāraṇyaka Upaniṣad
BhG	Bhagavadgītā
ChU	Chāndogya Upaniṣad
Kir	Kiraṇāvalī of Udayana Ācārya (3)
KirR	Kiraṇāvalīrahasya of Mathurānātha Tarkavāgīśa
MS	Mīmāṃsāsūtra of Jaimini
MV	Muktivāda of Gadādhara Bhaṭṭācārya (1)
NBh	Nyāyabhāṣya of Vātsyāyana
NK	Nyāyakandalī of Śrīdhara
NL	Nyāyalīlāvatī of Vallabha Ācārya
NS	Nyāyasūtra of Akṣapāda Gautama (4)
NSD	Nyāyasiddhāntadīpa of Śaśadhara Ācārya (2)
NSM	Nyāyasiddhāntamuktāvalī of Viśvanātha Pañcānana Bhaṭṭācārya
NV	Nyāyavārttika of Uddyotakara
NVTP	Nyāyavārttikatātparyapariśuddhi of Udayana Ācārya
NVTṬ	Nyāyavārttikatātparyaṭīkā of Vācaspati Miśra
PDhS	Padārthadharmasaṃgraha of Praśastapāda
SPA	Saptapadārthī of Śivāditya
ŚV	Ślokavārttika of Kumārila Bhaṭṭa
TC	Tattvacintāmaṇi of Gaṅgeśa Upādhyāya
TCĀ	Tattvacintāmaṇyāloka of Jayadeva Miśra
TCDG	*Gādādharī* of Gadādhara Bhaṭṭācārya
TCDJ	*Jāgadīśī* of Jagadīśa Tarkālaṃkāra
TCP	Tattvacintāmaṇiprakāśa of Rucidatta Miśra
TCPT	Tattvacintāmaṇiprakāśatarkacūḍāmaṇi of Dharmarāja Adhvarīndra
TS	Tarkasaṃgraha of Annaṃbhaṭṭa
VS	Vaiśeṣikasūtra of Kaṇāda (2)
VSC	Vaiśeṣikasūtravṛtti of Candrānanda
VSU	Vaiśeṣikasūtra Upaskāra of Śaṅkara Miśra

VSV	Vaiśeṣikasūtravyākhyā
Vyom	Vyomavatī of Vyomaśiva Ācārya
YBh	Yogabhāṣya of Vyāsa
YS	Yogasūtra of Patañjali

インド新論理学の解脱論

序　論

本書の目的は，認識対象を考察テーマとしていた古典論理学（Prācīnanyāya）と決別し，認識手段を考察テーマとする新論理学（Navyanyāya）の基礎を築いたガンゲーシャ・ウパーディヤーヤ（Gaṅgeśa Upādhyāya, c. 1320）の解脱論を明らかにすることである。具体的には，ガンゲーシャ著『タットヴァ・チンターマニ』（Tattvacintāmaṇi 真理の如意宝）「解脱論」（Muktivāda）の解読研究である。

解脱論は，仏教，ジャイナ教，ヒンドゥー教などインド思想のなかでのメインテーマである。問題は多種にわたる。人間の目的とは何か。天界に生まれることなのか，解脱なのか。解脱とは何か。苦の滅なのか，楽の享受なのか。解脱の手段は何か。知識なのか，行為なのか，知行併合なのか，聖言なのか，推理なのか，知覚なのか，梵我一如の体験なのか。現生解脱は可能かどうか。解脱のプロセスに必要なものは何か。それらに関連して，苦，楽，祭祀，滅罪，天啓聖典，推理，真理知，知識，誤知，潜在印象，煩悩，業，ヨーガ（yoga），ダルマ（dharma）などが語られる。

第１部において，まずニヤーヤ（Nyāya 論理，正理）学派とヴァイシェーシカ（Vaiśeṣika 勝論）学派との解脱論の歴史を概観する。そして，ニヤーヤ学派の開祖であるアクシャパーダ，別名ガウタマ（Akṣapāda *or* Gautama, c. 150）の『ニヤーヤ・スートラ』（Nyāyasūtra 正理経）を分析し，そのなかでの解脱論を解明する。さらにガンゲーシャの批判対象となっているウダヤナ・アーチャールヤ（Udayana Ācārya, c. 1025-1100）の『キラナーヴァリー』（Kiraṇāvalī 光の連なり）とカナーダ，別名ウルーカ（Kaṇāda *or* Ulūka, c. 100）の『ヴァイシェーシカ・スートラ』（Vaiśeṣikasūtra 勝論経 c. 100）の解脱論を解明し，ガンゲーシャ直前のシャシャダラ・アーチャールヤ（Śaśadhara Ācārya, c. 1300）の解脱論を概観する。そして本書のテーマであるガンゲーシャの解脱論を解明する。

第２部において，『タットヴァ・チンターマニ』第2章「推理章」の最終部分にある「解脱論」のテキスト校訂，要約，和訳を行う。和訳に際しては，『ニヤーヤ・スートラ』の考えをガンゲーシャの立場と考え，それと矛盾する主張は敵者のものと見なした。『タットヴァ・チンターマニ』「解脱論」の文章は，ウダヤナの『キラナーヴァァリー』とパラレルな文章が多いので，思想背景や議論の展開については『キラナーヴァリー』の註釈書であるマトゥラーナータ・タルカヴァーギーシャ（Mathurānātha Tarkavāgīśa, c. 1650）の『キラナーヴァリー・ラハスヤ』（Kiraṇāvalīrahasya 光の連なり秘要）を参照した。ルチダッタ・ミシュラ（Rucidatta Miśra, c. 1510）の『タットヴァ・チンターマニ・プラカーシャ』（Tattvacintāmaṇiprakāśa 真理の如意宝解明）は『タットヴァ・チンターマニ』「解脱論」全体に対する唯一の註釈書であるが，ガンゲーシャの思想解明にはマトゥラーナータの『キラナーヴァリー・ラハスヤ』が有益であった。

ガンゲーシャが拠り所とする天啓聖典（śruti）は，『ブリハッド・アーラニヤカ・ウパニシャッド』（Bṛhadāraṇyaka Upaniṣad），『チャーンドーギヤ・ウパニシャッド』（Chāndogya Upaniṣad），『タイッティリーヤ・ウパニシャッド』（Taittirīya Upaniṣad），『イーシャー・ウパニシャッド』（Īśā Upaniṣad），『シュヴェーター・アシュヴァタラ・ウパニシャッド』（Śvetāśvatara Upaniṣad），『ムンダカ・ウパニシャッド』（Muṇḍaka Upaniṣad）などである。さらに伝承文学（smṛti）としては，『バガヴァッド・ギーター』（Bhagavadgītā），『ヴィシュヌ・プラーナ』（Viṣṇupurāṇa），『ブラフマ・プラーナ』（Brahmapurāṇa），『ブラフマ・ヴァイヴァルタ・プラーナ』（Brahmavaivartapurāṇa），『マヌ法典』（Manusmṛti），『ヤージュニャヴァルキヤ法典』（Yājñavalkyasmṛti），『ブリハッド・ヨーギ・ヤージュニャヴァルキヤ法典』（Bṛhadyogiyājñavalkyasmṛti），『ヨーガ・ヴァーシシュタ』（Yogavāsiṣṭha）など多岐にわたる。

聖典のなかには矛盾する表現もある。解脱の手段は，知識とも言われ，行為とも言われる。また両方の併合とも言われる。どれが正しいのか。それは推理によって決定される。教証（聖言）は，理証（推理）によって確認されねばならない。論理的思考が，解脱の実現の要となっている。これが推理を重視するガンゲーシャの態度である。ガンゲーシャの『タットヴァ・チンターマニ』「解脱論」を理解することにより，このことが明らかになるだろう。

第1部

ニヤーヤ学派の解脱論

第1章　ニヤーヤ・ヴァイシェーシカ学派の解脱論の歴史

ガウタマ（Gautama, c. 150）[(1)] 著『ニヤーヤ・スートラ』（Nyāyasūtra 正理経）からニヤーヤ（Nyāya 論理，正理）学派はスタートするが，このスートラ（経典）に対する註釈書の歴史がニヤーヤ学派の伝統説である。スートラに対する最古の註釈書であるヴァーツヤーヤナ，別名パクシラスヴァーミン（Vātsyāyana *or* Pakṣilasvāmin, c. 450）の『ニヤーヤ・バーシュヤ』（Nyāyabhāṣya 正理経註），その註釈書であるウッディヨータカラ（Uddyotakara, c. 610）の『ニヤーヤ・ヴァールッティカ』（Nyāyavārttika 正理評釈），さらにその註釈書であるヴァーチャスパティ・ミシュラ（Vācaspati Miśra, 976/7）の『ニヤーヤ・ヴァールッティカ・タートパルヤ・ティーカー』（Nyāyavārttikatātparyaṭīkā 正理評釈解註），さらにまたその註釈書であるウダヤナ・アーチャールヤ（Udayana Ācārya, c. 1025-1100）の『ニヤーヤ・ヴァールッティカ・タートパルヤ・パリシュッディ』（Nyāyavārttikatātparyapariśuddhi 正理評釈解明）という一連の註釈書がそうである。

この伝統説に対して，異端説もある。それは，バーサルヴァジュニャ（Bhāsarvajña, c. 950）の『ニヤーヤ・サーラ』（Nyāyasāra 正理の精要）とその自註である『ニヤーヤ・ブーシャナ』（Nyāyabhūṣaṇa 正理の荘厳）である。彼は解脱をニヤーヤ学派の伝統説である「苦の滅」ではなく楽（sukha）であると考える[(2)]。彼と同地域（カシミール）にジャヤンタ・バッタ（Jayanta Bhaṭṭa, c. 870）がいる。彼の著作『ニヤーヤ・マンジャリー』（Nyāyamañjarī 正理の花束）のなかでも，解脱について詳細に論じられている。

ヴァイシェーシカ（Vaiśeṣika 勝論）学派の解脱論で重要なテキストは，カナーダ（Kaṇāda, c. 100）著『ヴァイシェーシカ・スートラ』（Vaiśeṣikasūtra 勝論経），プラシャスタパーダ（Praśastapāda, c. 530）の『パダールタ・ダルマ・

サングラハ』(Padārthadharmasaṃgraha 句義法綱要)，シュリーダラ (Śrīdhara, 991) の『ニヤーヤ・カンダリー』(Nyāyakandalī 正理の芭蕉樹)，ウダヤナの『キラナーヴァリー』(Kiraṇāvalī 光の連なり)，さらにこの『キラナーヴァリー』に対する多くの註釈書である。

ニヤーヤ学派とヴァイシェーシカ学派とは姉妹学派であり，ウダヤナ以降は総合学派となるが，まったく同じ思想を持っているわけではない。たとえば，認識手段 (pramāṇa) の種類に関して，ニヤーヤ学派は知覚 (pratyakṣa)，推理 (anumāna)，類推 (upamāna)，聖言 (śabda) の四種類を認めるが[(3)]，ヴァイシェーシカ学派は知覚 (pratyakṣa)，推理 (laiṅgika)，聖典 (āmnāya) の三種類である[(4)]。解脱論に関しても両学派の考えは異なる。ニヤーヤ学派は誤知 (mithyājñāna) の滅から解脱へのプロセスを考えるが[(5)]，ヴァイシェーシカ学派はダルマ (dharma 法) に基づいて解脱があると考える[(6)]。ガウタマの『ニヤーヤ・スートラ』に対する最古の註釈書であるヴァーツヤーヤナの『ニヤーヤ・バーシュヤ』のなかにも，解脱論に関してニヤーヤとヴァイシェーシカ両学派の論争の跡が見られる[(7)]。ガンゲーシャ・ウパーディヤーヤ (Gaṅgeśa Upādhyāya, c. 1320) の解脱論は，誤知の滅から始まり，苦 (duḥkha) の滅に至るというプロセスを持っており，『ニヤーヤ・スートラ』をその源にしている。解脱論に関して言えば『ニヤーヤ・スートラ』と『ヴァイシェーシカ・スートラ』とは異なる面が多いが，時代が下がるにつれて，ニヤーヤ学派とヴァイシェーシカ学派とは相互に影響を与え合い，共通の理論を持つようになる。

ウダヤナは新論理学 (Navyanyāya) の創始者でもあり，古典論理学 (Prācīnanyāya) の最終者でもある。彼はニヤーヤ学派の論書に対しても，ヴァイシェーシカ学派の論書に対しても註釈した。ウダヤナの解脱論は，主に『アートマ・タットヴァ・ヴィヴェーカ』(Ātmatattvaviveka アートマンの正しい識別) とプラシャスタパーダの『パダールタ・ダルマ・サングラハ』の註釈書であり，ヴァイシェーシカ学派の立場で書かれた『キラナーヴァリー』のなかで論じられている。ウダヤナのこの両書に対しては，ガンゲーシャ以降の多くの新論理学者が註釈している。

解脱論に関して，ウダヤナ以降最初に位置するのは，ヴァイシェーシカ学派のヴァッラバ・アーチャールヤ（Vallabha Ācārya, c. 1140）の『ニヤーヤ・リーラーヴァティー』（Nyāyalīlāvatī 正理の美女）である。彼の解脱の定義はガンゲーシャによって批判されている。ヴァラダラージャ（Varadarāja, c. 1150）は『タールキカ・ラクシャー』（Tārkikarakṣā 論理家の守護）を著し，シヴァーディトヤ（Śivāditya, c. 1150）は『サプタ・パダールティー』（Saptapadārthī 七句義論）を著した。これらは学生のための入門書，つまり綱要書であり，その時代の最先端の学説を取り入れているわけではない。新論理学の綱要書で重要なものとして，アンナンバッタ（Annambhaṭṭa, c. 1640）の『タルカ・サングラハ』（Tarkasaṃgraha 論理学綱要）とヴィシュヴァナータ（Viśvanātha, c. 1640）の『ニヤーヤ・シッダーンタ・ムクターヴァリー』（Nyāyasiddhāntamuktāvalī 正理定説真珠の連なり）がある。ケーシャヴァ・ミシュラ（Keśava Miśra, c. 1250）の『タルカ・バーシャー』（Tarkabhāṣā 論理の言葉）は綱要書である。これら綱要書のなかでの解脱論に独創的な思想はない。

さらにヴァラダラージャは，『キラナーヴァリー』に対する註釈も書いている。ヴァーディーンドラ（Vādīndra, c. 1225）は『キラナーヴァリー』に対する註釈書『キラナーヴァリー・ダルパナ』（Kiraṇāvalīdarpaṇa 光の連なり明鏡）を著した。

ガンゲーシャ（c. 1320）直前のシャシャダラ・アーチャールヤ（Śaśadhara Ācārya, c. 1300）は『ニヤーヤ・シッダーンタ・ディーパ』（Nyāyasiddhāntadīpa 正理定説灯明）を著した。シャシャダラの年代に関しては，ガンゲーシャ以前という研究がある(8)。ウダヤナが新論理学のスタートであるとすると，シャシャダラは文体における新論理学の確立者である。しかし，一般的には，ガンゲーシャが新論理学のスタートもしくは確立者であると言われている。その理由は，ガンゲーシャ以降の新論理学者たちは『ニヤーヤ・シッダーンタ・ディーパ』ではなく，ガンゲーシャの『タットヴァ・チンターマニ』（Tattvacintāmaṇi 真理の如意宝）に対して註釈を施したからである。『ニヤーヤ・シッダーンタ・ディーパ』と『タットヴァ・チンターマニ』とはパラレルな文章が多く，時代の近接性が推測される。ガンゲーシャ直前の新論理学書としては，マニカンタ・ミシュラ（Maṇikaṇṭha Miśra, c. 1300）の『ニヤーヤ・ラトナ』（Nyāyaratna 正理の宝珠）とタラニ・ミシュラ（Taraṇi Miśra, c. 1300）の『ラトナ・コーシャ』（Ratnakośa 宝珠の蔵）とがある。

ガンゲーシャの『タットヴァ・チンターマニ』によって，実質的にインド新論理学はスタートした[9]。このテキストは，「知覚」（pratyakṣa），「推理」（anumāna），「類推」（upamāna），「聖言」（śabda）という四つの章（khaṇḍa）に分かれており，考察テーマが認識手段（pramāṇa）であることがわかる。このことは古典論理学の考察テーマが，十六句義，解脱のための十二の認識対象，アートマン（魂），真理知，誤難，負処など，ほとんどが認識対象（prameya）であるのと対照的であり，古典論理学と新論理学の相違点の一つでもある。ガンゲーシャの「解脱論」の文章は非常にシンプルであり，指示代名詞を多用し，省略も多い。したがって，前提となっている議論を把握することなしに意味内容を理解することは難しい。この『タットヴァ・チンターマニ』に対する註釈と複註の歴史が，新論理学派の歴史でもある。シャンカラ・ミシュラ（Śaṅkara Miśra, c. 1430），アビナヴァ・ヴァーチャスパティ・ミシュラ（Abhinava Vācaspati Miśra, c. 1450），ヤジュニャパティ・ウパーディヤーヤ（Yajñapati Upādhyāya, c. 1460），ナラハリ・ウパーディヤーヤ（Narahari Upādhyāya, c. 1460），プラガルバ・ミシュラ（Pragalbha Miśra, c. 1470），ジャヤデーヴァ・ミシュラ，別名パクシャダラ・ミシュラ（Jayadeva Miśra *or* Pakṣadhara Miśra, c. 1485），ヴァースデーヴァ・サールヴァバウマ（Vāsudeva Sārvabhauma, c. 1490），ルチダッタ・ミシュラ（Rucidatta Miśra, c. 1510），ラグナータ・シローマニ（Raghunātha Śiromaṇi, c. 1530）などが『タットヴァ・チンターマニ』に対して註釈を書いたが，ラグナータ以降は，彼の『タットヴァ・チンターマニ・ディーディティ』（Tattvacintāmaṇidīdhiti 真理の如意宝光明）に対する註釈が新論理学研究の中心となる。

「解脱論」は『タットヴァ・チンターマニ』第二章「推理章」のなかに含まれている。ガンゲーシャ以前に解脱が「推理章」において論じられることはなかった。『ニヤーヤ・スートラ』では，解脱は認識対象として論じられている。推理によって解脱を理解するという態度は，ガンゲーシャの解脱論の大きな特徴である。『タットヴァ・チンターマニ』「解脱論」の註釈書は，ジャヤデーヴァによって著されているが，冒頭部分のみの註釈である。全体に対する直接の註釈書は，ルチダッタの『タットヴァ・チンターマニ・プラカーシャ』(Tattvacintāmaṇiprakāśa 真理の如意宝解明）だけである。このルチダッタの註釈書に対しては，ダルマラージャ・アドゥフヴァリ・インドラ（Dharmarāja Adhvarīndra, c. 1615）が複註を書いている。ダルマラージャは，またシャシャダラの『ニヤーヤ・シッダーンタ・ディーパ』に対しても註釈している。

ガンゲーシャ以降の新論理学派の解脱論に関する独立した著作としては，ハリラーマ・タルカ・ヴァーギーシャ（Harirāma Tarkavāgīśa, c. 1640）の『ムクティ・ヴァーダ・ヴィチャーラ』(Muktivādavicāra 解脱論研究）と彼の弟子であるガダーダラ・バッターチャールヤ（Gadādhara Bhaṭṭācārya, c. 1660）の『ムクティ・ヴァーダ』(Muktivāda 解脱論），別名『ナヴァムクティ・ヴァーダ』(Navamuktivāda 新解脱論）が大著である。しかし，新論理学の解脱論は主にウダヤナの『アートマ・タットヴァ・ヴィヴェーカ』と『キラナーヴァリー』に対する註釈書のなかで論じられることになる。ガンゲーシャの息子のヴァルダマーナ・ウパーディヤーヤ（Vardhamāna Upādhyāya, c. 1345）は『キラナーヴァリー・プラカーシャ』(Kiraṇāvalīprakāśa 光の連なり解明）を書いた。マトゥラーナータ・タルカヴァーギーシャ（Mathurānātha Tarkavāgīśa, c. 1650）の『キラナーヴァリー・ラハスヤ』(Kiraṇāvalīrahasya 光の連なり秘要）は大著であり，そのなかで解脱が，ヴィシュヌ神と同一世界での居住（sālokya），ヴィシュヌ神との類似（sārūpya），ヴィシュヌ神と同じ地位（sārṣṭi），ヴィシュヌ神との近接（sāmīpya），ヴィシュヌ神との交わり（sāyujya）という五種類に分類されて説明されており，ヴィシュヌ派の影響を受けていることがわかる[(10)]。その他，ラグナータ，ラーマバドラ・サールヴァバウマ（Rāmabhadra Sārvabhauma, c. 1590），パドマナーバ・ミシュラ（Padmanābha Miśra, c. 1650），ラグデーヴァ・バッターチャールヤ（Raghudeva Bhaṭṭācārya, c. 1660），クリシュナ・バッタ・アールデー（Kṛṣṇa Bhaṭṭa Ārḍe, c. 1800）なども『キラナーヴァリー』に対して註釈や複註を著している。

その他，解脱論で重要なものとして，マハーデーヴァ・プナタンカラ（Mahādeva Punataṃkara, c. 1710）の『ニヤーヤ・カウストゥバ』(Nyāyakaustubha 論理の宝石）とゴークラナータ・ウパーディヤーヤ（Gokulanātha Upādhyāya, c. 1710）の『ムクティ・ヴァーダ』（Muktivāda 解脱論）などがある。

現代では，1982年にガウリーナータ・シャーストリー（Gaurīnātha Śāstrī）がニヤーヤ・ヴァイシェーシカ学派の解脱論をまとめた『ムクティ・ヴァーダ』（Muktivāda 解脱論）をサンスクリットで出版した。

註

（1） 年代はバッタチャルヤ（Bhattacharya 1958）；ポッター（Potter 1970, 1977）；ポッター・バッタチャルヤ（Potter and Bhattacharyya 1993）などに従う。

（2） オーバーハンマー（Oberhammer 1984）；丸井（1989）参照。

（3） NS 1.1.3: pratyakṣānumānopamānaśabdāḥ pramāṇāni |「知覚，推理，類推，聖言が正しい認識手段である」。

（4） VS 1.1.3. 本書第1部第3章註15参照。このスートラは，聖典は認識手段（pramāṇa）であると言っているのに等しい。しかし，中村（1996a: 501）と宮元（2009: 241）はヴァイシェーシカ学派の認める認識手段は，知覚と推理の二種類であると言う。VS 10.4: tayor niṣpattiḥ pratyakṣalaiṅgikābhyāṃ jñānābhyāṃ vyākhyātā |「両方（疑惑と決定知）の発生は，知覚と証因（推理）による知識によって説明された」。

（5） NS 1.1.2; 本書第1部第2章註53参照。

（6） VS 1.1.2; 本書第1部第3章註13参照。

（7） 野沢（2000）参照。

（8） マティラル（Matilal 1976: 9–21）。

（9） 新論理学の始まりについては，和田（Wada 2004）参照。

（10） KirR: 15^{3-8}: yady api muktyaparanāmakaṃ niḥśreyasaṃ pañcavidhaṃ sālokyasārūpyasārṣṭisāmīpyasāyujyabhedāt | bhagavatā saha ekasmiṃl loke vaikuṇṭhākhyasthāne 'vasthānaṃ sālokyam | sārūpyaṃ bhagavatā saha samānarūpatā | caturbhujaśrīvatsavanamālālakṣmīsarasvatīyuktaśarīrāvacchinnatvam iti yāvat | vaikuṇṭhavāsināṃ sarveṣāṃ caturbhujatve 'pi śrīvatsayuktatvādivirahāt | sārṣṭir bhagavadaiśvaryasamāṇaiśvaryam | sāmīpyaṃ bhagavato 'tisamīpe 'vasthānam | sāyujyaṃ ca nirvāṇam | nyāyavaiśeṣikamate ātyantikaduḥkhanivṛttiḥ |「またもし解脱を別名とするものが至福であれば，五種類である。同一世界での居住・類似・同じ地位・近接・交わりという区別があるから。『同一世界での居住』とはヴァイクンタという名の場所と同一世界で，神とともにある状態である。『類似』とは神と同じ姿をとることである。たとえば，四つの腕，卍型の胸毛，花の環，吉祥神，弁財天を備えた身体に制限されることに等しい。ヴィシ

ユヌ神の出現のすべてが四つの腕を持っていても，卍型の胸毛を備えていることなど〔という特徴〕がないから。『同じ地位』とは神の権力と同じ権力を持つことである。『近接』とは神の極めて近くにいる状態である。『交わり』とは，涅槃である。ニヤーヤ・ヴァイシェーシカ学派の考えでは，〔涅槃は〕絶対的な苦の滅である」。

第2章 『ニヤーヤ・スートラ』の解脱論[1]

第1節 序 論

ニヤーヤ学派の歴史はアクシャパーダ，別名ガウタマ（Akṣapāda *or* Gautama, c. 150）の『ニヤーヤ・スートラ』（Nyāyasūtra 正理経）から始まる。解脱論はウパニシャッド（Upaniṣad）以来インド思想の中心テーマであり，『ニヤーヤ・スートラ』（NS）の最初の二つのスートラである NS 1.1.1 と NS 1.1.2 においてもニヤーヤ（論理，正理）学説の目的が至福（niḥśreyasa）の達成と解脱（apavarga）であることが宣言されている。『ニヤーヤ・スートラ』は，世俗的な論理学書であると見なされてきた。解脱について論じることはインド哲学のメインテーマであるので当然であり，人目をひくことではない。しかし，認識論や論理学をこれほど体系的で詳細に論じたテキストは『ニヤーヤ・スートラ』以前には存在しなかった。したがって，このテキストは認識論，論理学を扱う世俗の書であると見なされてきたのであろう。ガウタマからウダヤナ・アーチャールヤ（Udayana Ācārya, c. 1025–1100）までの古典論理学（Prācīnanyāya）からウダヤナ以降の新論理学（Navyanyāya）へというニヤーヤ学派の歴史の流れから見れば，『ニヤーヤ・スートラ』は認識対象（prameya）に関する考察に比重が置かれていたが，新論理学時代のガンゲーシャ・ウパーディヤーヤ（Gaṅgeśa Upādhyāya, c. 1320）著『タットヴァ・チンターマニ』（Tattvacintāmaṇi 真理の如意宝）では，知覚，推理，類推，聖言の四章（khaṇḍa）のみとなり，認識手段（pramāṇa）だけが考察されるようになる。つまり，解脱論から認識手段へと考察テーマの移行が見られるのであり，古典論理学と比べれば新論理学は世俗の学問であり，新論理学と比べれば古典論理学は解脱論中心ということになる。

『ニヤーヤ・スートラ』は大別すると「解脱論」と「認識論，論理学」という二つの異質な層から成り立っていることがわかる。これは『ヴァイシェーシカ・スートラ』（Vaiśeṣikasūtra 勝論経，c. 100）が，解脱論とカテゴリー論という二つの異質な層から成り立っていることと重なって見えてくる(2)。

本章では，新論理学の解脱論の基盤としての『ニヤーヤ・スートラ』の解脱論を明らかにする。つまり，ガンゲーシャの『タットヴァ・チンターマニ』の解脱のプロセスと定義は『ニヤーヤ・スートラ』から受け継がれたことと，『タットヴァ・チンターマニ』で議論される内容の萌芽は『ニヤーヤ・スートラ』もしくはその註釈書において見いだされるということを明らかにしたい。

第2節　先行研究

初期のニヤーヤ学派の解脱論についての研究は多い。直接関連する主なものだけを年代順に挙げれば，伊藤（1935），宮元（1982），オーバーハンマー（Oberhammer 1984），友岡（1985），スライエ（Slaje 1986），丸井（1989），赤松（1989, 1991b, 2000）などがある。伊藤（1935）は，仏教の無明から始まる十二支縁起説と『ニヤーヤ・スートラ』で述べられる誤知から始まる輪廻の段階説との類似性を指摘したものである。宮元（1982）は，『ニヤーヤ・スートラ』から始まるニヤーヤ正統説の解脱論をまとめたものである。オーバーハンマー（Oberhammer 1984）は，ニヤーヤ説としては異端である楽を解脱と見なすバーサルヴァジュニャ（Bhāsarvajña, c. 950）の解脱論とヴァーツヤーヤナ，別名パクシラスヴァーミン（Vātsyāyana *or* Pakṣilasvāmin, c. 450）の『ニヤーヤ・バーシュヤ』（Nyāyabhāṣya 正理経註）についての関係を取り上げている。友岡（1985）は，最初期のニヤーヤ学派の解脱論を「四種類の根本真理」（arthapada）を考慮に入れてまとめたものである。スライエ（Slaje 1986）は，『ニヤーヤ・スートラ』の至福（niḥśreyasa）の意味をヴァーチャスパティ・ミシュラ（Vācaspati Miśra, 976/7）の註釈に従って天界等（svargādi）と解釈しているが，赤松（1989）はこの説を批判する。丸井（1989）は，オーバーハンマー（Oberhammer 1984）をもとにしたバーサルヴァジュニャの『ニヤーヤ・サーラ』（Nyāyasāra 正理の精要）と『ニヤーヤ・ブーシャナ』（Nyāyabhūṣana 正理の荘厳）の解脱論の解読研究である。赤松（1989, 1991b, 2000）は，『ニヤーヤ・スートラ』で用いられる至福（niḥśreyasa）の意味内容を，直接経験される（dṛṣṭa）世俗的（apara）なものと直接には経験されない（adṛṣṭa）超世俗的（para）なものとの二種類に区別するという，註釈者ウッディヨータカラ（Uddyotakara, c. 610）の解釈を明らかにしている。

第３節 分 析

五つの篇（adhyāya）から成る『ニヤーヤ・スートラ』の構成を分析しておく。『ニヤーヤ・スートラ』の特徴は，認識手段と認識対象についての認識論的，論理学的な記述である。しかし，それらはスートラ（sūtra 経）数で言えば246スートラであり全514スートラの48％である。52％は268スートラを占める解脱論に関するものである(3)。

第一篇(4)は，『ニヤーヤ・スートラ』第二篇から五篇までで考察される項目の列挙であり，解脱論(5)と認識論，論理学(6)両方について述べられている。

NS 1.1.1 においてガウタマは，次のように言う。

> 認識手段，認識対象，疑惑，目的，実例，定説，支分，思択，決定，論議，論争，論詰，似因，曲解，誤難，負処の真理知から，至福の達成がある(7)。

この第一スートラは，『ニヤーヤ・スートラ』の認識論，論理学についての総括である。註釈者ヴァーツヤーヤナは，ここでの至福（niḥśreyasa）(8)は解脱（apavarga）であると註釈するが(9)，これら十六種類の真理知（tattvajñāna）の対象は，論理学の内容であり解脱論ではない。実際にヴァーツヤーヤナは，後に NS 1.1.9 で述べられる十二種類の認識対象の真理知から至福の達成があると註釈している(10)。至福にはウッディヨータカラが註釈するように二つの意味がある。NS 1.1.1 における十六種類の真理知を内容とする至福は，世俗的な幸福であり，NS 1.1.9における十二種類の認識対象を内容とする至福は，超世俗的な解脱である。つまり，真理知には解脱と無関係の世俗的な知識と解脱に関する超世俗的な知識があるということと[11]，認識手段によって解脱の達成があることを示唆している[12]。

NS 1.1.2は解脱論，NS 1.1.3からNS 1.1.8までは，知覚（pratyakṣa），推理（anumāna），類推（upamāna），聖言（śabda）という認識手段（pramāṇa）について述べられている。

NS 1.1.9からNS 1.1.22までは，解脱のための十二の認識対象（prameya），アートマン（ātman魂），身体（śarīra），鼻舌眼身耳という感覚器官（indriya），地水火風虚空という感覚器官を構成する元素（bhūta），香味色触声という感覚器官の対象（artha），知識（buddhi）・知覚（upalabdhi）・認識（jñāna）という知る作用，マナス（manas思考器官），活動（pravṛtti），貪欲（rāga）・嫌悪（dveṣa）・無知（moha）という過失（doṣa），再生（pretyabhāva），行為の結果（phala），輪廻としての苦（duḥkha），解脱（apavarga）の定義という解脱論が述べられている。

NS 1.1.23以下，第一篇の終わり[13]までは，疑惑（saṃśaya），目的（prayojana），実例（dṛṣṭānta），定説（siddhānta），支分（avayava），主張（pratijñā），理由（hetu），喩例（udāharaṇa），適用（upanaya），結論（nigamana），思択（tarka），決定（nirṇaya），論議（vāda），論争（jalpa），論詰（vitaṇḍā），似因（hetvābhāsa），不定（savyabhicāra），矛盾（viruddha），論題相似（prakaraṇasama），所証相似（sādhyasama），過時（kālātīta），曲解（chala），誤難（jāti），負処（nigrahasthāna）など論理学について述べられている。

第二篇[14]は，疑惑，認識手段一般，知覚，推理，類推，聖言，伝承（aitihya）・要請（arthāpatti）・可能性（saṃbhava）・非存在（abhāva）という認識手段，声無常論（śabdānityatā），語の結合（saṃdhi），語の能力（śakti）など，認識論について考察されている。

第三篇[15]は，アートマン，身体，感覚器官，感覚器官の対象，知識，マナス，身体の原因という真理知の認識対象である解脱論が考察されている。

第四篇[16]は，活動，過失，再生，物の生起，行為の結果，苦，解脱，真理知という解脱のプロセスについて考察されている。

第五篇[17]は，二十四種類の誤難と二十二種類の負処という論理学について考察されている。

第4節 解脱の定義

『ニヤーヤ・スートラ』の解脱論は，第一，三，四篇において展開される。その構成は，解脱の定義[18]，真理知の内容[19]，解脱の時間的プロセス[20]，真理知の発生[21]である。敵者は，仏教，ヴァイシェーシカ学派，唯物論者ローカーヤタ（Lokāyata），サーンキヤ（Sāṃkhya）学派である。しかし，新論理学のテキストである『タットヴァ・チンターマニ』における解脱論のほとんどは定義の考察であり，敵者の定義の論破である。批判の対象は，仏教（唯識），ヴァイシェーシカ学派，ミーマーンサー（Mīmāṃsā）学派，サーンキヤ学派，ヴェーダーンタ（Vedānta）学派，古典論理学派である。

解脱論は定義（理論）とプロセス（実践）に大別できる。『ニヤーヤ・スートラ』では理論面はあまり論じられないが，プロセスは様々に論じられる。誤知の滅から始まり苦の滅に至る解脱の時間的因果関係，誤知を滅する真理知の内容（認識対象[22]），瞑想による真理知の発生などである。

NS 1.1.22 において解脱が定義される。定義は理論面で最も重要であり，簡潔さ（lāghava）と厳密さが求められる。

解脱は，それ（苦）からの絶対的な離脱である[23]。

この定義には重大な問題がある。「それ」（tad）という指示代名詞が何を指すのかという問題である。この定義の直前のスートラは「苦は苦痛を特徴とする[24]」であり，NS 1.1.21 の文章の主語は「苦」であるので，NS 1.1.22 の「それ」は苦を指すと考えるのが普通である。註釈者ヴァーツヤーヤナは「解脱とは，それ〔つまり〕苦である出生からの絶対的な離脱である[25]」と言い，「それ」

を苦＝出生と解釈する。ヴァーツヤーヤナの註釈を見ると，『ニヤーヤ・スートラ』のなかでの苦とは，捨てることによって解脱へと至る苦である[26]。つまり，解脱と関係のない一般的な苦は，ここでは議論の対象にはなっていない。ガウタマは，解脱定義中の苦が一般的な苦に拡大解釈されることを避けるために，定義中に「苦」ということばの代わりに「それ」ということばを使ったのかもしれない。ヴァーツヤーヤナが抽象的な苦を具体的な出生（janman）と註釈したのも，苦を解脱に関する苦に限定するためであると考えられる。

しかし，ウッディヨータカラの解釈はヴァーツヤーヤナと異なる。彼は「〔解脱とは〕それ〔つまり〕身体から始まり苦で終わるものからの絶対的な別離である[27]」と言う。身体から始まり苦で終わるものとは『ニヤーヤ・スートラ』によれば，十二種類の認識対象のうちのアートマンと解脱を除いた十種類である。この十二種類の認識対象は **NS 1.1.9** において列挙されている。これは誤知を滅する真理知の内容でもある。

> 一方，認識対象は，アートマン，身体，感覚器官，感覚器官の対象，知識，マナス，活動，過失，再生，結果，苦，解脱である[28]。

このなかの二番目[29]から十一番目[30]までの身体，感覚器官（鼻舌眼身耳），感覚器官の対象（香味色触声），知識，マナス（思考器官），活動（言葉，知識，身体），過失（貪欲，嫌悪，無知），再生，行為の結果，苦が，身体から始まり苦で終わるものである。定義中の「それ」の解釈に関しては，ヴァーチャスパティ[31]やウダヤナ[32]やアバヤティラカ（Abhayatilaka, c. 1256[33]）の複（副）註もウッディヨータカラに従っている。ガウタマは解脱を苦の滅と定義したが，ヴァーツヤーヤナはその苦の滅を出生の滅と限定し，ウッディヨータカラは苦の滅を身体から苦までの十種類の認識対象（真理知の内容）からの離脱と解釈している。つまり，ガウタマの定義では解脱と無関係の「苦一般の滅」もまた解脱と解釈されてしまう可能性がある。それを避けるためにヴァーツヤーヤナは，輪廻の原因としての苦の滅であることを明確にした。それが苦は出生であるという註釈である。ガウタマとヴァーツヤーヤナにとって，解脱は「苦の滅」である。しかし，ウッディヨータカラは苦を身体から苦までの認識対象の滅であると註釈した。つまり，解脱としての苦の滅を，苦を含む苦の生起因の滅だとウッディヨータカラは考えるのである。「苦の滅」は「苦の生起因の滅」と同じなのか異なるのかという問題は，後に『タットヴァ・チンターマニ』においても議論されることになる。

第5節 真理知の内容

真理知の内容は，NS 1.1.9 で列挙された認識対象である。それらは，NS 3.1.1–4.2.37 において考察される。NS 3.1.1 から 25 においてはアートマンが考察される[34]。そのテーマは，(1)アートマンは存在する[35]，(2)アートマンは身体と異なる[36]，(3)アートマンは感覚器官と異なる[37]，(4)マナスの想定はアートマンの存在証明になる[38]，(5)アートマンは常住である（死後存続する[39]），という議論である。他にも知識（buddhi）はアートマンの属性である[40]，アートマンの常住性のゆえに再生がある[41]，などアートマンに関連する考察は多くある。

真理知の内容（認識対象）のなかで，解脱に直接関係するものは，身体の原因（動力因）は行為の結果である[42]，煩悩は消滅するから解脱はある[43]，という議論である。

身体の原因は行為の結果（karman 業の影響力）であり，動力因も原因となるとニヤーヤ学派は考える[44]。これに対して対論者である唯物論者ローカーヤタは，身体の原因は元素である質料因のみであると主張する[45]。さらに，ヴァイシェーシカ学派は，身体の原因は行為の結果ではなく自然発生力（目に見えない自然の力）とも言える不可見力（adṛṣṭa）であると主張するが，ニヤーヤ学派はそれを否定する[46]。不可見力は，ウッディヨータカラの時代には行為の結果（業）と同義語と見なされるようになるようだが，『ニヤーヤ・スートラ』の時代では，人間の行為の結果ではなく自然の力の結果と見なされていた[47]。

煩悩の消滅の議論では，煩悩は自然に発生し消滅するという対論者（ヴァイシェーシカ学派）に対し，煩悩の原因は意思（誤知）であるとニヤーヤ学派は主張する。この議論のなかで，解脱のプロセスを垣間見ることができる。

熟睡している人が夢を見ないとき煩悩がないように解脱はある〔が努力をともなわないので解脱ではない〕[48]。

煩悩を欠く人にとって，結生（再生）をもたらす活動はない[49]。

そう（煩悩は自然発生かつ自然消滅するの）ではない。貪欲をはじめとするもの（過失＝煩悩）は意思（誤知）が動力因であるから[50]。

この一連のスートラから，意思（誤知）の滅から始まり，煩悩（過失）の滅，活動（pravṛtti）の滅，束縛（再生，出生）の滅，最後に解脱へと至る因果関係が読み取れる。これは誤知の滅から始まり解脱に至る解脱のプロセスである。NS 1.1.2 のなかでのそれぞれのことばが，NS 4.1.59, 60, 64 において，過失（doṣa）は煩悩（kleśa），出生（janman）は結生（pratisaṃdhāna）[51]，誤知（mithyā-jñāna）は意思（saṃkalpa）[52]というように言い換えられている。「貪欲をはじめとするもの」とは貪欲（rāga），嫌悪（dveṣa），無知（moha）を内容とする過失（doṣa）のことであり，この議論の文脈では煩悩（kleśa）のことである。活動（pravṛtti）ということばだけはそのまま用いられている。

次に見るように NS 1.1.2 において，この解脱のプロセスがすっきりと列挙されている。

第6節　解脱のプロセス

NS 1.1.2 での解脱のプロセスを見てみる。

苦，出生，活動，過失，誤知が，後のものから順番に滅して，その直前のものが滅することから解脱がある[53]。

この第二スートラは，解脱のプロセスを言っている[(54)]。順に，誤知（mithyā-jñāna）から過失（doṣa）が生じ，過失から活動（pravṛtti）が生じ，活動から出生（janman）が生じ，出生から苦（duḥkha）が生じる。苦はすなわち輪廻（saṃsāra）である。逆に，誤知が滅すれば過失が滅し，過失が滅すれば活動が滅し，活動が滅すれば出生が滅し，出生が滅すれば苦が滅する。苦の滅はすなわち解脱（apavarga）である。誤知を原因として苦に至るというプロセスは無明，行，識，名色，六処，触，受，愛，取，有，生，老死という仏教の十二支縁起説を彷彿させる[(55)]。誤知とは，NS 1.1.9 で列挙される認識対象を誤って認識することであるが[(56)]，その中心はアートマンに対する誤った理解でありNS 3.1.1-25 において考察される。この誤知は真理知（tattvajñāna）によって滅する。真理知の内容は，NS 1.1.9 において述べられる。過失（doṣa）とは，貪欲（rāga），嫌悪（dveṣa），無知（moha）を内容とする煩悩（kleśa）のことである。活動（pravṛtti）とは，言葉（vāc）と知識（buddhi）と身体（śarīra）による行動とその結果としての業（karman）[(57)]である。生まれ（janman）とは，アートマンが新たな身体と結合することである。苦の内容は身体（苦の基体），六感覚器官（認識手段），六認識対象，六知識（認識結果），楽，苦の二十一種類あるとシヴァーディトヤ（Śivāditya, c. 1150）の『サプタ・パダールティー』（Saptapadārthī 七句義論）で言われているが[(58)]，具体的には身体を持っているときにのみ生じるものである。真理知によって誤知が滅すると，過失が滅する。過失に基づく活動が滅すると新たな業（行為の結果）が発生しなくなる。業がないとアートマンは身体と結合しなくなる。身体がないと苦が滅する。苦の滅がすなわち解脱である。新論理学の時代にも支持される誤知の滅から始まる時間的な因果関係に基づく解脱のプロセスは，最初期の『ニヤーヤ・スートラ』においてすでに考えられていた。

第7節　真理知の発生

真理知の発生はヨーガの実修によるという議論[(59)]は，解脱論の実践面で重要なテーマである。真理知によって解脱のプロセスの第一歩である誤知の滅が起こるのであるが，ではその真理知はどうやって生じるのか。それはヨーガの実修によるのである。『ニヤーヤ・スートラ』は次のように言う。

特定の三昧（瞑想）の実修から〔真理知が生じる〕[60]。

森林，洞窟，河岸などにおけるヨーガの実修の教説[61]がある[62]。

その（解脱を得る）ために，禁戒[63]と勧戒[64]によって，そしてヨーガ〔聖典〕に基づくアートマンに関する聖典命令の方法によって，アートマンを浄化するのである[65]。

「ヨーガ聖典に基づくアートマンに関する聖典命令」を，ヴァーツヤーヤナは，苦行，調息[66]，制感[67]，禅定[68]，凝念[69]と註釈する[70]。これは『ヨーガ・スートラ』（Yogasūtra, c. 300）のなかに見いだすことができる。苦行（tapas）は勧戒（niyama）の一つであるが[71]，行作ヨーガ（kriyāyoga）の一つでもある[72]。

教説もしくはヨーガ聖典の記述からヨーガの正しい実修方法を知り，そしてヨーガの実修によって真理知が発生する。真理知発生の直接原因はヨーガの実修であり，天啓聖典や祭式行為ではない。天啓聖典を絶対視しないニヤーヤ学派はバラモン思想であるが，正統ではないことをここでも知ることができる。つまりバラモン思想のなかの非正統派だと言える[73]。

第8節　まとめ

『ニヤーヤ・スートラ』の解脱のプロセスは以下のようになる。教説に基づくヨーガ（瞑想）の実修（abhyāsa）によって真理知が生じる。アートマン，身体，感覚器官，感覚器官の対象，知識，マナス，活動，過失，再生，結果，苦，解脱に関する真理の知識が，その内容である。たとえばアートマンに関して言えば，アートマンは存在し，死後も存続し，身体や感覚器官などと異なるという知識である。真理知が誤知を滅し，誤知の滅により過失が滅し，過失の滅により活動が滅し，活動の滅により出生が滅し，出生の滅により苦が滅する。苦の滅は解脱である。解脱は苦からの離脱である。アートマンが苦の基体である身体から離れて，二度と身体に戻ってこないことである。したがって，解脱定義中の苦は一般的な苦ではなく，輪廻の原因となる苦である。しかし，ウッディヨータカラは解脱を「身体，感覚器官，感覚器官の対象，知識，マナス，活動，過失，再生，結果，苦」の滅と註釈する。この解釈はガウタマやヴァーツヤーヤナと異なるが，後のニヤーヤ学派が解脱を苦の生起因の滅と考える先駆けとなっている。新論理学時代になると，綱要書『マニカナ』(Maṇikaṇa, c. 1660) はラグナータ・シローマニ (Raghunātha Śiromaṇi, c. 1510) の説として，解脱が悪（苦の生起因）の滅であるという考えを取り上げ(74)，ハリラーマ・タルカヴァーギーシャ (Harirāma Tarkavāgīśa, c. 1640) やガダーダラ・バッターチャールヤ (Gadādhara Bhaṭṭācārya, c. 1660) も「苦の生起因」としての悪 (durita) の滅に関して議論している。解脱が苦の滅か常住の楽かという大きな問題とは別に，解脱は何の滅なのかという問題に関して，ニヤーヤ学派内部で様々な考えが存在していたのである。

註

(1)　初出は山本 (2010a)。修正，削除した部分もある。

(2)　ハルプファス (Halbfass 1992: 78)；野沢 (1995) 参照。

(3)　スートラ数と番号は Nyāyasūtra (4)に従う。

(4)　NS 1.1.1-1.2.20.

(5)　NS 1.1.2, 1.1.9-22.

(6)　NS 1.1.1, 1.1.23-1.2.20.

(7)　NS 1.1.1: pramāṇaprameyasaṃśayaprayojanadṛṣṭāntasiddhāntāvayavatarkanirṇayavādajalpavitaṇḍāhetvābhāsacchalajātinigrahasthānānāṃ tattvajñānān niḥśreyasādhigamaḥ ||

(8)　至福の意味内容については，赤松 (1989, 2000) 参照。

(9)　NBh: 6^3 *ad* NS 1.1.1: niḥśreyasādhigamo 'pavargaprāptir iti |「至福の達成とは，解脱の獲得である」。

(10)　NBh: 2^{14} *ad* NS 1.1.1: ātmādeḥ khalu prameyasya tattvajñānān niḥśreyasādhigamaḥ |

「実際には，アートマンなどの認識対象の真理知から至福の達成がある」。

(11)　TCDG: 2073^{25-27} = Text 14: na ca śabdopapattijanyatattvajñānāt sākṣātkārisaṃsārabījasavāsanamithyājñānanivṛttiḥ |「また聖言の適切な理解によって生じた真理知から，直接的な輪廻の種である潜在印象をともなう誤知の排除はない」参照。

(12)　TCDG: 2055^{3} = Text 1-1: paramaprayojanaṃ tv anumānasyāpavargaḥ |「推理の究極の目的は解脱である」参照。TCDG: $2083^{22f.}$ = Text 23: tad asyāpavargasya paramapuruṣārthasya śrutisiddhaṃ kāraṇam anumānaṃ viviktam iti ‖「それゆえ，究極の人間の目的であるこの解脱（苦の滅）の手段は，天啓聖典に基づいて成立する推理のみである」参照。

(13)　NS 1.2.20.

(14)　NS 2.1.1–2.2.69.

(15)　NS 3.1.1–3.2.71.

(16)　NS 4.1.1–4.2.50.

(17)　NS 5.1.1–5.2.24.

(18)　NS 1.1.22.

(19)　NS 1.1.9, 3.1.1–4.2.37.

(20)　NS 1.1.2.

(21)　NS 4.2.38–50.

(22)　誤知と真理知とは，アートマンの矛盾する属性（ātmavirodhiguṇa）である。矛盾する属性については，本書第2部第3章 Text 2–1a 参照。

(23)　NS 1.1.22: tadatyantavimokṣo 'pavargaḥ |

(24)　NS 1.1.21: bādhanālakṣaṇaṃ duḥkham |

(25)　NBh: 22^{1} *ad* NS 1.1.22: tena duḥkhena janmanātyantaṃ vimuktir apavargaḥ |

(26)　NBh: $21^{12f.}$ *ad* NS 1.1.22: so 'yaṃ sarvaṃ duḥkhenānubaddham iti paśyan duḥkhaṃ jihāsur janmani duḥkhadarśo nirvidyate nirviṇṇo virajyate virakto vimucyate ‖「それゆえ，すべてのものに苦は必須であると見る人は，苦を捨てたいと思い，出生のなかに苦を見，嫌悪する。嫌悪する人は執着を離れる。執着を離れた人は解脱する」。

(27)　NV: 81^{2} *ad* NS 1.1.22: tena śarīrādinā duḥkhāntenātyantiko viyoga iti |

(28)　NS 1.1.9: ātmaśarīrendriyārthabuddhimanaḥpravṛttidoṣapretyabhāvaphaladuḥkhāpavargās tu prameyam |

(29)　NS 1.1.11.

(30)　NS 1.1.21. 前掲註（24）参照

(31)　NVTṬ: 200^{7} *ad* NS 1.1.22: anena jāyamānā duḥkhaśabdena sarve śarīrādaya ucyanta ity uktaṃ bhavati |「この苦ということばによって，身体を始めとして生じているものすべてが言われると説かれたことになる」。

(32) NVTP: 264[14f.] *ad* NS 1.1.22: śarīrādiṣu pratiyogiṣu lakṣiteṣu tannivṛttirūpasyāpavargasya lakṣaṇāvasara ity āha krameti |「身体を始めとする否定されるものが定義されるとき，その滅という特徴を持つ解脱の定義の余地があるから，『順序』と言われる」。

(33) Nyāyālaṅkāra: 210[11] *ad* NS 1.1.22: tatpradhvaṃso 'pīti | śarīrādipradhvaṃsaḥ |「『それの滅もまた』と。身体を始めとするものの滅である」。

(34) 宮坂（1963）；服部（1966）；金倉（1974）参照。

(35) NS 3.1.1–3, 3.1.12–14, *e.g.* NS 3.1.1: darśanasparśanābhyām ekārthagrahaṇāt |「視覚と触覚とによって同じ対象を認識するから〔アートマンは存在する〕」。

(36) NS 3.1.4–6, *e.g.* NS 3.1.4: śarīradāhe pātakābhāvāt |「身体を焼いたときに罪にならないから〔アートマンは身体と異なる〕」。

(37) NS 3.1.7–11, *e.g.* NS 3.1.7: savyadṛṣṭasyetareṇa pratyabhijñānāt |「左〔目〕で見たものを別〔の目＝右目〕によって再認識できるから〔アートマンは感覚器官と異なる〕」。

(38) NS 3.1.15–16, *e.g.* NS 3.1.16: jñātur jñānasādhanopapatteḥ saṃjñābhedamātram |「認識主体には認識手段が必要であるから，〔アートマンとマナスとは〕名称の相違にすぎない」。

(39) NS 3.1.17–25, *e.g.* NS 3.1.17: pūrvābhyastasmṛtyanubandhāj jātasya harṣabhayaśokasaṃpratipatteḥ |「前生で繰り返されたことの記憶と結びついているがゆえに，新生児が喜び，恐怖，悲しみを理解しているから〔アートマンは常住である〕」。

(40) NS 3.2.18–41.

(41) NS 4.1.10: ātmanityatve pretyabhāvasiddhiḥ |「アートマンが常住であれば，再生（生まれ変わり）が成立する」。

(42) NS 3.2.59–71. 野沢（2000）参照。

(43) NS 4.1.55–64. 野沢（2000）参照。

(44) NS 3.2.59: pūrvakṛtaphalānubandhāt tadutpattiḥ |「前生になされた〔行為の〕結果と結合するから，それ（身体）の生起がある」。

(45) NS 3.2.60: bhūtebhyo mūrtyupādānavat tadupādānam |「元素によって〔身体の生起が〕ある。〔元素は〕形あるものの質料因であるように，それ（身体）の質料因である」。

(46) NS 3.2.67: tad adṛṣṭakāritam iti cet punas tadprasaṅgo 'pavarge |「それ（身体）は不可見力によって作られる，と〔ヴァイシェーシカ学派が〕言うならば，解脱（身体の滅）のときに再びそれ（身体）の〔生起という〕過失に陥る」。

(47) 赤松（1991b）；野沢（2000）参照。

(48) NS 4.1.59: suṣuptasya svapnādarśane kleśābhāvavad apavargaḥ |

(49) NS 4.1.60: na pravṛttiḥ pratisaṃdhānāya hīnakleśasya |

(50)　NS 4.1.64: na saṃkalpanimittatvāc ca rāgādīnām |

(51)　NBh: 254[17]-255[1] *ad* NS 4.1.64: pratisaṃdhis tu pūrvajanmanivṛttau punarjanma |「しかし結生とは前生が終わったときに再び生まれてくること（再生）である」。

(52)　NBh: 256[17] *ad* NS 4.1.68: sarvamithyāsaṃkalpānāṃ ca tattvajñānād anutpattiḥ |「またすべての誤った意思は，真理知から生起しない」。

(53)　NS 1.1.2: duḥkhajanmapravṛttidoṣamithyājñānānām uttarottarāpāye tadanantarāpāyād apavargaḥ |

(54)　後にプラシャスタパーダ（Praśastapāda, c. 530）の『パダールタ・ダルマ・サングラハ』（Padārthadharmasaṃgraha）のなかで解脱のプロセスが詳細に語られるが，このスートラが基になっている。PDhS: 631[1]-632[3]；金倉（1971: 210）参照。

(55)　ニヤーヤ学派の解脱論と仏教の縁起説との関連については伊藤（1935）があるが，無明（誤知）から始まり，生まれ（出生），老死（苦）に至る仏教の縁起説とニヤーヤ学派の解脱のプロセスの一致については，さらに考察する必要がある。

(56)　NBh: 6[9-18] *ad* NS 1.1.2: tatrātmādyapavargaparyante ... iti ‖「ここでは，アートマンをはじめとし，解脱で終わる……」。NV: 22[6f.] *ad* NS 1.1.2: tatrātmādyapavargaparyantaṃ prameyaṃ jñeyam |「ここでは，アートマンをはじめとし，解脱で終わるものが認識対象だと知られるべきである」。

(57)　『ニヤーヤ・バーシュヤ』以後に不可見力（adṛṣṭa）と法（dharma），非法（adharma）は同義語と見なされるようになる。野沢（2000）参照。

(58)　SPA 55: duḥkhaṃ tu śarīraṃ ṣaḍ indriyāṇi tadviṣayāḥ ṣaḍ buddhayaḥ sukhaṃ duḥkhaṃ cety ekaviṃśatiprakāram |「苦は，身体，六感覚器官，その対象，六知識，楽，苦という二十一種類である」。

(59)　NS 4.2.38-50.

(60)　NS 4.2.38: samādhiviśeṣābhyāsāt |

(61)　例えば Śvetāśvatara Upaniṣad 2.10: same śucau śarkarāvahnivālukāvivarjite 'śabdajalāśrayādibhiḥ | mano'nukūle na tu cakṣupīḍane guhānivātāśrayaṇe prayojayet ‖「平坦な所，清潔な所，砂利と火と砂のない所，音・水・広間などがなく，心に適い，目に苦痛がない所，洞窟のような風のない場所でヨーガを実修すべきである」。BhG 6.11: śucau deśe pratiṣṭhāpya sthiram āsanam ātmanaḥ | nātyucchritaṃ nātinīcaṃ cailājinakuśottaram ‖「〔ヨーガ行者は〕清潔な場所で，自分に高すぎず低すぎない布と皮とクシャで覆われた堅固な坐を設置して〔ヨーガを実修すべきである〕」。YS 2.46: sthirasukham āsanam |「坐法は，堅固で快適〔にすべき〕である」。

(62)　NS 4.2.41: araṇyaguhāpulinādiṣu yogābhyāsopadeśaḥ |

(63)　YS 2.30: ahiṃsāsatyāsteyabrahmacaryāparigrahā yamāḥ |「禁戒は，不殺生，真実，不盗，梵行，無所有である」参照。

(64)　YS 2.32: śaucasaṃtoṣatapaḥsvādhyāyeśvarapraṇidhānāni niyamāḥ |「勧戒は，清浄，知足，苦行，読誦，自在神への祈念である」参照。

(65)　NS 4.2.45: tadartham yamaniyamābhyām ātmasaṃskāro yogāc cādhyātmavidhyupāyaiḥ |

(66)　YS 2.49–53: tasmin sati śvāsapraśvāsayor gativicchedaḥ prāṇāyāmaḥ ‖ bāhyābhyantarastambhavṛttir deśakālasaṃkhyābhiḥ paridṛṣṭo dīrghasūkṣmaḥ ‖ bāhyābhyantaraviṣayākṣepī caturthaḥ ‖ tataḥ kṣīyate prakāśāvaraṇam ‖ dhāraṇāsu ca yogyatā manasaḥ ‖「調息とは，それ（坐法の確立）があるとき，入息と出息の流れを断ち切ることである。〔調息は〕外部へ（出息）と内部へ（入息）と固定（保息）とのはたらきであり，場所と時間と数によって観測され，長く微細である。第四〔の調息〕は，外部と内部の対象の放棄である。その結果，〔心の〕輝きを覆うもの（煩悩）が滅する。さらに，マナスは凝念に能力を発揮する」。

(67)　YS 2.54: svaviṣayāsaṃprayoge cittasvarūpānukāra ivendriyāṇāṃ pratyāhāraḥ ‖「制感とは，感覚器官が自らの対象と結合しないときに心そのもののようになることである」。

(68)　YS 3.2: tatra pratyayaikatānatā dhyānam ‖「禅定とは，そこ（意識を集中させる場所）で想念が一筋に伸びていくことである」。

(69)　YS 3.1: deśabandhaś cittasya dhāraṇā ‖「凝念とは，心を場所に縛り付けることである」。

(70)　NBh: 280[6f.] *ad* NS 4.2.46: yogaśāstrāc cādhyātmavidhiḥ pratipattavyaḥ | sa punas tapaḥ prāṇāyāmaḥ pratyāhāro dhyānaṃ dhāraṇeti |「ヨーガ聖典に基づくアートマンに関する聖典命令が実修されるべきである。さらにそれ（実修されるべき聖典命令）は，苦行，調息，制感，禅定，凝念である」。

(71)　YS 2.43: kāyendriyasiddhir aśuddhikṣayāt tapasaḥ ‖「苦行は不浄を滅するから，身体と感覚器官に超能力が〔備わる〕」。

(72)　YS 2.1: tapaḥsvādhyāyeśvarapraṇidhānāni kriyāyogaḥ |「行作ヨーガとは，苦行，読誦，自在神への祈念である」。

(73)　山本（2006）参照。

(74)　Maṇikaṇa: 60[3f.]: kiṃ tu ātyantikaḥ pāpadhvaṃso 'pūrvasāmānyadhvaṃso vā mokṣaḥ |「そうではなく解脱は，絶対的な悪の滅，もしくは新得力全般の滅である」。宮元・石飛（1998: 119f.）参照。

第3章　ウダヤナの解脱論[1]

第1節　序　論

本章では，『ニヤーヤ・スートラ』（Nyāyasūtra 正理経）からガンゲーシャ・ウパーディヤーヤ（Gaṅgeśa Upādhyāya, c. 1320）の『タットヴァ・チンターマニ』（Tattvacintāmaṇi 真理の如意宝）へというニヤーヤ学派の解脱論の歴史のなかでのウダヤナ・アーチャールヤ（Udayana Ācārya, 984/5 *or* c. 1025–1100[2]）著『キラナーヴァリー』（Kiraṇāvalī 光の連なり）の解脱論を明らかにする。

ウダヤナはニヤーヤ学派の論書に対して註釈し，ヴァイシェーシカ（Vaiśeṣika 勝論）学派の論書に対しても註釈した。彼の解脱論は，ニヤーヤ学派の立場では『ニヤーヤ・ヴァールッティカ・タートパルヤ・パリシュッディ』（Nyāyavārttikatātparyapariśuddhi 正理評釈解明），『アートマ・タットヴァ・ヴィヴェーカ』（Ātmatattvaviveka アートマンの正しい識別）のなかで，ヴァイシェーシカ学派の立場ではプラシャスタパーダ（Praśastapāda, c. 530）の『パダールタ・ダルマ・サングラハ』（Padārthadharmasaṃgraha 句義法綱要）に対する註釈書『キラナーヴァリー』のなかで論じられている。『キラナーヴァリー』において解脱は，ほぼ冒頭で論じられており，『アートマ・タットヴァ・ヴィヴェーカ』では最後に論じられている。『アートマ・タットヴァ・ヴィヴェーカ』と『キラナーヴァリー』に対しては，ガンゲーシャ以降の多くの新論理学者が註釈している。

『キラナーヴァリー』に対する註釈書のなかで，ガンゲーシャの解脱論について論じられているものが多くある。たとえば，ガンゲーシャの息子であるヴァルダマーナ・ウパーディヤーヤ（Vardhamāna Upādhyāya, c. 1345）の『キラナーヴァリー』に対する註釈書『キラナーヴァリー・プラカーシャ』（Kiraṇāvalīprakāśa 光の連なり解明）は，『タットヴァ・チンターマニ』の文章からの引用が多い。さらに，マトゥラーナータ・タルカヴァーギーシャ（Mathurānātha Tarkavāgīśa, c. 1650）の『キラナーヴァリー』に対する註釈書『キラナーヴァリー・ラハスヤ』（Kiraṇāvalīrahasya 光の連なり秘要）は，ガンゲーシャを意識して書かれたものであり，『タットヴァ・チンターマニ』の註釈書と言えるほどである。新論理学派の解脱論に関しては，『タットヴァ・チンターマニ』ではなく『キラナーヴァリー』に対する諸々の註釈書からその歴史が見えてくる。

第2節　先行研究

ウダヤナの『キラナーヴァリー』の解脱論に関する部分は，立川（Tachikawa 2001）において英訳されているが，ウダヤナの解脱論を包括的に論じた研究はない。初期のニヤーヤ学派の解脱論に関しては，本書第1部第2章において詳細に論じた。初期のヴァイシェーシカ学派の解脱論についての先行研究は，野沢（1981）のなかで挙げられている。ここでは，これ以降の研究である服部（1989），安達（1984），野沢（1981, 1995, 2000, Nozawa 1996），ブロンクホルスト（Bronkhorst 2009）を主に参照する。

『ヴァイシェーシカ・スートラ』（Vaiśeṣikasūtra 勝論経）研究の大きな論点は，解脱論とカテゴリー論とを分断し，カテゴリー論こそが原型であり，解脱論は後代の付加であるというフラウヴァルナー説(3)をどう考えるかである。これに対して，『ヴァイシェーシカ・スートラ』は元来，解脱論(4)とパダールタ（カテゴリー）論という異質な思想が重層的に併存しているというのが野沢説である(5)。解脱が目的であり，その手段としてダルマとカテゴリー（句義）を説くと考えれば，『ヴァイシェーシカ・スートラ』をばらばらに分解する必要はない。本書第1部第2章においても，ヴァイシェーシカ学派と姉妹学派であるニヤーヤ学派の根本経典『ニヤーヤ・スートラ』は解脱論と認識論，論理学という異質な層から成り立っていることを明らかにした。異質なものの併存はインド文化の特徴である。

鈴木（2010）は，「解脱の存在」の認識手段に関して，ヴァイシェーシカ学派内部において「論理」（推理）と「聖典」との二つの志向があることを指摘している。解脱論における推理と聖典の問題についてはガンゲーシャも言及している。[6]

第３節　ヴァイシェーシカ学派の解脱論

ニヤーヤ学派とヴァイシェーシカ学派は姉妹学派であるが，解脱論に関しては異なっている。ニヤーヤ学派が解脱（apavarga）を真理知（tattvajñāna）による苦（duḥkha）の滅と考えるのに対して，[7] ヴァイシェーシカ学派は解脱（mokṣa）をダルマ（dharma）による不可見力（adṛṣṭa）の滅と考える。[8]

輪廻説に関しても両者は異なっている。ニヤーヤ学派は輪廻の主体はアートマン（ātman 魂）であると考えるが，[9] ヴァイシェーシカ学派はマナス（manas 意）と考える。[10] ニヤーヤ学派は輪廻の原因をカルマン（karman）と考えるが，ヴァイシェーシカ学派は不可見力（adṛṣṭa）と考える。[11] まず『ヴァイシェーシカ・スートラ』の解脱論を概観する。

最初の三つのスートラにおいて『ヴァイシェーシカ・スートラ』の目的が宣言される。

> さて，これから，われわれはダルマを説こう。[12]

> そこから繁栄（生天）と至福（解脱）とが成立するもの，それがダルマである。[13]

> それ〔ダルマ〕[14] を説くから，聖典（ヴェーダ）には知識の正当性がある。[15]

この三つのスートラは『ヴァイシェーシカ・スートラ』の解脱論をよくまとめている。[16] つまり，解脱論の内容として，ダルマ，生天（天界に生まれること）としての繁栄（abhyudaya），解脱としての至福（niḥśreyasa），聖典（āmnāya）を説くと言っているのである。ダルマを解脱の手段と考えるのはヴァイシェーシカ学派の特徴である。しかしニヤーヤ学派のガンゲーシャは，真理知があればダルマは必要ないとヴァイシェーシカ学派のダルマによる解脱論を批判する。[17]

『ヴァイシェーシカ・スートラ』では解脱の手段として，ヨーガの実修[18]とダルマ[19]が挙げられている。ダルマに関しては，『ヴァイシェーシカ・スートラ』第六章において説明されている。これらのダルマは聖典で教示される宗教的義務であり，社会階級や四住期の規定などである。[20]

解脱を得る手段は，ヴェーダ聖典の知識（jñāna）か，祭式行為（karman）か，それとも知識と行為の併合（samuccaya）か，という議論がある。これは知行併合論（jñānakarmasamuccayavāda）と呼ばれるものであり[21]，解脱論のなかで一つの大きなトピックを形成している。

プラシャスタパーダ以降の時代になると，解脱は知識（buddhi），楽（sukha），苦（duḥkha），欲望（icchā），嫌悪（dveṣa），努力（prayatna），善業（dharma），悪業（adharma），潜在印象（saṃskāra）という九つの「アートマン固有の属性」（ātmaviśeṣaguṇa）[22]がなくなることと言われるが[23]，これはニヤーヤ学派にはないヴァイシェーシカ学派独自の解釈である。ウパスカーラ本で付加されている『ヴァイシェーシカ・スートラ』1.1.4[24]や『パダールタ・ダルマ・サングラハ』[25]では，真理知から至福があると言うが，これは『ニヤーヤ・スートラ』[26]の影響を受けた結果であり，初期の『ヴァイシェーシカ・スートラ』の考えにはない。[27]

第4節　『キラナーヴァリー』の解脱論

『キラナーヴァリー』の解脱論は「至福」[28]，「苦の滅」[29]，「真理知」[30]，「知行併合論」[31]，「ダルマによる繁栄と至福」[32]という五つのトピックから構成されている。[33]仏教，サーンキヤ学派，ヴェーダーンタ学派，ミーマーンサー学派の説を批判し，解脱は「苦の滅」であるという古典論理学派の説を支持し[34]，「絶対的な苦の滅」であると言う。[35]そして真理知によって苦の滅はあると言うが，その真理知はダルマからもたらされると言う。ニヤーヤ学派の解脱論では祭式行為としてのダルマを必要とせず，ヨーガ（瞑想）によって真理知は発生すると考える。プラシャスタパーダは，自在神の教令によるダルマから真理知が生じると言う[36]。ウダヤナはこの『パダールタ・ダルマ・サングラハ』のダルマを次のように解釈する。

「それ（真理知）はどこから〔生じるの〕か」〔という問い〕に対して〔プラシャスタパーダは〕次のように答える。「それは」と。自在神の教令は，教示であり，ヴェーダであるという意味である。それ（自在神の教令）によって，明らかにされ示されたダルマからのみ〔真理知は生じる〕という意味である。この意味は次の如くである。論書による範疇の考察の後で，天啓聖典，伝承文学，歴史，古伝書で教えられているヨーガの方法によって，長時間絶え間のない努力によって生じた，滅という特徴を持つダルマからのみ真理知は生起する。そこから人は解脱する[37]。

ここでのダルマは，自在神に示された聖典の教説であるヨーガによって生じる。「滅という特徴を持つダルマ」は，『パダールタ・ダルマ・サングラハ』に説かれている「純粋な（**kevala**）ダルマ」のことである[38]。この純粋なダルマはアダルマをともなわず，自己消滅する。ヨーガから生じるダルマは『パダールタ・ダルマ・サングラハ』によればアートマンの属性であり，ヴァイシェーシカ学派のカテゴリー（句義）論で論じられるテーマである。このダルマは祭式行為ではない。ウダヤナは「自在神の教令」をヨーガの方法論，そして「ダルマ」をヨーガから生じたダルマと解釈する。

このサットヴァ（アートマン[39]）の浄化を通して，行為は間接補助因であり，そして真理知は直接補助因である，と理解すべきである[40]。

それゆえ，真理知のみが至福の原因である。しかし，行為は，知識を求める人に知識が生じないとき，それ（真理知）の妨害因であるアダルマの排除を通して，滅罪のように有益である[41]。

この二つの文章の意味内容は同じである。「アートマンの浄化」とはアダルマの排除のことである[(42)]。ここでの行為は，常住行為や臨時行為のような祭式行為ではなく，悪業（アダルマ）排除の滅罪行為（prāyaścitta）[(43)]である。

ヴァイシェーシカ学派ではダルマの重要性を説明する必要がある。それは『ヴァイシェーシカ・スートラ』が冒頭でダルマによって解脱を得ると宣言しているからである。ダルマの重要性は，知行併合論によって補強される。つまり，初期ヴァイシェーシカ学派は，知識ではなく，ヨーガの実修と宗教的義務としてのダルマによって解脱を得るという行為を重視していた[(44)]。しかし，ニヤーヤ学派の影響により，真理知（tattvajñāna）もまた解脱の手段であるという立場になり，行為と知識との両方が必要であるという知行併合論者になった。真理知の導入は『パダールタ・ダルマ・サングラハ』において見られるが，知行併合論の議論は見られない。知行併合論は，ウダヤナと同時代のシュリーダラ（Śrīdhara, 991）の『ニヤーヤ・カンダリー』（Nyāyakandalī 正理の芭蕉樹）においても議論されている[(45)]。これは，解脱には知識と祭式行為との両方が必要であるという考えである。しかし，知識と行為とは同等なのか，それともどちらか一方に重点を置くのか，という点で論者の意見は分かれる。伝統的にミーマーンサー学派は祭式行為に重点を置き，ヴェーダーンタ学派は知識を重んじる。ウダヤナは，見えるもの（dṛṣṭa）と見えないもの（adṛṣṭa）の例で真理知とダルマの関係を説明する[(46)]。知識と行為とは同等ではない。知識が直接補助因であり，行為は間接補助因である。解脱の手段は知識であり，行為は知識が生じないときにのみその手段となる。ガンゲーシャはヴァイシェーシカ学派のダルマ理論とウダヤナの知行併合論を批判する[(47)]。

最後に，ウダヤナは，同じダルマが生天と解脱をともにもたらすと『ヴァイシェーシカ・スートラ』を註釈する[(48)]。ダルマは繁栄（生天）にとって直接因であるが，至福（解脱）にとっては間接因である。宗教的義務であるダルマとしては同じであるが，生天をもたらすのは常住行為や臨時行為であり，解脱の間接因となるのはアダルマを排除する滅罪行為である。

第5節　まとめ

『キラナーヴァリー』での解脱論の特徴は，ヴァイシェーシカのダルマの理論を知行併合論へと移行させたことである。これは『ニヤーヤ・カンダリー』においても見られることである。しかし，ウダヤナの知行併合論は知識重視である。解脱の原因であり，直接因である真理知が生じないときにのみ，宗教的義務（dharma）としての行為（karman）は解脱の間接因となる。

ウダヤナは，ヨーガによって生まれたダルマが真理知を生起させると言う。このダルマはアートマンの属性である。アートマンの属性であるアダルマを排除する滅罪行為は，真理知の発生を促し，解脱の間接手段となる。ウダヤナは，常住行為，臨時行為，選択行為，禁止規定，遊行期の規定などを解脱の間接因として認めない[(49)]。シュリーダラは，選択行為と禁止規定とを解脱の手段としては否定するが[(50)]，常住行為と臨時行為に関しては認めている[(51)]。

知識は単独で解脱の手段となり得るが，行為が単独で解脱の手段となることはない。知識のみか，知識と行為との併合かのどちらかが解脱の手段となる。知行併合の場合でも，行為は間接手段である。ダルマを解脱の手段として出発したヴァイシェーシカ学派はウダヤナによって知識重視の知行併合論者となった。しかし，ガンゲーシャはこのウダヤナの解脱論を批判する。ダルマを否定し，知識のみの解脱論を説き，その認識手段は推理であると言う。これについては本書第1部第5章で考察する。

註

（1）　初出は山本（2010b）。修正した部分もある。

（2）　ウダヤナ著『ラクシャナーヴァリー』（Lakṣaṇāvalī 定義の連なり）の写本にはシャカ（śaka）暦で906年（tarkāṃbarāṅka）と記されており，西暦では984年もしくは985年になる。しかし，バッタチャルヤ（Bhattacharya 1958：51–54）は，ウダヤナはジュニャーナシュリーミトラ（Jñānaśrīmitra, c. 980–1030）より一世代（約40年）後であると考え，この記述を無視してウダヤナの年代を1025–1100年であると考える。

（3）　フラウヴァルナー（Frauwallner 1984）。ヴェツラー（Wezler 1982）参照。

（4）野沢（1995）では「宇宙論」と呼ばれている。

（5）野沢（1995）。

（6）本書第1部第5章参照。

（7）NS 1.1.22. 本書第1部第2章第4節参照。

（8）VS 5.2.20: tadabhāve saṃyogābhāvo 'prādurbhāvaḥ sa mokṣaḥ |「これ（不可見力）がないとき，〔アートマンとマナスとの〕結合もなく，〔身体の〕出現もない。それが解脱である」。『ヴァイシェーシカ・スートラ』のスートラ番号は Vaiśeṣikasūtra（2）に従う。

（9）NS 3.1.17-20. 服部（1966: 530）参照。

（10）VS 5.2.19: apasarpaṇam upasarpaṇam aśitapītasaṃyogaḥ kāryāntarasaṃyogāś cety adṛṣṭakāritāni |「〔マナスが身体から〕出ること，〔マナスが身体に〕入ること，〔胎児と〕食物・飲物との結合，そして〔マナスと〕他の結果（身体）との結合は，不可見力の所作である」。野沢（1981, 2000）参照。

（11）VS 5.2.19-20. 野沢（1981, 2000）参照。

（12）VS 1.1.1: athāto dharmaṃ vyākhyāsyāmaḥ |

（13）VS 1.1.2: yato 'bhyudayaniḥśreyasasiddhiḥ sa dharmaḥ |

（14）「それ」の解釈は「ダルマ」以外に「自在神」，「繁栄と至福」などがある。ブロンクホルスト（Bronkhorst 2009: 324）参照。

（15）VS 1.1.3: tadvacanād āmnāyasya prāmāṇyam |

（16）野沢（1995）。

（17）TCDG: 2077^{25}–2078^{3} = Text 17.

（18）VS 5.2.17: ātmasthe manasi saśarīrasya sukhaduḥkhābhāvaḥ sa yogaḥ |「マナスがアートマンに安住しているとき，身体を持つもの（アートマン）に楽と苦はない。それがヨーガである」。VS 5.2.20. 前掲註8参照。

（19）VS 1.1.2. 野沢（1981: 468）。

（20）服部（1989）；菱田（1993: 51-55）。

（21）村上（1979b）；金沢（2003）。本書第1部第5章第9節参照。

（22）Tarkabhāṣā: 85^{7-8}: buddhyādayo 'dharmāntā bhāvanā cātmaviśeṣaguṇāḥ |「認識で始まり，悪業で終わるものと潜在印象とが，アートマン固有の属性である」。アタルエ・ボーダス（Athalye and Bodas 1897: 361f.）参照。

（23）NK: 619^{11-12}: mokṣo navānām ātmaviśeṣaguṇānām atyantocchedaḥ |「解脱とは，九つのアートマン固有の属性の絶対的な断滅である」。VSC: 2^{3} *ad* VS 1.1.2: niḥśreyasam adhyātmano vaiśeṣikaguṇābhāvarūpo mokṣaḥ |「至福とは，アートマンに関する固有の属性がないという特徴を持つ解脱である」。野沢（1981: 468）参照。

（24）VSU 1.1.4: dharmaviśeṣaprasūtād dravyaguṇakarmasāmānyaviśeṣasamavāyānāṃ padārthānāṃ sādharmyavaidharmyābhyāṃ tattvajñānān niḥśreyasam |「実体，属性，運動，普遍，特殊，内属という句義の共通性と相違性とから〔生じた〕，特殊なダルマから生じた真理知から至福はある」。このスートラは VSC と VSV にはない。

(25)　PDhS: $23^{2f.}$: dravyaguṇakarmasāmānyaviśeṣasamavāyānāṃ ṣaṇṇāṃ padārthānāṃ sādharmyavaidharmyatattvajñānaṃ niḥśreyasahetuḥ |「実体，属性，運動，普遍，特殊，内属という六つの句義の共通性と相違性とから〔生じた〕真理知は，至福の因である」。

(26)　NS 1.1.1. 本書第1部第2章註7参照。

(27)　野沢（1981: 471）。

(28)　Kir: 15^{1}–$26.^{29}$

(29)　Kir: 27^{14}–$33.^{22}$

(30)　Kir: 34^{25}–$35.^{4}$

(31)　Kir: $40.^{1-17}$

(32)　Kir: $54.^{4-8}$

(33)　立川（Tachikawa 2001）。

(34)　NS 1.1.22. 本書第1部第2章註23参照。

(35)　Kir: 15^{1} : niḥśreyasaṃ punar duḥkhanivṛttir ātyantikī |「さらに，至福（解脱）は絶対的な苦の滅である」。ĀTV: $915^{1f.}$: ātyantikī duḥkhanivṛttir ātmanaḥ |「〔解脱は〕アートマンに属する絶対的な苦の滅である」参照。

(36)　PDhS: 26^{1}: tac ceśvaracodanābhivyaktād dharmād eva |「それ（真理知）は，自在神の教令によって明らかにされたダルマからのみ〔生じる〕」。

(37)　Kir: 34^{28}–35^{1}: tac ca kuto bhavatīty ata āha tac ceti | īśvarasya codanā* upadeśo veda iti yāvat | tenābhivyaktāt pratipāditād dharmād evety arthaḥ | ayam arthaḥ śāstreṇa pādārthān vivicya śrutismṛtītihāsapurāṇopadiṣṭayogavidhinā dīrghakālādaranairantarya-sevitān nivṛttilakṣaṇād dharmād eva tattvajñānam utpadyate | yato 'pavṛjyate | *Kir (1). Kir (2); Kir (3): īśvaradeśanā. KirR: 36^{2}: sevitād utpāditāt |「sevitāt は，生ぜられたから〔という意味である〕」。

(38)　PDhS: 632^{1}: nivṛttilakṣaṇaḥ kevalo dharmaḥ ... |「滅を特徴とする純粋なダルマが〔生じる〕……」。

(39)　NS 4.2.45: ātmasaṃskāro ... |「アートマンの浄化……」。KirR: 40^{24}: sattvam ātmā |「サットヴァとはアートマンである」。BhG 16.1: sattvasaṃśuddhir ...「サットヴァの浄化……」。シャンカラとラーマヌジャは「サットヴァ」を内官（antaḥkaraṇa），つまりマナス（意，思惟器官）と解釈する。「サットヴァの浄化」（sattvaśuddhi）は，『ヨーガ・スートラ』では次のように言われている。YS 3.55: sattvapuruṣayoḥ śud-dhisāmye kaivalyam iti ‖「サットヴァ（純質）とプルシャ（真我）との清浄さが同じ

になったときに独存がある」。『ヨーガ・スートラ』3.55でのサットヴァ（sattva）は，ラジャス（rajas）とタマス（tamas）とともに三徳（triguṇa）の一つである。サットヴァの浄化とは，ラジャスとタマスとを消滅させることである。上村（1992: 209）；菱田（1993: 55）参照。

（40）Kir: 40$^{1-2}$: etena sattvaśuddhidvāreṇārādupakārakaṃ karma saṃnipatyopakārakaṃ ca tattvajñānam iti mantavyam |

（41）Kir: 40$^{14-16}$: tasmāt tattvajñānam eva niḥśreyasahetuḥ | karmāṇi tv anutpannajñānasya jñānārthinas tatpratibandhakādharmanivāraṇadvāreṇa prāyaścittavad upayujyante |

（42）KirR: 40$^{24f.}$: tasya śuddhis tattvajñānotpattipratibandhakādharmanāśaḥ |「その浄化とは，真理知生起の妨害因であるアダルマの滅である」。

（43）KirṬīkā: 626$^{20-22}$: prāyaścittavad iti | yathā prāyaścittakartur brahmahatyādijanyaduḥkhanivṛttim abhilaṣatas taddhetubhūtādharmocchede vyāpāraḥ |「『滅罪のように』と。たとえば，婆羅門殺しなどによって生じる苦の滅を望む滅罪を行う者にとっての，その原因であるアダルマを断滅するための作業である」。婆羅門殺しについては，渡瀬（1990: 173-175）参照。

（44）野沢（1981）。

（45）NK: 632$^{17f.}$: kiṃ jñānamātrān muktiḥ? uta jñānakarmasamuccayāt? jñānakarmasamuccayād iti vadāmaḥ |「【対論者】解脱は，知識のみからあるのか，それとも知行併合からか。【シュリーダラの答論】『知行併合から』とわれわれ（ヴァイシェーシカ学派）は主張する」。

（46）Kir: 40$^{2-4}$: na tu tulyakakṣatayā tatsamuccayaḥ | nāpi jñānena dharmo janyate vihitatvād iti dharmasyaiva prādhānyam | dṛṣṭadvāreṇaivopapattāv adṛṣṭakalpanānavakāśāt | anyathā bheṣajādividhiṣv api tathā kalpyeta |「しかしそれ（知識と行為）の併合は同等ではない。また規定されているがゆえに，知識によってダルマが生じるからといって，ダルマこそが主要なものだということもない。見えるもの（知識）によってのみ〔解脱が〕考えられる場合，見えないもの（ダルマ）の想定の余地がなくなってしまうから。さもなければ，薬（見えるもの）などに対する聖典命令（見えないもの）の場合でさえも同様に考えられるから」。

（47）TCDG: 2077^{3}-2078^{3} = Text 17f.

（48）Kir: 54$^{6-8}$: anyathāvyākhyāne hi yato 'bhyudayeti pratyekasamudāyābhyām ubhayatrāpy avyāpakaṃ syāt | yato 'bhyudayasiddhiḥ sa dharma ity etāvataiva lakṣaṇasiddhe pāraṃparyeṇa niḥśreyase 'py asya hetutvaṃ pratipādayituṃ niḥśreyasagrahaṇam iti |「もし別の説明（あるダルマが繁栄を別のダルマが至福をもたらすの）であれば『そこから繁栄がある』は単一〔の生起因〕と集合的〔な生起因〕との両方の場合でさえ，不遍充になるだろう。『そこから繁栄が成立するもの，それがダルマである』という

ことだけで定義が成立するとき，間接的に至福（解脱）の場合もまたそれ（祭式行為としてのダルマ）が原因であることを示すために，至福ということばが用いられている」。KirR: 54^{19}: karmādilakṣaṇadharmaviṣayakatve ... |「祭式行為などという特徴を持つダルマを対象とするとき……」参照。KirR: 54^{25}: asya karmaṇaḥ |「『その』とは祭式行為の〔という意味〕である」参照。

(49)　Kir: 40^{4-9}: upapattiviruddhaś ca jñānakarmasamuccayaḥ | kāmyaniṣiddhayos tyāgād eva samuccayānupapatteḥ | nāpi asaṅkalpitaphalakāmyakarmasamuccayaś caturthāśramavidhivirodhāt | yāvan nityanaimittikasamuccayasyāpi tata evānupapatteḥ | yatyāśramavihitakarmaṇā jñānasya samuccaya ity api nāsti | tadabhāve 'pi gṛhasthasya jñāne sati mukteḥ |「また知行併合は，適切な理解と矛盾する。〔四住期の規定では〕選択行為と禁止規定を捨てるがゆえに，〔知識と行為の〕併合は考えられないから。また〔知識と〕結果を期待しない選択行為との併合もない。四番目の住期の規定と矛盾するから。〔知識と〕常住行為や臨時行為との併合もまたその理由から考えられないから。苦行期の規定行為と知識との併合もまたない。それ（行為）なしでも，家長は知識があれば，解脱するから」。

(50)　NK: 633^{2-3}: yāni kāmyāni karmāṇi pratiṣiddhāni yāny api | tāni bandhanty akurvantaṃ nityanaimittikāny api ‖「選択行為と禁止規定は，〔それを行う人を〕束縛する。常住行為と臨時行為は，それを行わない人を束縛する」。

(51)　NK: 632^{18-19}: nityanaimittikakarmādhikāro na nivartate |「常住行為と臨時行為の権威は否定されない」。NK: 635^{23}: nityanaimittikair eva kurvāṇo duritakṣayam |「常住行為と臨時行為によってのみ行為者は，悪（苦の生起因）を滅する」。

第4章　シャシャダラの解脱論

第1節　序　論

シャシャダラ・アーチャールヤ（Śaśadhara Ācārya, c. 1300）は，ガンゲーシャ・ウパーディヤーヤ（Gaṅgeśa Upādhyāya, c. 1320）直前の新論理学者である。彼の『ニヤーヤ・シッダーンタ・ディーパ』（Nyāyasiddhāntadīpa 正理定説灯明）とガンゲーシャの『タットヴァ・チンターマニ』（Tattvacintāmaṇi 真理の如意宝）とには，類似の議論が多くある。『ニヤーヤ・シッダーンタ・ディーパ』は，論じるテーマをそれぞれ論（vāda）としてまとめている。ガンゲーシャの『タットヴァ・チンターマニ』には多くの註釈書があるが，シャシャダラの『ニヤーヤ・シッダーンタ・ディーパ』に対する註釈は非常に少ない(1)。シャシャダラの年代論としては，ヴィドヤーブーシャナ（Vidyabhusana 1921），バッタチャルヤ（Bhattacharya 1958），カヴィラージ（Kaviraj 1982）などの研究があるが，『ニヤーヤ・シッダーンタ・ディーパ』のテキスト校訂本の序論のなかでのマティラル（Matilal 1976: 9–21）の研究が最も詳細である。シャシャダラの解脱論に関する先行研究としては和田（Wada 2000）がある。

第2節　知行併合論

知行併合論（jñānakarmasamuccayavāda）は，解脱論の一部として論じられる。しかしシャシャダラの『ニヤーヤ・シッダーンタ・ディーパ』のなかでは，「解脱論」（Muktivāda）と別に独立した論として，「知行併合論」が論じられている。シャシャダラは，知識（jñāna）と行為（karman）とは同等ではないと言う。ウダヤナ・アーチャールヤ（Udayana Ācārya, c. 1025–1100）と同じく知識重視の知行併合論である。彼は次のように言う。

> また禁戒や勧戒など特定の行為が真理知〔の生起〕に役立つことは，聖言から直ちに理解される。同様に，議論の的になっている行為は，それ（真理知の生起）の手段としてのみ〔解脱の〕生起因と考えられる。(2)

解脱の手段は，知識と行為との併合である。知識は直接的な解脱の手段であるが，行為は解脱に対して間接的な手段である。行為は，知識の成立手段である。シャシャダラにとっての行為とは，禁戒（yama）(3)や勧戒（niyama）(4)のことである。これらはヨーガ（yoga）行法の一部である。(5)ヨーガには八つの階梯がある。ヨーガの心構えとしての準備である(1)禁戒と(2)勧戒を守った後に，(3)正しく座り（坐法），(4)呼吸を整え（調気），(5)感覚器官を制御し（制感），(6)精神統一し（凝念），(7)瞑想状態に入り（禅定），(8)主客が一体化した状態（三昧）になる。行為は，ヨーガ行法の最初の二階梯である。知識は，それ以降の六階梯のヨーガの実修によって生じる真理知であり，「梵我一如」などの天啓聖典を内容とする。シャシャダラの知行併合とは，ヨーガの準備（行為）とヨーガの実修によって生じた真理知（知識）との併合である。シャシャダラは次のように言う。

> 別（輪廻と無関係）の苦の滅が努力なしで成立するとしても，そのような種類（輪廻の原因）の苦の滅は，努力によって成立するヨーガの実修によって成立するから。(6)

ここでの努力とは，ヨーガの実修のことである。苦には，輪廻と無関係のものと，輪廻の原因となるものとがある。輪廻と無関係の苦とは，蛇や棘という苦の原因から発生するものである。(7)これらの苦は，蛇や棘を排除することによって滅する。つまり，これらの苦の滅はヨーガの実修という努力なしで成立する。

他方，輪廻の原因となる苦は，ヨーガの実修によってのみ滅する。輪廻の原因となる苦は，潜在印象をともなう誤知から始まり，過失（煩悩），活動（業），出生，苦と順に生じたものである。ヨーガの実修によって，苦の滅は成立する。解脱は，絶対的な苦の滅である。したがって，ヨーガの実修から生じた知識とその準備である行為との知行併合によって解脱は成立する。

第3節　バッタ・ミーマーンサー学派との論争

シャシャダラは自らの解脱の定義を述べない。彼は対論者の諸定義を挙げ，ウダヤナの定義「絶対的な苦の滅[8]」を支持し[9]，他の定義をすべて批判する。対論者の解脱定義に関しては，すでに和田（Wada 2000）において詳細に論じられているので，ここでは再論しない。シャシャダラが最も批判したのは，バッタ・ミーマーンサー（Bhaṭṭa Mīmāṃsā）学派の「常住の楽の顕現」説である。ここでは，シャシャダラの「常住の楽の顕現」批判，バッタ・ミーマーンサー学派の「絶対的な苦の滅」批判，それに対するシャシャダラの答論という，一連の議論のみを取り上げる。

シャシャダラは，バッタ・ミーマーンサー学派の解脱定義について「ここでは『解脱は，常住の最高の楽の顕現である』とトゥターティタ学徒[10]は言う[11]」と言う。シャシャダラは常住な楽を認識する手段（pramāṇa）はないと言って，この定義の批判を開始する[12]。

これに対して，バッタ・ミーマーンサー学派は「ブラフマンは常住であり，知であり，歓喜である[13]」という天啓聖典が「常住の楽」（nityasukha）に対する認識手段であると言う[14]。バッタ・ミーマーンサー学派にとって人間の目的は「常住の楽の顕現」であり，「苦の滅」ではない[15]。

シャシャダラは次のように批判する。楽の顕現が常住であるなら，人間の努力なしにすでに成立しているから，人間の目的にならない。人間の目的は人間の努力によって成立するからである。反対に，もし常住でないのなら，楽の顕現が滅したときに解脱者が輪廻するという矛盾に陥る[16]。

バッタ・ミーマーンサー学派は，「ブラフマンは常住であり，知であり，歓喜である」という天啓聖典は，常住の楽の認識手段であり，顕現の常住性を支持すると答える[17]。

シャシャダラは，この天啓聖典は常住の楽に対する認識手段にはならないと言う。ブラフマンが楽と異ならないとすれば，この楽は無常な楽ではない。なぜなら，常住なブラフマンと無常な楽とは矛盾するからである。また楽が常住であることもない。なぜなら，それを成立させる認識手段がないからである[18]。むしろ「苦から完全（過去，現在，未来）に解放された者は〔ブラフマンの世界に〕行く」と言う天啓聖典によって，解脱は絶対的な苦の滅であることが理解される[19]。以上が，バッタ・ミーマーンサー学派の「常住の楽の顕現」説に対するシャシャダラの批判である。

これに対して，バッタ・ミーマーンサー学派はウダヤナの解脱定義である「絶対的な苦の滅[20]」を批判する[21]。バッタ・ミーマーンサー学派[22]は，解脱が常住の楽の顕現であるという立場から，ウダヤナの解脱定義である「絶対的な苦の滅」を不適切であると言う。まず，「苦の滅」の滅（nivṛtti）とは，消滅する（dhvaṃsa）種類の非存在（abhāva）なのか，それとも消滅しない種類である常住の非存在なのか，どちらかであると言う[23]。そして，どちらでもないと言う。消滅する種類の場合，現在の苦は，矛盾する属性によって人間の努力なしでも滅する[24]。さらに，未来の苦はまだ生じていないので滅することはできない[25]。滅が常住の非存在である絶対的非存在を意味している場合，過去・現在・未来にわたって絶対的非存在はあるので，人間の努力なしですでにそれは成立している。人間の努力なしで成立するものは，人間の目的（解脱）ではない。したがって，苦の滅は人間の目的ではない[26]。

さらに，蜂蜜に毒が混ざっている例のように，楽と苦とが混合している場合，苦を排除するときに楽も排除されてしまうが，楽の排除は望まれていない。楽のない人間の目的は認められない[27]。

以上の批判に対して，シャシャダラは次のように答える。解脱が「絶対的な苦の滅」であることは，「苦から完全に解放された者は行く」という天啓聖典によってすでに意図されている[28]。輪廻の原因である現在の苦を滅するには，努力をともなうヨーガの実修しかない。誤知（mithyājñāna）と矛盾する属性である真理知（tattvajñāna）を生じさせるのは，努力をともなうヨーガの実修である。[29]また，未来の苦に対して，滅する努力をするのではない。未来の苦を滅するために，現在において，未来の苦の原因を滅する努力をする。苦は，苦の原因の比喩表現である。[30]したがって，苦の原因の滅は，苦の滅を表現しているので，苦の滅は努力をともなっていることになる。苦楽の混合の場合，苦の原因が楽の場合，苦と同様にその楽の排除もまた望まれる。したがって，苦と同時に楽をも排除しても，つまり楽をともなう苦の滅も人間の目的である。[31]

バッタ・ミーマーンサー学派は，ウダヤナの「絶対的な苦の滅」を「絶対的な苦の非存在」と解釈する。絶対的な苦の非存在は，苦が過去・現在・未来に存在しないことである。絶対的な苦の滅は，苦が滅した後に再び生じないことである。

以上が，シャシャダラとバッタ・ミーマーンサー学派との，苦の滅と楽とに関する解脱の議論である。

第4節　解脱の論証

シャシャダラは解脱の存在証明を聖言（śruti）と推理（anumāna）という認識手段（pramāṇa）によって行う。まず解脱を証明する聖言として，シャシャダラはミーマーンサー学派の支持する「ブラフマンは常住であり，知であり，歓喜である」[32]という聖言は解脱の存在論証のための聖言にはならないと批判し，[33]「苦から完全（過去・現在・未来）に解放された者は〔ブラフマンの世界に〕行く」という聖言こそが，解脱の存在論証のための認識手段であると言う。[34]

次に，彼は次のような推論式を述べる。

〈主張〉デーヴァダッタの苦性（滅性），もしくは〔すべての人の〕苦性（滅性）は，同じ基体（人間）に，〔苦と〕同時に存在しない〔苦の〕滅の反存在（滅の対象である苦）に存在する。

〈理由〉作られたものすべてに存在する属性（滅性）のゆえに。

〈喩例〉灯明の連続性のように。[35]

この推論式はヴヨーマシヴァ（Vyomaśiva, c. 950），シュリーダラ（Śrīdhara, 991），ウダヤナの推理が下敷きになっている。[36]さらに，この他人のための推理（parārthānumāna）は，ガンゲーシャに受け継がれている。[37]

この推論式の主張の部分「同じ基体に，同時に存在しない滅」（svāśrayāsamānakālīnadhvaṃsa）は，解脱の定義もしくは説明として「同じ基体の苦と同時に存在しない苦の滅」と表現されている。[38]これは苦の滅に関してのみ適用され，[39]究極の解脱に対しては当てはまらない。[40]究極の解脱は，過去・現在・未来にわたって解脱している人の解脱であり，人間の努力なしですでに成立している。[41]

第5節　まとめ

シャシャダラとガンゲーシャの解脱論を比べてみると，シャシャダラは「〔苦の〕原因の滅」（hetūccheda）を認めるなど，ウダヤナの解脱論[42]を受け継いでいる。[43]しかし，ガンゲーシャはこれを否定する。[44]

ガンゲーシャの解脱のプロセスのなかでは自分のための推理（svārthānumāna）は重要な位置づけがなされているが，シャシャダラの述べる解脱のプロセスのなかには組み込まれていない。しかし，解脱の存在論証である他人のための推理（parārthānumāna）に関して，シャシャダラとガンゲーシャの推論式はほぼ同じであり，ニヤーヤ・ヴァイシェーシカ学派の伝統を受け継いだものである。シャシャダラの支持する解脱の定義は，ウダヤナのものである。そして，ウダヤナと同じく知識重視の知行併合論者であったが，行為の内容は異なる。行為をウダヤナが滅罪[45]であると考えるのに対して，シャシャダラは禁戒，勧戒というヨーガの準備と考えた。

註

（1）出版されているテキストは Nyāyasiddhāntadīpa (1) と (2) のみである。(1) のテキストにはシェーシャーナンタ（Śeṣānanta, c. 1455）の註釈が，(2) のテキストにはグナラトナ・スーリ（Guṇaratna Sūri, c. 1420）の註釈がそれぞれある。

（2）NSD: 32[4f.]: kiṃ ca yamaniyamādeḥ karmaviśeṣasya tattvajñānānukūlatvaṃ tāvac chabdād evāvagamyate | tathā ca vivādāspadībhūtasyāpi karmaṇas taddvāreṇaiva janakatvaṃ kalpyate |

（3）YS 2.30: ahiṃsāsatyāsteyabrahmacaryāparigrahā yamāḥ |「禁戒は，不殺生，真実，不盗，梵行，無所有である」。

（4）YS 2.32: śaucasaṃtoṣatapaḥsvādhyāyeśvarapraṇidhānāni niyamāḥ |「勧戒は，清浄，知足，苦行，読誦，自在神への祈念である」。

（5）YS 2.29: yamaniyamāsanaprāṇāyāmapratyāhāradhāraṇādhyānasamādhayo 'ṣṭāv aṅgāni ||「〔ヨーガの〕八支分は，禁戒，勧戒，坐法，調気，制感，凝念，禅定，三昧である」。

（6）NSD: 37[1f.]: duḥkhāntaradhvaṃsasyāyatnasiddhatve 'pi tathāvidhaduḥkhadhvaṃsasya prayāsasādhyayogābhyāsasādhyatvāt |

（7）NSD: 37[7f.]: utpannasyaiva duḥkhahetor ahikaṇṭakādau loke parihārasya yatnasādhyatvasya darśanāt |「すでに生じている苦の原因の排除は，〔ヨーガ以外の〕努力によって成立することが蛇や棘など世間において経験されるから」。

（8）ĀTV: 915[1f.] = Kir: 15.[1] 本書第 1 部第 3 章註35参照。

（9）NSD: 33[7f.]: ātyantikī duḥkhanivṛttir iti gautamīyāḥ | tatra sarveṣām anupapannatvāc carama eva pakṣo nyāyyaḥ |「『〔解脱は〕絶対的な苦の滅である』とガウタマ学徒（ニヤーヤ学派）は〔言う〕。ここではすべて〔の定義〕が適切ではないから，最後の主張のみが正しい」。NSD: 37[17f.]: yathoktātyantikaduḥkhadhvaṃsasyaiva muktitvam |「既述された絶対的な苦の滅こそが，解脱である」。

（10）タウターティタ（Tautātita）はトゥターティタ（Tutātita）の形容詞。トゥターティタはミーマーンサー学派のクマーリラ・バッタ（Kumārila Bhaṭṭa, c. 660）の別名。本書第 2 部第 3 章註134参照。

（11）NSD: 33[3f.]: tatra nityaniratiśayasukhābhivyaktir mokṣa iti tautātitāḥ |

（12）NSD 33[9]: tathāvidhasukhe pramāṇābhāvāt |「そのような種類（常住）の楽に対する認識手段はないから」。

（13）BĀU 3.9.28: vijñānam ānandaṃ brahma rātir dātuḥ parāyaṇaṃ tiṣṭhamānasya tadvida iti ||「ブラフマンは，知であり，歓喜であり，惜しみなき施与者の最終目的地であり，それ（ブラフマン）を知って安住している者の最終目的地である」。

(14)　NSD: 33[9f.]: nanu "nityaṃ vijñānam ānandaṃ brahma" iti śrutir evātra pramāṇam |「実に『ブラフマンは常住であり，知であり，歓喜である』という天啓聖典こそが，これに対する認識手段である」。

(15)　NSD: 33[10f.]: na ca nityasukhasyāsādhyatvād apuruṣārthatvam iti vācyam | tadabhivyakter eva puruṣārthatvāt |「また『常住の楽は成立しないから，人間の目的ではない』と言うべきではない。それ（常住の楽）の顕現こそが，人間の目的であるから」。

(16)　NSD: 33[11–13]: nanv abhivyaktir api yadi nityā tadā na puruṣārthaḥ siddhatvāt | athānityā tathā cotpannasya bhāvasya vināśitvaniyamād abhivyakter vināśe muktasya saṃsāritvaprasaṅgaḥ |「【反論：シャシャダラ】もし顕現が常住であるなら，人間の目的ではない。〔人間の努力なしにすでに〕成立しているから。もし常住でないのなら，生じたものは無常（vināśin）であることが決まっているから，〔楽の〕顕現が滅するときに解脱者が輪廻する過失に陥る」。

(17)　NSD: 33[16f.]: maivam | pramāṇabalenotpannasyāpi bhāvasyāvināśitvakalpanāt |「【答論：バッタ・ミーマーンサー学派】そうではない。認識手段よって生じたものもまた常住（avināśin）と考えられるから」。

(18)　NSD: 34[3–7]: na tāvad iyaṃ śrutir nityasukhe pramāṇam | tathā hi lokasiddhena sukhenānayā śrutyā brahmābhedo bodhyate | sukhāntareṇa vā | na tāvad ādyaḥ | lokasukhasya vināśitvena brahmābhede bādhāt | netaraḥ | sukhāntaraṃ hi pramāṇāntarasiddhaṃ śrutisiddhaṃ vā | na tāvad ādyaḥ | tathāvidhasukhabodhakasya pramāṇāntarasyābhāvāt | na dvitīyaḥ | śruteḥ sukhanityatāṃśe 'sāmarthyāt |「まず，この天啓聖典（ブラフマンは常住であり，知であり，歓喜である）は常住の楽に対する認識手段ではない。たとえば，天啓聖典による世間的に成立するこ（無常）の楽によって，もしくは別（常住）の楽によって，〔楽は〕ブラフマンと異ならないと理解されるのか。まず最初ではない。世間的な楽は滅するので，ブラフマンと異ならないとき，〔常住なブラフマンと〕矛盾するから。別のでもない。別（常住）の楽は，別（天啓聖典以外）の認識手段によって成立するのか，それとも天啓聖典によって成立するのか。まず最初ではない。そのような種類（常住）の楽を認識させる別の認識手段は存在しないから。二番目でもない。天啓聖典は，楽の常住性の一部を〔証明〕できないから」。

(19)　NSD: 34[18f.]: pratyuta "duḥkhenātyantaṃ vimuktaś carati" ityādiśrutibalād evātyantikaduḥkhaviraharūpatvam evāpavargasya pratīyate |「反対に『苦から完全（過去・現在・未来）に解放された者は〔ブラフマンの世界に〕行く』などと言う天啓聖典からのみ，解脱は絶対的に苦がないという特徴を持つことが理解される」。

(20)　ĀTV: 915[1f.] = Kir: 15.[1] 本書第1部第3章註35参照。

(21)　NSD: 35[21]: nanv ātyantikī duḥkhanivṛttir ity anupapannam |「【バッタ・ミーマーンサー学派】『絶対的な苦の滅』は不適切である」。

(22)　KirR: 23^{27}: bhaṭṭās tu ātyantiko na mokṣas tathā sati mukteḥ svataḥpuruṣārthatvahānyāpatteḥ |「しかし，バッタ派の人々は〔次のように言う〕。解脱は絶対的なもの（苦の滅）ではない。そうであれば，解脱が自立的な人間の目的であることが損なわれてしまうから」参照。

(23)　NSD: $35^{22f.}$: tathā hi duḥkhanivṛttir iti duḥkhadhvaṃso vā vivakṣitaḥ | abhāvāntaraṃ vā |「たとえば，苦の滅（nivṛtti）とは，苦の滅（dhvaṃsa）が意図されているのか，もしくは別（常住）の非存在なのか」。

(24)　矛盾する属性については，本書第2部第3章註5参照。

(25)　NSD: 35^{23-25}: nādyaḥ | utpannaduḥkhadhvaṃsasyāyatnasiddhatvena tadarthaṃ pravṛttyanupapatteḥ | anutpannapratiyogikasya duḥkhadhvaṃsasyāśakyatvāt |「最初ではない。すでに生じている苦の滅は，努力なしで〔も矛盾する属性によって〕成立するので，そのためのはたらき（人間の努力）は不適切だから。生じていない〔未来の〕反存在（苦）に関する，苦の滅は不可能だから」。

(26)　NSD: 35^{26}: netaraḥ | abhāvāntarasyāsādhyatvena puruṣārthatvānupapatteḥ |「別のでもない。別（常住）の非存在は成立させられるものではない（すでに成立している）ので，人間の目的であることは不適切だから」。

(27)　NSD: $36^{4f.}$: sukhasyāpi hānivyavasthitau tulyāyavyayaphalakatvenānuddeśyatvāt |「〔苦をともなう〕楽もまた排除が決まっているとすれば，〔楽もまた〕同じ結果を持つ（楽の非存在になる）ので，〔楽が〕示されないから」。

(28)　NSD: 35^{26}–36^{1}: kiṃ vā duḥkhanivṛtter ātyantikatvaṃ vivakṣitam |「もしくは，苦の滅は，絶対的であると〔聖言によってすでに〕意図されている」。NSD: 34^{18}: duḥkhenātyantaṃ vimuktaś carati |「苦から完全（過去・現在・未来）に解放された者は〔ブラフマンの世界に〕行く」参照。

(29)　NSD: $37^{1f.}$: duḥkhāntaradhvaṃsasyāyatnasiddhatve 'pi tathāvidhaduḥkhadhvaṃsasya prayāsasādhyayogābhyāsasādhyatvāt |「別（輪廻と無関係）の苦の滅が努力なしで成立するとしても，そのような種類（輪廻の原因）の苦の滅は，努力によって成立するヨーガの実修によって成立するから」。

(30)　NSD: 37^{3-5}: kiṃ ca notpannaduḥkhadhvaṃsārtham anāgataduḥkhadhvaṃsārthaṃ vā pravartate | kiṃ tu duḥkhahetusaṃsāranāśāya | etad evābhisaṃdhāya duḥkhahetau duḥkhatvopacāraḥ |「さらに，すでに生じた苦の滅のために，もしくは未来の苦の滅のために彼（解脱を求める人）は，はたらかない（努力しない）。そうではなくて，苦の原因である輪廻を滅するために〔彼は努力するの〕である。まさにそれを目指して，苦の原因に対して苦という比喩表現がある」。NSDPrabhā: 238^{20-22}: yato hetūccheda eva puruṣavyāpāro na mukhyaduḥkhoccheda ataḥ sautraṃ duḥkhapadaṃ duḥkhasādhane aupacārikam ity arthaḥ |「原因の滅に対してのみ人間のはたらきがある。主

なる苦の滅に対してはない。それゆえ，『〔ニヤーヤ・〕スートラ』〔1.1.2〕での『苦』ということばは，苦の生起因に対する比喩表現であるという意味である」参照。

(31) NSD: $37^{15f.}$: na ca tulyāyavyayatvenāpuruṣārthatvam | atiduḥkhitasya sukhe 'pi vairāgyadarśanenaivaṃvidhapuruṣārthatvasya pramāṇasiddhatvāt |「〔排除されれば楽もまた〕同じ（非存在）になってしまうから人間の目的（解脱）ではない，ということもない。大きな苦を持つ人には，楽に対しても離欲が経験されるので，同じ種類（解脱）の人間の目的であることが認識手段（聖言と推理）によって成立するから」。

(32) 前掲註14参照。

(33) NSD: 34^{3}: na tāvad iyaṃ śrutir nityasukhe pramāṇaṃ |「まず，この天啓聖典（「ブラフマンは常住であり，知であり，歓喜である」）は常住の楽に対する認識手段ではない」。

(34) NSD: $34^{18f.}$: pratyuta "duḥkhenātyantaṃ vimuktaś carati" ityādiśrutibalād evātyantikaduḥkhaviraharūpatvam evāpavargasya pratīyate |「反対に「苦から完全（過去・現在・未来）に解放された者は〔ブラフマンの世界に〕行く」などと言う天啓聖典からのみ，解脱は絶対的に苦がないという特徴を持つことが理解される」。

(35) NSD: $37^{11f.}$: devadattaduḥkhatvaṃ duḥkhatvam eva vā svāśrayāsamānakālīnadhvaṃsapratiyogivṛtti kāryamātravṛttidharmatvāt pradīpasantatitvavad |

(36) Vyom: 2^{6-9} = NK: $17^{2f.}$ = Kir: $29^{17f.}$–31^{6-10} = NSD: $37^{11f.}$ = TCDG: $2068.^{2-5}$ = Text 9-4. Vyom 2^{6-9}: tathā hi navānām ātmaviśeṣaguṇānāṃ santāno 'tyantam ucchidyate | santānatvād yo yaḥ santānaḥ sa so 'tyantam ucchidyamāno dṛṣṭaḥ | yathā pradīpasantānas tathā cāyaṃ santānas tasmād atyantam ucchidyata iti |「〈主張〉アートマンの九つの特殊な属性の連続は絶対的に断滅される。〈理由〉連続性のゆえに。およそ連続しているものは絶対的に断滅されることが経験されている。〈喩例〉たとえば灯明の連続のように。〈適合〉この連続もまた同様である。〈結論〉それゆえ絶対的に断滅される」。NK $17^{2f.}$: duḥkhasantatir dharmiṇo 'tyantam ucchidyate santatitvāt pradīpasantativad iti tārkikāḥ |「〈主張〉基体（アートマン）に属する苦の連続は完全に断滅される。〈理由〉連続性のゆえに。〈喩例〉灯明の連続のごとし，と論理家たちは言う」。Kir $29^{17f.}$: duḥkhasantatir atyantam ucchidyate santatitvāt pradīpasantativad ity ācāryāḥ |「〈主張〉苦の連続は完全に断滅される。〈理由〉連続性のゆえに。〈喩例〉灯明の連続のように，と師（シュリーダラ）は言う」。

(37) TCDG: 2068^{2-6} = Text 9-4; 本書第1部第5章第4節参照。

(38) NSD: $36^{1f.}$: samānādhikaraṇaduḥkhāsamānakālīnatvam iti cen na |「【シャシャダラ】〔苦の滅は〕同じ基体の苦と同時に存在しないものである。【バッタ・ミーマーンサー学派】そうではない」。

(39) NSD: $37^{13f.}$: tathā ca na duḥkhadhvaṃsatvaṃ samānādhikaraṇaduḥkhasamānakālīnat-

vavyāpyam |「同様に，苦の滅性は，同じ基体の苦と同じ時間であることに遍充されることはない」。

(40)　NSD: 36[8f.]: kiṃ ca paramamuktitvam? samānādhikaraṇaduḥkhāsamānakālīnaduḥkhadhvaṃsatvam iti cen na |「それでは，究極の解脱性とは何か。同じ基体の苦と同時に存在しない苦の滅であることであるというならば，そうではない」。

(41)　TC: 2072[23] = Text 19b: paramamukter apuruṣārthatāpatter ... |「究極の解脱が人間の目的ではない過失に陥るから」参照。

(42)　Kir: 28[3-6]: tathāpi duḥkhocchittir apuruṣārthaḥ | anāgatasya nivartayitum aśakyatvād vartamānasya ca puruṣaprayatnam antareṇaiva virodhiguṇāntaropanipātanivartanīyatvād atītasyātītatvād iti cen na | hetūcchede puruṣavyāpārāt prāyaścittavat |「【反論】それでもやはり，苦の滅は人間の目的ではない。未来のものを否定することはできないから。さらに現在のものは人間の努力なしで，別の矛盾する属性によって突然滅するから。過去のものはすでに滅しているから。【答論：ウダヤナ】そうではない。原因の滅に対しては，人間のはたらきが〔必要で〕あるから。滅罪のように」。

(43)　NSD: 37.[3-5] 前掲註30参照。

(44)　TCDG: 2056[19-23] = Text 2-1a.

(45)　Kir: 40.[14-16] 本書第 1 部第 3 章註41参照。

第5章　ガンゲーシャの解脱論

第1節　序　論

ガンゲーシャ・ウパーディヤーヤ（Gaṅgeśa Upādhyāya, c. 1320）の『タットヴァ・チンターマニ』（Tattvacintāmaṇi 真理の如意宝）「解脱論」（Muktivāda）の文章はシンプルである。代名詞が多用され，その代名詞が何を指しているのかを把握することは難しい。ダルマ，真理知，知識，行為などのキータームは二重，もしくはそれ以上の意味で用いられている。これらの意味を把握しない限りテキストの真意を読み取ることは不可能である。さらに，前提となっている議論の争点を把握することなしに，ガンゲーシャの文章を理解することはできない。

『タットヴァ・チンターマニ』「推理章」のメイントピックである遍充（vyāpti）定義の論（vāda）に対しては，多くの註釈者がいる。しかしながら「解脱論」全体に対する註釈者は，ルチダッタ・ミシュラ（Rucidatta Miśra, c. 1510）のみである。ガンゲーシャ以降の新論理学者たちは，解脱論に対する註釈をウダヤナ・アーチャールヤ（Udayana Ācārya, c. 1025–1100）の『キラナーヴァリー』（Kiraṇāvalī 光の連なり）や『アートマ・タットヴァ・ヴィヴェーカ』（Ātmatattvaviveka アートマンの正しい識別）に対して行っていた。

新論理学の解脱論に関する研究としては和田（Wada 2000）がある。これはガンゲーシャの解脱の定義の研究であり，『タットヴァ・チンターマニ』の「解脱論」全体の研究ではない。

第2節 『タットヴァ・チンターマニ』の構成

『タットヴァ・チンターマニ』は，四つの章（khaṇḍa）から構成されている。そしてそれぞれの章のなかで，さらに小さな論（vāda）に分かれる。論の見出しは，出版本によって異なるが，以下『タットヴァ・チンターマニ』の構成をポッター・バッタチャルヤ（Potter and Bhattacharyya 1993）に従って記しておく。

『タットヴァ・チンターマニ』（Tattvacintāmaṇi 真理の如意宝）

Ⅰ 知覚（pratyakṣa）

1 吉祥（maṅgala）

2 知識の正当性（prāmāṇya）

i） 正当な知識の検証（jñapti）

ii） 正当な知識の発生（utpatti）

iii） 正当な知識の定義（pramālakṣaṇa）

3 偽知（anyathākhyāti）

4 知覚定義（pratyakṣalakṣaṇa）

5 接触（saṃnikarṣa）

6 内属（samavāya）

7 非知覚（anupalabdhi）

8 非存在（abhāva）

9 対象と光の接触（viṣayālokasaṃnikarṣa）

10 風の知覚（vāyupratyakṣa）

11 金の火性（suvarṇataijasatva）

12 意の極微性（mano'ṇutva）

13 追認識（anuvyavasāya）

14 無概念知覚（nirvikalpaka）

15 限定するものと指示するもの（viśeṣaṇopalakṣaṇa）

16 有概念知覚（savikalpaka）

II 推理（anumāna）

1 推理知（anumiti）

2 五遍充（vyāptipañcaka）

3 獅子と虎による遍充定義（siṃhavyāghra）

4 異基体の属性に制限された非存在（vyadhikaraṇadharmāvacchinnābhāva）

5 遍充十四定義（caturdaśalakṣaṇa）

6 遍充究極的定義（siddhāntalakṣaṇa）

7 一般的非存在（sāmānyābhāva）

8 特殊な遍充（viśeṣavyāpti）

9 「それゆえ」で始まる四つの遍充定義（ata eva catuṣṭaya）

10 遍充理解の手段（vyāptigrahopāya）

11 思択（tarka）

12 遍充の理解（vyāptyanugama）

13 遍充の一般的定義（sāmānyalakṣaṇa）

14 限定的属性（upādhi）

15 主題性（pakṣatā）

16 確認知（parāmarśa）

17 純粋肯定的推理（kevalānvayin）

18 純粋否定的推理（kevalavyatirekin）

19 要請（arthāpatti）

20 論証式（avayava）

21 似因（hetvābhāsa）

i） 一般的定義（sāmānyanirukti）

ii） 有雑乱（savyabhicāra）

a） 共（sādhāraṇa）

b） 不共（asādhāraṇa）

c） 不排除（anupasaṃhārin）

iii） 矛盾（viruddha）

iv）反対主張を有するもの（satpratipakṣa）

v）不成（asiddha）

vi）妨害（bādha）

vii）似因の無効性と有効性（hetvābhāsānām asādhakatāsādhakatva）

22 自在神の存在証明（īśvarānumāna）

23 直接能力（śakti）

24 解脱（mukti）

Ⅲ 類推（upamāna）

Ⅳ 聖言（śabda）

1 聖言の正当性（śabdaprāmāṇya）

2 期待（ākāṅkṣā）

3 適合性（yogyatā）

4 近接（āsatti）

5 意図（tātparya）

6 声の非常住性（śabdānityatā）

7 声の滅と不滅（ucchannāpracchanna）

8 聖典命令（vidhi）

9 結果を持つ指示機能（kāryānvitaśakti）

10 普遍的指示機能（jātiśakti）

11 新得力（apūrva）

12 指示機能（śakti）

13 複合語（samāsa）

14 動詞接尾辞（ākhyāta）

15 動詞語根（dhātu）

16 接頭辞（upasarga）

17 四種類の知識の正当性（catuṣṭayaprāmāṇya）

解脱論がどの章に含まれるのかは，テキストによって様々である。『キラナーヴァリー』では冒頭部分で述べられるが，『アートマ・タットヴァ・ヴィヴェーカ』と『タルカ・サングラハ』（Tarkasaṃgraha 論理学綱要）では最後に述べられる。『タットヴァ・チンターマニ』では推理章に含まれる。これは『タットヴァ・チンターマニ』独自の構成である。推理（anumāna）の究極の目的は解脱である。自分のための推理（svārthānumāna）によって解脱が達成され，他人のための推理（parārthānumāna）によって解脱の存在が証明される。

「解脱論」の冒頭において，推理の究極の目的は解脱であることが宣言される。そしてガンゲーシャの支持する天啓聖典[1]と解脱の定義が言われる[2]。議論の始まりは，人間の目的（puruṣārtha）は何かという問題である。対論者は，苦の滅は人間の目的ではないと言う。これに対してガンゲーシャは「苦の滅」（duḥkhadhvaṃsa）が人間の目的であると言う。

対論者の定義(1)「解脱は苦の滅すべて[3]」，(2)「解脱は潜在印象を生起させない享受を対象とする苦の滅か，(3)潜在印象を生起させない直接経験による〔苦の〕滅か，どちらかである[4]」が言われる。ガンゲーシャはすべて否定する。

対論者の定義(4)「苦の過去の非存在と共存しない苦の生起因の滅[5]」が言われ，「苦の滅」とは「苦の未生起」（duḥkhānutpāda）なのか，「苦の生起因の滅」（duḥkhasādhananāśa）なのかという議論になる。これは『タットヴァ・チンターマニ』「解脱論」全体を通して現れてくる最も大きな論点である。まず答論者は「解脱は『苦の過去の非存在と共存しない苦の生起因の滅』である」という定義を述べる。対論者が「苦の未生起」，答論者が「苦の生起因の滅」を主張する議論になる。ここでは「苦の生起因の滅」論者が勝利する。次に対論者が「苦の生起因の滅」，答論者が「苦の未生起」を主張し，「苦の未生起」論者が勝利する。この「苦の未生起」論者は，後に「苦の過去の非存在」（duḥkhaprāgabhāva）論者として再登場する。

議論は対論者の定義の批判に移る。(5)「解脱は苦から成る輪廻の種子である誤知の滅[6]」，(6)「解脱は身体や感覚器官や知識などそれらと結びついた善業や悪業の滅[7]」という対論者の定義をガンゲーシャは否定する。

対論者ヴァッラバ（Vallabha）(7)「苦の絶対的非存在[8]」と答論者「苦の滅」との議論になり，「苦の滅」論者が勝利する。

対論者プラバーカラ（Prabhākara）(8)「絶対的な苦の過去の非存在[9]」と答論

者「苦の滅」との対論になる。結論として「苦の過去の非存在」の反存在（非存在の対象）は輪廻と無関係の苦であるとして，プラバーカラ説は退けられる。

対論者「楽が人間の目的」と答論者「苦の滅が人間の目的」との議論になる。対論者は，非存在は人間の目的にはならないと言う。つまり人間の目的は，苦の非存在ではなく，楽であると言う。これに対して，答論者は苦の滅が人間の目的であると言う。答論者である「苦の滅」論者は解脱の存在証明の推理[(10)]と聖言[(11)]との認識手段を言う。この推理はシャシャダラ・アーチャールヤ（Śaśadhara Ācārya, c. 1300）の『ニヤーヤ・シッダーンタ・ディーパ』（Nyāyasiddhāntadīpa 正理定説灯明）からの借用である[(12)]。

対論者バッタ・ミーマーンサー（Bhaṭṭa Mīmāṃsā）学派の(9)「常住の楽の顕現[(13)]」説と答論者「苦の滅」説との議論になる。この「常住の楽の顕現」は「解脱論」においてシャシャダラが最も力を注いで批判した説でもある。議論の展開は『ニヤーヤ・シッダーンタ・ディーパ』におけるものとほぼ同じであるが，最後にバッタ派の「無知の排除」が人間の目的であるという反論が退けられて，議論は「苦の滅」論者の勝利で終わる。

トゥリダンディン（Tridaṇḍin）の(10)解脱が「アートマン（ātman）の没入[(14)]」という説は，微細身の滅は人間の目的ではないという理由で退けられる。

解脱が「障害のない心相続[(15)]」という仏教説(11)は，人間の目的ではないので退けられる。人間の目的は，心相続ではなく苦の滅である。

解脱が「アートマンの滅[(16)]」という仏教説(12)は，もしアートマンが阿頼耶識であれば人間の努力なしで成立するので人間の目的ではない。もしアートマンが魂であれば，滅することがないという理由で否定される。

ヴェーダーンタ（Vedānta）学説(13)「最上の歓喜から成る現生解脱[(17)]」には，苦の滅という人間の目的がない。

ガンゲーシャによる解脱の階梯（プロセス）が言われる[(18)]。

以下，知行併合論の議論が続く。解脱の手段は知識と行為との併合であるという知行併合論が主張される[(19)]。これに対して，対論者である知識論者は知識のみが解脱の手段であると言う。答論者である知行併合論者は知識と行為とは同等に主要なものであると答える。

ウダヤナは，行為は知識が生じないときにアダルマ（adharma）を滅するために必要であり，行為は間接補助因であり，知識は直接補助因であると言う[20]。これに対して答論者は，行為は新得力の獲得のためにあると答える。

ヴァイシェーシカ（Vaiśeṣika）学派は，ダルマ（dharma）が解脱の主要な生起因であると言う[21]。これに対して答論者は，解脱の手段は真理知だけであり，ダルマを想定する余地はないと答える。

古典ニヤーヤ（Nyāya）学派は，知識のみが解脱の手段であると言う[22]。

行為論者が行為は知識に依存せず解脱の原因であると主張するのに対して[23]，知識論者は知識と行為とは選択的であると応じる。

知識論者によって，知識が業を滅するという定説[24]とその根拠となる天啓聖典「こころを縛るもの（潜在印象をともなう誤知）は切られる。すべての疑いは絶たれる。そして彼が最高のアートマン（魂）を見るとき，彼の業は滅する[25]」と伝承文学「アルジュナよ，知識の火はすべての業を完全に灰にする[26]」とが言われる。以上の知行併合論は知識論者の勝利で終わる。

業を滅するものは何かという議論になる。対論者は知識によって業は滅すると言い，答論者クマーリラ（Kumārila）は享受によって業は滅すると言う。業の滅に真理知は必要ないとクマーリラが言って，議論は終わる。

論者が入れ替わって同じ内容が再論される。対論者は享受によって業は滅すると言い，答論者は知識によって業は滅すると言う。「知識の火はすべての業を完全に灰にする」という伝承文学は否定されないと言って，知識による業滅論者が勝利する。

ガンゲーシャによって，この享受による業滅論と知識による業滅論との議論の定説が言われる。享受は真理知のはたらきであるという結論が言われ[27]，解脱の手段は推理であり，それは天啓聖典に基づくという，『タットヴァ・チンターマニ』「解脱論」冒頭の宣言を確認して議論は終わる[28]。

第3節　解脱の定義

ガンゲーシャは解脱を次のように定義する。

またそれ（解脱）は，同じ基体（人間＝アートマン）の苦の「過去の非存在」と共存しない苦の滅（苦の未来の非存在）である[29]。

この定義は解脱の論証式[30]の主張と同内容である[31]。論証式については次節で取り上げるので，ここでは論じないが，ガンゲーシャに先行するシャシャダラも同じ論証式を用いている。この論証式の主張部分をもとにして，ガンゲーシャは解脱を定義したと思われる。

「過去の非存在」とは，始まりが無く，終わりが有る非存在である。苦の過去の非存在とは，苦が無始以来存在せず，かつ苦が未来に存在するという状態である。「苦の滅」の「滅」（dhvaṃsa）は，消滅以後の非存在（dhvaṃsābhāva）であり，始まりが有り，終わりが無い非存在である[32]。苦の滅（duḥkhadhvaṃsa）は，過去に苦があり，未来に苦がない非存在である。「同じ基体の」（samānā-dhikaraṇa）とは，過去に苦がある人と未来に苦が滅している人とが同一人物であるということである。

ガンゲーシャの定義では，解脱とは苦が過去にあり，その苦が滅して未来に再び生起しないことである。さらに，解脱者である過去の苦を持つ人と苦が滅して生起しない人は，同じ人でなければならない。輪廻者が苦を滅して解脱者になる場合，輪廻者に苦があり，その人の苦が滅せられ，その人が解脱する。そして，その解脱者には身体がないので苦は再生しない。

第4節　解脱の証明

解脱を証明するものは，認識手段（pramāṇa）である。ガンゲーシャにとって，その一つは聖言（śabda）であり，もう一つは推理（anumāna）である。ガンゲーシャは次のように言う。

> 「おお，アートマンは聞かれるべきであり，考えられるべきであり，瞑想されるべきである[33]」と始まるもの（天啓聖典）と「苦から完全〔過去・現在・未来〕に解放された者は〔ブラフマンの世界に〕行く[34]」という天啓聖典が認識手段である[35]。

聖言として，ガンゲーシャは上の二つの天啓聖典（śruti）を支持する。

次にガンゲーシャは，推理として伝統的な解脱の証明の論証式を支持する。彼は，シャシャダラの文章を少し修正している。

> 〈主張〉〔すべての人の〕苦性（滅性），もしくはデーヴァダッタの苦性（滅性）は，同じ基体（人間）に，〔苦と〕同時に存在しない〔苦の〕滅の反存在（苦）に存在する。
>
> 〈理由〉作られたものすべてに存在する属性（滅性），もしくは連続性のゆえに。
>
> 〈喩例〉その（滅性，もしくは連続性を持つ）灯明のように[36]。

論証式を単純にしてみると，「〈主張〉すべての人の苦，もしくはデーヴァダッタの苦は，滅性（未来の滅）を持つ。〈理由〉所作性のゆえに，もしくは連続性のゆえに。〈喩例〉灯明のように」となる。主題は「すべての人の苦，デーヴァダッタの苦」，所証は「滅性」，理由＝能証は「所作性，連続性」である。同類例は「灯明」，異類例は「地の原子の色など」の常住なものである。理由の「連続性」は，「灯明」にも存在するから同類例である。理由の「連続性」が存在しない例が，異類例である。作られたものは無常であり，必ず滅する。したがって，煩悩などによって作られた苦も無常であり，必ず滅する。もしくは，連続している灯明は，灯油がなくなれば消える。同様に，苦もその原因である煩悩などがなくなれば滅する。したがって，苦の滅は存在する。解脱は苦の滅である。したがって，解脱は存在する。

この推論式は，『ニヤーヤ・スートラ』（Nyāyasūtra 正理経）の註釈書である『ニヤーヤ・バーシュヤ』（Nyāyabhāṣya 正理経註），『ニヤーヤ・ヴァールッティカ』（Nyāyavārttika 正理評釈），『ニヤーヤ・ヴァールッティカ・タートパルヤ・ティーカー』（Nyāyavārttikatātparyaṭīkā 正理評釈解註）のなかには見られない[37]。ヴヨーマシヴァ（Vyomaśiva, c. 950）[38]，シュリーダラ（Śrīdhara, 991）[39]，ウダヤナ[40]，シャシャダラ[41]と継承された推論式が下敷きになっており，シャシャダラの文章に最も近い[42]。シュリーダラだけが，この推論式をヴァイシェーシカ学派の原子論の立場から否定する。つまり，無常なものだけでなく，「地の原子の色など」常住なもの（異類例）にも連続性（能証）があり，異類例に能証が存在するという雑乱（vyabhicāra）の過失に陥ってしまうので，この推論式は正しくないとシュリーダラは言う。しかし，ウダヤナがこのシュリーダラの否定を批判するように，ガンゲーシャは，すべての人が解脱できるわけではないというシュリーダラの前提こそが，雑乱になると言う[43]。ガンゲーシャはすべての人が解脱できるという立場を取るので，「デーヴァダッタの苦」という主語に，解脱できない人がいるという意味を持たせない。解脱者には身体がない。すべての人が解脱すると，世の中から身体がなくなるので，「地の原子の色など」の異類例（vipakṣa 異品）である身体の属性である色などもなくなり，連続性もない。異類例に連続性（理由＝能証）がないので，この推理は雑乱の過失に陥ることはない。したがって，主題が「すべての人の苦」であっても「デーヴァダッタの苦」であっても，この推論式は成立する。

第5節　解脱のプロセス

ガンゲーシャは「解脱論」の冒頭[44]と最後[45]で解脱は推理によって成立すると言う。この推理は，天啓聖典の内容をもう一度自ら確認する作業である。つまり，教証は理証によって確認されねばならない。さらに真理知と苦の滅とには，肯定的・否定的（anvayavyatireka）な随伴があると言う[46]。この因果関係は，解脱のプロセスが成立する要件である。そして，苦の滅と解脱とが等価であることを示し，真理知によって解脱があることを示すのである。まず真理知があれば誤知の滅があるという肯定的随伴，真理知がなければ誤知の滅はないという否定的随伴を前提とし，そして真理知があれば苦の滅があるという肯定的随伴，真理知がなければ苦の滅がないという否定的随伴を示す。そして，そのなかの苦の滅と解脱とが等価であることを確認する。それによって，真理知があれば解脱があるというプロセスが成立する。つまり，真理知こそが解脱の生起因であるということをガンゲーシャは主張している。

輪廻と解脱のプロセスを見てみよう。ニヤーヤ学派の輪廻のプロセスは「五法の輪廻」と呼ばれる[(47)]。輪廻のプロセスは(1)誤知，(2)過失，(3)活動，(4)出生，(5)苦である。誤知があれば過失があり，過失があれば活動があり，活動があれば出生があり，出生があれば苦がある。これは誤知から苦に至る輪廻のプロセスである。

解脱のプロセスは(1)誤知の滅，(2)過失の滅，(3)活動の滅，(4)出生の滅，(5)苦の滅である。誤知がなければ過失もない。過失がなければ活動もない。活動がなければ出生もない。出生がなければ苦もない。苦の滅は解脱である。これは誤知の滅から苦の滅に至る解脱のプロセスである。

肯定的・否定的随伴は，厳密には因果関係とは言い難いが，インド論理学では原因から結果を推測する手段として用いられてきた。

ガンゲーシャは解脱の階梯（プロセス）を次のように言う。

> そうである（すべての住期で解脱できる）としよう。解脱に対して「おお，アートマンは聞かれるべきであり，考えられるべきであり，瞑想されるべきであり，直接経験されるべきである」という天啓聖典がある。そして，天啓聖典から「アートマンは身体などと異なる」と確定して，〔ニヤーヤの〕論書によって句義を理解して，それによって生じた適切な理解によって，彼は確認というあり方の思惟（推理）をなす。また聖言の適切な理解によって生じた真理知（間接知）から，直接的な輪廻の種子である潜在印象をともなう誤知の排除はない。方角の混乱などにおいて，そのような認

識はないから。それゆえ，天啓聖典や伝承文学で言われているヨーガの規定によって，長時間絶え間なく，注意深く実践した瞑想によって生じたヨーガから生じるダルマによるアートマンに関する真理〔知〕の直接経験は，輪廻の種子である潜在印象をともなう誤知の根絶を可能にし，過失がなくなるので，活動などがなくなり，未来のダルマ（善業）とアダルマ（悪業）が生起しなくなり，無始以来の〔輪廻している〕生存に蓄積された業の享受による滅から，彼は解脱する。(48)

『ブリハッド・アーラニヤカ・ウパニシャッド』（Bṛhadāraṇyaka Upaniṣad）の文章「おお，アートマンは聞かれるべきであり，考えられるべきであり，瞑想されるべきであり，直接経験されるべきである」は，解脱のプロセスと一致する。(49)

(1)天啓聖典により「アートマンは身体などと異なる」，「梵我一如」などアートマンに関して確定する。天啓聖典には誤謬がない。これは認識手段としては聖言である。

(2)ニヤーヤの論書（śāstra）によって句義を理解して，それによって生じた適切な理解（upapatti）によって，思惟（推理 manana）をなす。推理知の内容は，「アートマンは身体などと異なる」，「梵我一如」などである。

(3)天啓聖典（śruti）や伝承文学（smṛti）で言われているヨーガ（yoga）の規定（vidhi）によるヨーガの実修という努力から，純粋なダルマ（kevaladharma）が生じる。

(4)純粋なダルマからアートマンに関する真理知（tattvajñāna）を直接経験（sākṣātkāra）する。真理知の内容は，「アートマンは身体などと異なる」，「梵我一如」などである。

(5)真理知と誤知とは共存できないので，真理知の発生により輪廻の種子である潜在印象をともなう誤知（savāsanamithyājñāna）が滅する。

(6)誤知が滅すると，過失（doṣa）が滅する。

(7)過失が滅すると，活動（pravṛtti）が滅する。

(8)活動が滅すると，出生しなくなる。

⑼出生がないと，苦の基体である身体がないので苦が滅する。

⑽苦の滅はすなわち解脱である。

要約すれば，解脱は天啓聖典，推理，ヨーガ，純粋なダルマ，真理知，潜在印象をともなう誤知の滅，過失（煩悩）の滅，活動（業）の滅，出生の滅，苦の滅＝解脱というプロセスを経る。

第6節　真理知

解脱を導く真理知と解脱を導かない世俗知とはすでにウパニシャッドにおいて区別されている[(50)]。ウパニシャッドにおける解脱の手段は「梵我一如」を知ることであるが，これは個人の直接経験であり，理性や学問的知識という世俗知ではない。「梵我一如」の知は，概念を超えており，瞑想によってのみ得られる[(51)]。さらに『ヨーガ・スートラ』（Yogasūtra 瑜伽経，c. 150）においても，ヨーガ（瞑想）の実修の結果として無明が除去されるのだが，その手段（upāya）は識別知（vivekakhyāti）であると言われる。そして，この識別知から真智（prajñā）が生じると言われている[(52)]。『ヨーガ・スートラ』の註釈書での説明では，識別知とは精神原理プルシャ（puruṣa 真我）と物質原理プラクリティ（prakṛti 自性）とを区別する知である[(53)]。『ニヤーヤ・スートラ』でも真理知（tattvajñāna）は瞑想によって生じると言われている[(54)]。そして，その内容に関して，アートマンは身体と異なる[(55)]，アートマンは感覚器官と異なる[(56)]，マナスの想定はアートマンの存在証明になる[(57)]，などと言われているので，識別知と真理知の内容は同じである。ガンゲーシャの解脱のプロセスでは，瞑想，純粋なダルマ，真理知という順序で無知が滅する。『ヨーガ・スートラ』では，瞑想，識別知，真智という順序で独存位（kaivalya 解脱）に至る。瞑想によって知が発生するという考えに関しては，ニヤーヤ学派，ヨーガ学派とも同じである。

ガンゲーシャの考える真理知は二種類ある。一つは輪廻の根本原因である潜在印象をともなう誤知を滅し解脱を導くものであり[(58)]，もう一つは解脱を導かないものである[(59)]。この分類は『ニヤーヤ・スートラ』1.1.9[(60)]と1.1.1[(61)]とに関連する二種類の真理知に由来する。解脱を導く真理知は単なる世俗の知識ではなく，ヨーガの実修によって生じる直接経験（anubhava, sākṣātkāra）としての知識である。瞑想によって善悪と無関係の純粋なダルマ（kevaladharma）が生じ，そのダルマから真理知が生じる。この真理知は，潜在印象をともなう誤知を滅する。潜在印象をともなう誤知は，輪廻の根本原因であり，これを滅することによって，過失，活動，出生，苦が順次滅し，解脱に至る。[(62)]

『タットヴァ・チンターマニ』「解脱論」の最終部分に，業（karman）を滅するものは何かという議論がある。[(63)] 知識（jñāna）によって業は滅するという知識業滅論者ガンゲーシャと，享受（bhoga）によって業は滅するという享受業滅論者[(64)]との議論である。享受業滅論の根拠である認識手段は，「享受のない業は滅しない[(65)]」という伝承文学である。ガンゲーシャは，業は享受以外にも滅因があるので，享受だけが業を滅するわけではないと言う。そして，享受を通して知識が業を滅すると言う。しかし，享受業滅論者は，享受によって業が滅するとき知識は必要ないと言って，享受業滅論の勝利で議論は終わる。

次の議論では，答論者と対論者とが入れ替わる。知識業滅論者であるガンゲーシャが答論者であり，享受業滅論者が対論者である。対論者は，享受業滅論の根拠である認識手段として，「〈主張〉業は滅罪などによって滅することなく，かつ享受によって滅する。〈理由〉業の性質のゆえに。〈喩例〉すでに享受した，いま享受しつつある業のように」という推論式を提示する。[(66)] これに対してガンゲーシャは，この推理は天啓聖典によって否定され，さらにこの推理自体に過失があるので成り立たないと言う。滅罪によって業（新得力）が発生し，業があるのに享受による滅がないという過失になる。対論者は，滅罪によって業は滅すると言う。ガンゲーシャは，滅罪に果報はないと言う。対論者は，真理知があっても享受のみが業を滅すると言う。ガンゲーシャは，真理知の次の瞬間に解脱はあると言う。対論者は，「知識の火はすべての業を完全に灰にする」という伝承文学[(67)]は制限され，享受以外に業の滅因はないと言う。ガンゲーシャは，伝承文学は制限されないと言う。対論者は，知識は常に結果を生じさせるわけではないと言う。ガンゲーシャは，知識は業を滅すると言う。議論はガンゲーシャの勝利で終わる。最後にガンゲーシャが享受は真理知のはたらきであるという定説を述べて，「解脱論」を含む「推理章」がすべて終わる。

第７節　潜在印象

解脱の原因である真理知は誤知（mithyājñāna）を滅する。この誤知をガンゲーシャは「潜在印象をともなう誤知」（savāsanamithyājñāna）と言う。過失（煩悩），活動（業）を導かない誤知は輪廻の原因ではない。潜在印象をともなうからこそ，誤知は未来に煩悩，業を生起させるのである。したがって，輪廻の根本原因は単なる誤知ではなく，潜在印象をともなう誤知である。『ニヤーヤ・スートラ』1.1.2 で，輪廻の根本原因は誤知であると言われており，解脱は誤知の滅，過失の滅，活動の滅，出生の滅，苦の滅という五つのプロセスを経る[68]。ガンゲーシャは『ニヤーヤ・スートラ』の五つのプロセスを継承する[69]。

ニヤーヤ・ヴァイシェーシカ学派では潜在印象はサンスカーラ（saṃskāra）と言われており[70]，すでに『ヴァイシェーシカ・スートラ』のなかで説かれている[71]。サンスカーラは三種類あり，そのなかのバーヴァナー（bhāvanā）は仏教の習気（vāsanā）と同じである。ガンゲーシャは，潜在印象をサンスカーラもしくはバーヴァナーとは言わずにヴァーサナー（vāsanā）と言う。これは仏教の解脱（涅槃）論の影響であろうが，『ヨーガ・スートラ』のなかでも用いられている用語である[72]。潜在印象は，アートマンの属性であり，経験によってアートマンに蓄えられた記憶の原因であり，業の余力である。この潜在印象は，未来に煩悩や業を生じさせる原因である。潜在印象があるからこそ，時間の間隔が空いても，未来において過失（煩悩），活動（業），出生，苦という輪廻の循環がおこるのである。したがって，ガンゲーシャは真理知のはたらきを輪廻の根本原因としての「潜在印象をともなう誤知」の滅と言うのである。

ガンゲーシャは，結果がまだ現れていない業（adattaphalāny eva karmāṇi）は真理知によって消滅すると言う[73]。真理知によって消滅するものは誤知であるので，「結果がまだ現れていない業」とは潜在印象をともなう誤知のことであると考えられる。誤知がまだ活動せずに潜在している場合，真理知によって滅せられる。しかし，誤知が活動し煩悩と業を生起させている場合，真理知によって滅することはない。活動している誤知である業は享受（bhoga）によって滅せられる。この享受は真理知のはたらきであるので，真理知が業を滅するとガンゲーシャは言う[74]。「誤知」（mithyājñāna）は未来に業（karman）を生起させる潜在能力を持っているから「潜在印象をともなう誤知」（savāsanamithyājñāna）と呼ばれ，「活動」（pravṛtti）は活動している業であるから「活動」と呼ばれる。

第8節　苦滅論[75]

はじめに

ガンゲーシャの解脱論での特徴的な議論は，苦滅論である。ニヤーヤ学派にとって「人間の目的」（puruṣārtha）は「苦の滅」としての解脱であるが，その苦（duḥkha）の滅（dhvaṃsa, nāśa, abhāva, nivṛtti）とは何かという問題である。

『タットヴァ・チンターマニ』「解脱論」の冒頭で，ガンゲーシャは解脱（apavarga）を定義する。それに対して，対論者は苦の滅は人間の目的にならないと言う。次に，苦の滅とは「苦の生起因の滅」（duḥkhasādhananāśa）なのか，「苦の未生起」（duḥkhānutpāda）なのかという議論になる。まず「苦の生起因の滅」論者が勝利するが，後に「苦の未生起」論者が勝利する。その後，苦の生起因の滅論者は「苦の絶対的非存在」（duḥkhātyantābhāva）論者として，そして苦の未生起論者は「苦の過去の非存在」（duḥkhaprāgabhāva）論者として再登場するが，ともに苦滅論者に敗れる。この一連の議論のなかで現れる「苦の生起因の滅」と「苦の未生起」とに関連する議論について，以下考察する。

人間の目的

人間の目的は何か。ミーマーンサー学派（Mīmāṃsaka）によれば，祭式行為によって天界に生まれることであるが，さらに祭式行為そのものが人間の目的でもあった[76]。しかし，他のヒンドゥー教哲学では，人間の目的は解脱である。そして解脱とは苦の滅（duḥkhadhvaṃsa）もしくは楽（sukha）である。人間の目的としての苦の滅とは何か。

ガンゲーシャは，人間の目的は人間の努力（puruṣaprayatna）に基づく真理知によって成立すると言う[(77)]。人間の目的になぜ努力が必要であるのかについては，すでに『ニヤーヤ・スートラ』において論じられている[(78)]。人が熟睡していて夢を見ていないとき，その人には煩悩がない。煩悩がない人は苦が生じることなく解脱状態にあると言える。しかし，熟睡している人は苦の滅のための努力がない。その人は解脱しているわけではない。さらに，瓶には苦がないので解脱状態にあると言える。しかし，瓶は努力もしておらず，解脱しているわけではない[(79)]。したがって，これらの場合を解脱の定義から排除するために，ニヤーヤ学派は努力の必要性を主張する。具体的には，解脱に至る努力とはヨーガの実修である。

真理知から解脱に至るプロセスのなかで，努力，ヨーガ，ダルマなど解脱の構成要素が時間的な因果関係によって成り立っていることがわかる。真理知による誤知の滅，誤知の滅による過失の滅，過失の滅による活動の滅，活動の滅による出生の滅，出生の滅による苦の滅という順番が解脱のプロセスである[(80)]。苦は人間の努力をともなう真理知によって滅する。ガンゲーシャは，真理知には肯定的・否定的随伴（anvayavyatireka）があると言う[(81)]。真理知があれば解脱はある。真理知がなければ解脱はない[(82)]。

苦

解脱とは苦の滅であるが，その苦とは何か。『ニヤーヤ・スートラ』では「様々な苦悩と結びつくようになるから，出生が起こることが苦に他ならない」と言われている[(83)]。生まれてくることが苦であり，それはアートマンが身体と結合することである。身体は苦の基体なので，身体がなければ苦はないことになる。さらに，ニヤーヤ・ヴァイシェーシカ学派の綱要書『サプタ・パダールティー』（Saptapadārthī 七句義論）によれば，苦は二十一種類ある[(84)]。身体，眼・耳・鼻・舌・身・意という六つの感覚器官，色・声・香・味・触と楽等アートマンの属性という六感覚器官の対象，感覚器官と対象との接触の結果としての六つの知識，楽，苦である。楽と苦以外は苦の基体や手段や原因である。苦が混合した楽は苦と見なされるので楽も苦である。しかし，ここでは苦そのものの分類がないのだが，註釈者によれば蛇や棘から生じる苦の滅は解脱ではない[85]。後述するが，蛇や棘という苦の生起因の滅は人間の目的ではない。

苦の滅

すでに見たように，ガンゲーシャの解脱の定義は「またそれ（解脱）は，同じ基体の苦の「過去の非存在」と共存しない苦の滅（苦の未来の非存在）である[86]」であった。解脱とは苦の滅のことであるが，その苦の滅は潜在印象をともなう誤知の滅による。誤知の滅は人間の努力をともなう真理知による。真理知はヨーガの努力によって発生した純粋なダルマから生じる[87]。解脱に至るこの一連のプロセスのなかに祭式行為はない。したがって，ガンゲーシャは知行併合論を批判し，知識のみによる解脱を主張する[88]。

苦の生起因の滅

苦の滅とは何か。ガンゲーシャは二つの解釈を暫定的に提示する。「苦の生起因の滅」と「苦の未生起」とである。苦の滅を苦の生起因の滅と解釈することは，ウッディヨータカラ（Uddyotakara, c. 610）[89]，ヴァーチャスパティ・ミシュラ（Vācaspati Miśra, 976/7）[90]，ウダヤナ[91]なども行っている。さらにガンゲーシャ以降の新論理学者たちは，苦の生起因である悪（pāpa, durita）の滅が解脱であると考えるようになる[92]。

ガンゲーシャの対論者は，解脱を「苦の過去の非存在と共存しない苦の生起因の滅」と定義する[93]。苦の生起因（duḥkhasādhana）とは，世俗世界では蛇や棘などであり，宗教世界では悪（pāpa）である。これらを滅することが人間の目的だという考え方である。苦の生起因の滅は，苦の滅という目的が異なることはない。つまり，蛇や棘の滅は人間の目的である[94]。蛇や棘の滅に関しては，蛇や棘という苦の生起因の滅に対する意欲に基づいて人間は努力するので，苦の生起因の滅が人間の目的である[95]。苦の未生起も，苦の生起因の滅を通して成立するから，苦の生起因の滅が人間の目的である[96]。つまり「苦の生起因の滅」は努力をともない，苦の滅という目的が異ならないから，人間の目的であるというのが対論者の考えである。

しかし，人間の目的は「苦の滅」であり「苦の生起因の滅」ではない。これを，ヴァッラバ・アーチャールヤ（Vallabha Ācārya, c. 1140）は，限定するもの（viśeṣaṇa）と限定されるもの（viśiṣṭa）との関係によって解決しようとする[97]。ヴァッラバの解脱の定義は，「苦の絶対的非存在」であるが[98]，彼はこれを「自分に存在する苦と絶対的非存在との関係が，苦の生起因の滅」であると解釈する[99]。つまり「苦の絶対的非存在」は，「苦」と「絶対的非存在」との関係であり，さらにそれは「苦の生起因の滅」に他ならないと言う。「苦の絶対的非存在は苦の生起因の滅である」という文章の限定するものは「苦の生起因の滅」であり，限定されるものは「苦の絶対的非存在」である。「ＡはＢである」と表現する場合，主語であるＡは述語であるＢに限定されている。したがってＡは限定されるものである。ＢはＡを限定しているのでＢは限定するものである。対論者は，限定するものが成立している場合，限定されるものも成立すると主張する。したがって人間の目的である「苦の絶対的非存在」は成立する。これは「苦の生起因の滅」に限定されるものなので，「苦の生起因の滅」も間接的には人間の目的ということになる。しかし，ガンゲーシャは「苦の生起因の滅」と「苦の絶対的非存在」とは結合しないと言って，この説を退ける[100]。

苦の未生起

苦の未生起とは，苦が生じないことである。苦が生じない限り解脱していると言える。苦の未生起は，苦の生起因を滅す努力がある限り続く。苦の未生起は無始・有終という苦の過去の非存在と同じ特徴を持つ。苦の過去の非存在はプラバーカラ派の考えである[101]。

苦が未来に生起しないために現在人間の努力があるから，苦の未生起が人間の目的である[102]。具体的には，苦を生じさせない滅罪に人間の努力がある場合，苦の未生起に対して努力があることになり，苦の未生起が人間の目的である[103]。苦の生起因が滅すれば，それによって「生じる苦はない」から，この「苦の未生起」に対して人間の努力があることになる[104]。つまり，アダルマという苦の生起因を，滅罪によって滅し続けることが「苦の未生起」なのである。

「苦の未生起」と「苦の生起因の滅」との内容は，ともに苦の生起因の滅であり，同じである。苦の生起因の滅は苦の滅ではないので，人間の目的ではない。しかし，苦の未生起に関しては，苦の非存在と考えれば，苦の滅も苦の非存在なので，人間の目的である。

プラバーカラ派は，解脱は絶対的な「苦の過去の非存在」であると言う[(105)]。「過去の非存在」は始まりがなく（無始），終わりがある（有終の）非存在である。ここでの「絶対的な」という言葉は，終わりのないことを意味している。終わりのない過去の非存在（無始・有終）とは，無始・無終の非存在，つまり絶対的非存在（atyantābhāva）ということになる。絶対的非存在は，過去・現在・未来の非存在である。絶対的非存在は努力なしで成立しているので，人間の目的にはならない。しかし，プラバーカラ派は，「苦の過去の非存在」は努力によって，真理知からアダルマの滅があるときに成立すると言う[(106)]。さらに，過去の非存在は常住でなく滅するが，絶対的非存在は常住であり滅することがないので，過去の非存在と絶対的非存在は同じものではないと言う[(107)]。

ガンゲーシャは，苦の過去の非存在の反存在は，輪廻の原因でない苦であると言う[(108)]。苦には，輪廻の原因となるものとならないものとがある。輪廻の原因となる苦を滅すれば解脱するが，そうではない苦を滅しても解脱しない。「苦の過去の非存在」として成立するのは解脱と無関係の苦の非存在である。解脱としての「苦の過去の非存在」は成立しない。したがって，滅罪による「苦の未生起」は解脱ではない。

まとめ

ガンゲーシャの解脱論では，解脱の定義とプロセスだけではなく「苦の滅」とは何かという問題が追求されている。苦の滅とは「苦の生起因の滅」なのか，それとも「苦の未生起」なのかという論争から『タットヴァ・チンターマニ』は始まるのだが，最終的には両方とも否定される。「苦の生起因の滅」は，それ自体で苦の滅という目的を持つが，人間の目的ではない。人間の目的は「苦の滅」であり，「苦の生起因の滅」ではない。「苦の未生起」は無始・有終という「苦の過去の非存在」と同じ特徴を持ち，実質的には同じものである。「苦の過去の非存在」は未来に苦を生じさせるので，苦の生起因とも考えられる。したがって「苦の生起因の滅」と「苦の未生起」とは両方とも解脱ではない。

解脱は苦の滅であるが，どんな苦でも滅すれば解脱するというわけではない。解脱に至る苦の滅の苦は，悪（pāpa, adharma）によって生じたものである。その悪は，貪欲（rāga）・嫌悪（dveṣa）・無知（moha）という過失（doṣa）によって生じたものであり，過失は誤知（mithyājñāna）から生じたものである。輪廻の根本は潜在印象をともなう誤知であり，そこから順次生じた最終のものが苦である。

これに対して，蛇や棘という苦の生起因によって生じた苦を滅しても，解脱するわけではない。さらに，滅罪（prāyaścitta）は苦の生起因である悪を滅する手段であるので，人間の目的ではない。解脱は，ヨーガの努力によって生じた純粋なダルマからの真理知による苦の滅である。

第９節　知行併合論批判(109)

はじめに

解脱の手段に関する考察は，ウパニシャッド（Upaniṣad）文献において解脱論と同時に始まっている(110)。解脱の手段は，知識（jñāna）か，行為（karman）か，それとも知識と行為との併合（samuccaya）なのか。知識とは「梵我一如」（tat tvam asi 汝はそれである）など誤謬なき天啓聖典（śruti）のことばの内容であり，行為とは宗教的義務（dharma）としての祭式行為である。知識と行為との併合説は，知行併合論（jñānakarmasamuccayavāda）(111)と呼ばれ，ガンゲーシャの時代にも解脱論のなかでの大きなトピックである。シュリーダラは，自らを知行併合論者であると名乗り(112)，ウダヤナも知識が主で行為が従という知識重視の知行併合論を説き，シャシャダラもそれに従っている(113)。しかし，ガンゲーシャはそれらを知識論の立場から批判する。本節では，ガンゲーシャの知行併合論批判を明らかにする。

知識

解脱の手段となる知識は一般的な世俗の知識ではなく，真理知（tattvajñāna）である。真理知のみが業（karman）や煩悩（kleśa，doṣa）の原因である誤知（mithyājñāna）を滅することのできる知識である。世俗的な経験知は真理知ではない。真理知は自らの体験（anubhava，sākṣātkāra）によってのみ得ることができる知識であり，その体験とは瞑想としてのヨーガである。真理は，理性や祭式行為によってではなく，内観によって悟るものである。この真理知の内容は，宇宙の根本原理であるブラフマン（梵）と個人の主体であるアートマン（我）とが同一であるという「梵我一如」，アートマンは存在する，アートマンは身体と異なる，アートマンは常住である，などである。これに関しては，すでにウパニシャッド文献においても[114]，『ニヤーヤ・スートラ』においても述べられている[115]。ガンゲーシャはヨーガによって生じたダルマから，真理知の直接経験（sākṣātkāra）があると言う[116]。解脱の手段となる真理知は直接経験するものであり，認識手段（pramāṇa）によって理解される知識と異なる。一般的な知識は解脱の手段にはならないとガンゲーシャは言う[117]。

行為

行為はカルマン（karman 業）と呼ばれる。行為の結果もしくは行為の潜勢力（āśaya）もまたカルマンと呼ばれる。祭式行為の結果は，新得力（apūrva）と呼ばれる。倫理的な行為の結果はダルマ（dharma 善業，法）とアダルマ（adharma 悪業，非法）と呼ばれる。ダルマはまた宗教的義務をも意味する。目に見えない自然の力の結果はアドゥリシュタ（adṛṣṭa 不可見力）と呼ばれる[118]。

知行併合論での行為（karman）とは祭式行為のことであるが，すでにウパニシャッドの時代に祭式行為以外も行為と見なされていたようである[119]。一般の祭式行為の目的は善業（dharma）を積み，その果報（phala）として天界（svarga）に生まれることである。しかし，解脱に必要なものは善悪両方の業（dharma，adharma）の滅である。そのためには善業を積むことは解脱への妨げになる。善業を積むと，死後に天界に生まれてしまうからである。

ガンゲーシャは，対論者である行為論者の考えとして，寂静（śama），自己制御（dama），梵行（brahmacarya），常住行為（nitya），臨時行為（naimittika），朝夕の薄明（saṃdhyā）の礼拝（upāsana），滅罪（prāyaścitta），巡礼（tīrtha），大きな布施（mahādāna），沐浴（snāna），カーシーで死ぬこと（Kāśīmaraṇa）を行為として挙げている[(120)]。さらにシャシャダラは，禁戒（yama）と勧戒（niyama）も挙げており，行為と見なしている[(121)]。

知行併合論批判

ガンゲーシャの解脱論において知行併合論は大きなトピックである。彼はまず，行為をともなう真理知から解脱があるという知行併合論[(122)]を登場させる。そして，この説を暫定的に承認するが，知識論の立場から知行併合論を以下のように批判する[(123)]。

(1) 行為は天界で生まれることが果報であり，解脱を目的としていない。さらに，知識は行為なしでも解脱の原因である[(124)]。

(2) 知識と行為とは，主従関係（aṅgāṅgibhāva）によって成立しているのではない。行為は，直接補助因（saṃnipatyopakāraka）ではない。真理知によって解脱するから。さらに間接補助因（ārādupakāraka）でもない。行為はそれ自体で生天（天界に生まれること）という果報（phala）を生むから[(125)]。

(3) 解脱を求める人は，選択行為（kāmya）と禁止規定（niṣiddha）を行わないが，知行併合論では行うことになる[(126)]。

(4) 遊行期には選択行為，常住行為（nitya），臨時行為（naimittika）を行わないので，知行併合論は遊行期の規則と矛盾する[(127)]。

(5) 真理知があれば家長でも解脱するから，知識と苦行期の行為との併合が解脱の手段なのではない[(128)]。

(6) 原因としての祭式行為は複数あるが，結果としての解脱は一種類のみである。原因と結果の数が一致せず，因果関係が成立しない。もしくは，複数の原因があっても特定の結果（解脱）が生まれるとは限らないから，行為は解脱の手段とはならない[(129)]。

(7) 伝承文学において[(130)]，すべての祭式行為を捨てる人には知識のみから解脱があると言われている[(131)]。

ウダヤナ批判

ウダヤナの解脱論は『アートマ・タットヴァ・ヴィヴェーカ』,『ニヤーヤ・ヴァールッティカ・タートパルヤ・パリシュッディ』(Nyāyavārttikatātparya-pariśuddhi 正理評釈解明),『キラナーヴァリー』において展開されている。そのなかで，ガンゲーシャが取り上げるのは『キラナーヴァリー』での解脱論である。[132]

ウダヤナは知識重視の知行併合論者である。ガンゲーシャが取り上げるウダヤナの知行併合論は以下の二点である。

(1)行為は，真理知が生じないときに真理知の妨害因であるアダルマを排除し，解脱の間接因となる。

(2)真理知が生じたときでさえも，行為は世間の繁栄(lokasaṃgraha)のために必要である。[133]

まず，行為はアダルマを排除することによって知識を生起させるというウダヤナの考えを，ガンゲーシャは否定する。ガンゲーシャは，行為はアダルマを滅するものではなく新得力(apūrva)の生起因であると言う。[134]新得力の発生により人は天界(svarga)に生まれるかもしれないが，解脱することはない。祭式行為の結果は新得力(apūrva)であり，祭式行為は天界に生まれることを果報としている。

次に，朝夕の薄明(saṃdhyā)の礼拝(upāsana)というブラーフマナ(婆羅門)の梵行(brahmacarya)という「定められた行為」(niyata)[135]以外の行為について，ガンゲーシャは否定する。[136]ガンゲーシャは，瞑想(yoga)に関連する行為を否定しない。これらの瞑想関連の行為は，真理知の発生に必要である。初期ヴァイシェーシカ学派の解脱論でも，ヨーガは重視されている。

ダルマ論批判

ガンゲーシャは，見えるもの(dṛṣṭa)と見えないもの(adṛṣṭa)という理論で，ヴァイシェーシカ(Vaiśeṣika)[137]学派のダルマ(dharma)理論を否定する。ダルマ理論とは，ダルマが解脱の手段として主要なものであるという考えである。

誤知の滅が真理知(見えるもの)で可能であれば，ダルマ(見えないもの)を想定する必要はない。病気が薬（見えるもの）で治れば，病気を治すために規定（見えないもの）の必要がないのと同じである。[138]

行為論批判

行為論者は，巡礼，大きな布施（mahādāna）[139]，沐浴，カーシー（Kāśī）[140]で死ぬことなどという行為が解脱の原因であると言う。天啓聖典で行為が解脱の原因であると言われているので，真理知だけがその原因になるわけではない。真理知（見えるもの）が生起していないときには，行為（見えないもの）が手段になる。行為のはたらきはアダルマの滅だけではなく，新得力の生起もある。[141]

これに対して，ガンゲーシャは次のように批判する。原因としての祭式行為は複数あるが，結果としての解脱は苦の滅一種類しかない。どの祭式行為も解脱を導き出すわけではないので，祭式行為と解脱との間には因果関係は成立しない。[142]因果関係はそれぞれに原因がある。[143]さらに知識と行為とは選択的であり，併合はあり得ない。[144]

知識が業を滅する

ガンゲーシャは以下のように知識論を展開する。

(1)解脱の根本的な原因は誤知（mithyājñāna）である。潜在印象をともなう誤知の排除なしで解脱はない。この誤知を滅するのは真理知（tattvajñāna）だけである。したがって，解脱には真理知が必要である。[145]

(2)「アートマンは知られるべきである。彼（アートマンを知った者）は再び戻ることはない」などという天啓聖典から，解脱に対して真理知が原因であることが確定している。「それ（真理）のみを知って，彼は死を超える。行くべき別の道はない[146]」という天啓聖典によれば，真理知なしで解脱はない。しかも「それ（真理知）があるときにのみ」と説明されている。[147]

(3)真理知ではなく，もし行為によって解脱するとすれば，解脱者には身体がなく，さらに行為の果報は天界に生まれることなので，身体なしで天界に生まれることになる。しかし，天界で楽を享受するには身体が必要である。身体があれば，その人は解脱者ではない。したがって，行為を解脱の手段と考えることはできない[148]。

(4)行為は，真理知に対する生起因かもしれないが，解脱に対する生起因ではない。結果がまだ現れていない業（adattaphalāny eva karmāṇi[149]）は真理知によって消滅する[150]。

(5)滅罪行為の結果は悪の滅であり，解脱ではない[151]。

(6)滅罪は悪を滅するものであり，解脱のための祭式行為の資格ではない[152]。

(7)「こころを縛るもの（誤知）は切られる。すべての疑いは絶たれる。そして彼が最高のアートマンを見るとき，彼の業は滅する[153]」という天啓聖典『ムンダカ・ウパニシャッド』（Muṇḍaka Upaniṣad）と「アルジュナよ，知識の火はすべての業を完全に灰にする[154]」という伝承文学『バガヴァッド・ギーター』（Bhagavadgītā）とが知識論を支持している[155]。

まとめ

解脱の手段は知識のみであるとガンゲーシャは考える。これはシュリーダラ，ウダヤナ，シャシャダラなどヴァイシェーシカ学派やニヤーヤ・ヴァイシェーシカ学派の知行併合論とは異なっており，シャンカラ（Śaṅkara, c. 710）などの不二一元（Advaita）論のヴェーダーンタ学派の考えに近い。しかし，解脱論に関しては，ヴェーダーンタ学派はすべての認識手段を否定し，アートマンの直接経験（anubhava, sākṣātkāra）のみを主張する[156]。これに対してガンゲーシャは，推理の究極的な目的は解脱であり，その手段は天啓聖典に基づく推理であると言う[157]。

第10節　対論者の解脱定義批判

ガンゲーシャは，対論者の解脱の定義を十三挙げ，それらを否定する。

(1)「苦の滅すべて[158]」。対論者は，苦の滅とはすべての苦と滅との結合であり，それが解脱であると言う[159]。これに対して，ガンゲーシャは，すべての苦と滅との結合は成立しないと答える[160]。さらに，苦と滅との結合は人間の目的ではないと答える[161]。また，どんな苦の滅でも解脱なのではない。人間の努力をともなわない苦の滅や[162]，悪（pāpa, adharma）から生じたものではない苦の滅は解脱ではない[163]。

(2)「潜在印象を生起させない享受（bhoga）を対象とする苦の滅[164]」。

(3)「潜在印象を生起させない直接経験（anubhava）による〔苦の〕滅[165]」。ニヤーヤ学派にとっては，人間の目的は解脱であり，それは苦の滅である。享受や直接経験はいずれも人間の目的ではない[166]。

(4)「苦の過去の非存在と共存しない苦の生起因の滅[167]」。これは「苦の生起因の滅」論者の定義である。これに対して「苦の未生起」論者は，苦の生起因が滅すれば苦が生起しないから，苦の未生起に対して人間の努力があると考える。したがって苦の未生起が人間の目的であると言う[168]。

(5)「苦から成る輪廻の種子である誤知の滅[169]」。誤知が滅しても，過失（doṣa），活動（pravṛtti），出生（janman），苦（duḥkha）はまだ滅していない。誤知の滅が直ちに苦を滅するわけではないので，誤知の滅は解脱ではない[170]。

(6)「身体や感覚器官や知識などそれらと結びついた善業（dharma）や悪業（adharma）の滅[171]」。この善業や悪業はすでに行為を開始している業であり，享受によってのみ滅する。しかし，享受による業の滅は人間の目的ではない[172]。ガンゲーシャの考えでは，人間の目的は真理知による苦の滅である[173]。

(7)「苦の絶対的非存在[174]」。これはヴァッラバの定義である。彼は苦と絶対的非存在との関係は，苦の生起因の滅であると言う。そして，限定するものである苦の生起因の滅と限定されるものである苦の絶対的非存在との限定・被限定関係によって，苦の絶対的非存在は成立すると言う。これに対してガンゲーシャは，苦の生起因の滅は解脱の手段ではない[175]，苦と絶対的非存在とは過去・現在・未来に結合しない[176]，絶対的非存在は人間の努力なしですでに成立している[177]，苦の生起因の滅と絶対的非存在とは結合しない[178]，とヴァッラバの定義を批判する。

(8)「絶対的な（ātyantika）苦の過去の非存在[179]」。これはプラバーカラ派の定義である。過去の非存在は，過去にないものが未来にあることが前提となっている。したがって，解脱者に苦の過去の非存在がある場合，その人には未来に苦が生じることになる[180]。解脱者に苦があることは，解脱が苦の滅である定義と矛盾する。

(9)「常住の楽の顕現[181]」。これはバッタ派の定義である。楽が常住であれば，解脱者も輪廻者も楽を備えていることになり，両者の区別がない過失に陥る[182]。

(10)「歓喜（楽）を本質とする最高のアートマン（ブラフマン）のなかへの人のアートマンの没入（laya）[183]」。これはヴェーダーンタ学派のトゥリダンディンの定義である。没入とは微細身の消滅のことである。微細身は苦の生起因であり，微細身の滅は人間の目的ではない。人のアートマン（jīvātman）は基体（dharmin, aupādhika）であり，微細身（liṅgaśarīra）はその属性（dharma, upādhi）である。属性が滅するときに，その基体も滅するわけではない。さらにその滅には人間の努力が必要ない。アートマンは滅しない。異なるもの（最高のアートマンと人のアートマン）が同一であることは，矛盾している[184]。

(11)「障害のない心の連続（cittasantati）[185]」。これは仏教徒の定義である[186]。人間の目的は苦の滅であり，心の連続性ではない。解脱すれば身体はなくなるが，身体なしでは心の連続もない。身体は苦の基体であり，解脱は苦の滅である。身体がなければ輪廻者が解脱者になるという解脱のプロセスが成立しない[187]。

(12)「アートマンの滅（ātmahāna）[188]」。これも仏教徒の定義である。アートマンの滅は人間の目的ではない。人間の目的は苦の滅である。さらに，魂としてのアートマンは滅することはない。しかし，仏教徒の考える阿頼耶識がアートマンであるとして，それが滅すると考えるのであれば，その滅には人間の努力は必要ない。身体と阿頼耶識には基体（dharmin）と属性（dharma）の関係があり，基体である身体が滅すれば属性である阿頼耶識も滅するからである。努力のないものは人間の目的ではない[189]。

(13)「ヨーガの完成によって成立する最上の歓喜からなる現生（身体を持ったままの）解脱[190]」。これはヴェーダーンタ学派の定義である。この解脱は苦の絶対的非存在の特徴を持っていると対論者は言う。しかし，苦の絶対的非存在は人間の努力なしにすでに成立しているので，人間の目的ではない。さらに解脱者には意欲がないので，歓喜に対する意欲もない[191]。

第11節　まとめ

ガンゲーシャの『タットヴァ・チンターマニ』「解脱論」では，冒頭で彼自身の解脱の定義が示される。人間の目的は解脱であり，それは苦の滅である。過去に苦が存在し，人間の努力をともなう真理知によって，その苦は滅する。結果が現れた業（karman）の滅は享受（bhoga）によるが，この享受は真理知（tattvajñāna）のはたらきである。したがって業を滅するものは真理知である。そして滅した苦は二度と生起しない。これが解脱である。この考えがもとになり，対論者の考えや定義が否定される。解脱は「苦の滅」であり「苦の生起因の滅」ではない。「苦の生起因の滅」論者は，「苦の未生起」論者と論争し，敗北する。「苦の未生起」という考えは，形を変えて「苦の過去の非存在」として再登場するが，ガンゲーシャはこれも退ける。解脱が楽であるという考えも否定される。この考えには，楽を享受するための身体が必要となる。身体は苦を享受する場所でもあるので，身体がある状態での解脱は認められない。

知行併合論（jñānakarmasamuccayavāda）に関して，ガンゲーシャは併合論（samuccayavāda）と行為論（karmavāda）を否定する。苦の滅に祭式行為は必要ない。彼は，知識のみによる解脱を説く知識論者（jñānavādin）である。伝統的にダルマを重視するヴァイシェーシカ学派は，解脱論に関して知行併合論の立場を取る。シュリーダラ，ウダヤナ，シャシャダラがそうである。この点でガンゲーシャは彼らと対立する。

ガンゲーシャにとって解脱の実現手段と証明手段は，ともに推理（anumāna）である。解脱のプロセスのなかに「自分のための推理」（svārthānumāna）が組み込まれている。この自分のための推理によって解脱が達成される。そして，この推理は聖典に基づく。彼の解脱論を支える天啓聖典は，『ブリハッド・アーラニヤカ・ウパニシャッド』のなかの文章「おお，アートマンは聞かれるべきであり，考えられるべきであり，瞑想されるべきであり，直接経験されるべきである」と「苦から完全に解放された者は〔ブラフマンの世界に〕行く」との二つである。解脱は以下のプロセスを経る。(1)天啓聖典を聴聞する。(2)天啓聖典の内容を推理する。(3)推理の内容をヨーガによって直接経験する。(4)ヨーガから純粋なダルマが発生する。(5)純粋なダルマが真理知を生起させる。(6)真理知が潜在印象をともなう誤知を滅する。(7)過失の滅。(8)活動の滅。(9)出生の滅。(10)苦の滅＝解脱。解脱は，ガンゲーシャの定義では苦の滅である。解脱者に苦は二度と発生しない。真理知は，ヨーガの努力による個人の直接経験によってのみ得ることができる。

解脱の存在証明は，「他人のための推理」（parārthānumāna）によってなされる。主張，理由，喩例などを備えた論証式であり，世間に対して解脱が存在することを証明するための推理である。

解脱論におけるガンゲーシャの独自性は，解脱の実現と証明との手段として，以上二種類の推理を導入し，確立させたことである。

註

（1） TCDG: 2055^{3-5} = Text 1-1 = BĀU 2.4.5: "ātmā vā are śrotavyo mantavyo nididhyāsitavyaḥ sākṣātkartavyaḥ" iti śruteḥ |「『おお，アートマンは聞かれるべきであり，考えられるべきであり，瞑想されるべきであり，直接経験されるべきである』と天啓聖典のなかで説かれているから」。

（2） TCDG: $2055^{5f.}$ = Text 1-2: sa ca samānādhikaraṇaduḥkhaprāgabhāvāsahavṛttiduḥkhadhvaṃsaḥ |「またそれ（解脱）は，同じ基体の苦の過去の非存在と共存しない苦の滅である」。

（3） TCDG: 2057^{24} = Text 3-1a: duḥkhadhvaṃsatvam eva mokṣatvaṃ ... |「解脱は苦の滅すべてである……」。

（4） TCDG: $2058^{6f.}$ = Text 3-2a: saṃskārājanakabhogaviṣayaduḥkhadhvaṃsaḥ saṃskārājanakānubhavadhvaṃso vā muktiḥ |「解脱は，潜在印象を生起させない享受（bhoga）の対象である苦の滅か，潜在印象を生起させない直接経験（anubhava）による〔苦の〕滅か，どちらかである」。

（5） TCDG: $2059^{1f.}$ = Text 4-1: anye tu duḥkhaprāgabhāvāsahavṛttiduḥkhasādhanadhvaṃso mokṣaḥ |「しかしながら，他の者は『解脱は，苦の過去の非存在と共存しない苦の生起因の滅』である〔と言う〕」。

（6） TCDG: $2062^{2f.}$ = Text 6-1: api ca na tāvad duḥkhamayasaṃsārabījamithyājñānasya dhvaṃso muktiḥ |「さらにまず，解脱は苦から成る輪廻の種子である誤知の滅ではない」。

（7） TCDG: 2062[4f.] = Text 6-2: nāpi śarīrendriyabuddhyāditannidānadharmādharmadhvaṃsaḥ |「〔解脱は〕身体や感覚器官や知識などとそれらの原因である善業（dharma）や悪業（adharma）の滅でもない」。

（8） TCDG: 2063[25] = Text 7-1a: apare tu duḥkhātyantābhāvo muktiḥ |「他の者（ヴァッラバ）は『解脱は苦の絶対的非存在である』と〔言う〕」。NL: 580[1]; 本書第2部第3章註65参照。

（9） TCDG: 2065[3f.] = Text 8-1a: prābhākarās tv ātyantikaduḥkhaprāgabhāvo mokṣaḥ |「一方，プラバーカラ派は，解脱は絶対的な（ātyantika）『苦の過去の非存在』である〔と言う〕」。

(10) TCDG: 2068[2-5] = Text 9-4. 本章第4節参照。

(11) TCDG: 2068[9-11] = Text 9-4: "ātmā jñātavyo na sa punarāvartate" iti śrutis tatra pramāṇam |「『アートマン（魂）は知られるべきである。再び彼（アートマンを知った者＝解脱者）は戻ってこない』という天啓聖典がこれに対する認識手段である」。

(12) NSD: 37.[11f.] 本書第1部第4章第4節参照。

(13) TCDG: 2070[9] = Text 10-1: na ca nityasukhābhivyaktir muktiḥ |「また解脱は『常住の楽の顕現』ではない」。

(14) TCDG: 2072[5f.] = Text 11a: tridaṇḍinas tv ānandamayaparamātmani jīvātmalayo mokṣaḥ |「トゥリダンディンたちは〔次のように言う〕。解脱は，歓喜（楽）から成る最高のアートマン（ブラフマン）のなかに人のアートマンが没入（laya）することである」。

(15) TCDG: 2072[14] = Text 12-1: nāpy anupaplavā cittasantatir apavargaḥ |「また解脱は障害のない心の連続でもない」。

(16) TCDG: 2072[17f.] = Text 12-2: nāpi duḥkhahetutvenātmahānam eva muktiḥ |「また〔アートマンは〕苦の原因なので解脱はアートマンの滅である，ということもない」。

(17) TCDG: 2072[21-23] = Text 13a: yat tu yogarddhisādhyaniratiśayānandamayīṃ jīvanmuktim uddiśya pravṛtteḥ kāraṇavaśād ātyantikaduḥkhābhāvarūpāṃ muktim āsādayatīti matam |「しかし，ヨーガの完成によって成立する最上の歓喜から成る現生（身体を持ったままの）解脱を目的とする活動（人間の努力）の原因から，絶対的な苦の非存在という特徴を持つ解脱を得る，という考えがある」。

(18) TCDG: 2073[23]-2074[5] = Text 14. 本章第5節参照。

(19) TCDG: 2074[9-11] = Text 15-1: evaṃ ca śamadamabrahmacaryādyupabṛṃhitayāvannityanaimittikasaṃdhyopāsanādikarmasahitāt tattvajñānān muktiḥ |「同様に，寂静や自己制御や梵行などをともなう，常住行為や臨時行為に限られる朝夕の薄明の礼拝などの行為をともなう真理知から解脱がある」。

(20) TCDG: 2077[4-6] = Text 16a: atra kecit | anutpannatattvajñānasya jñānārthinas tatprati-

bandhakādharmanivṛttidvārā prāyaścittavad ārādupakārakaṃ karma | saṃnipattyopakārakaṃ tu tattvajñānam |「ある者（ウダヤナ）は次のように言う。知識を求める人に真理知が生起していないとしても，それ（真理知）の妨害因であるアダルマの排除によって滅罪のように，行為は〔解脱の〕間接補助因である。しかし，真理知は直接補助因である」。

(21) TCDG: 2077^{25-27} = Text 17a: tattvajñānaṃ dharmadvārā muktisādhanaṃ vihitatvena dharmajanakatvaniyamād iti dharmasyaiva prādhānyam | sa ca dharmo muktyaiva phalena nāśyata iti kecit |「ある者（ヴァイシェーシカ学派）は次のように言う。真理知は，ダルマを手段とする解脱の生起因である。規定によって，ダルマが生起因であることが決まっているから。それゆえ，ダルマこそが主要なものである。またそのダルマは，結果である解脱によってのみ滅せられる」。

(22) TCDG: 2078^{4-6} = Text 18: atra vadanti | saṃsārakāraṇocchedakrameṇa kāryocchedān mokṣaḥ | evaṃ ca tattvajñānamātrād eva mithyājñānocchedād apavargaḥ |「これに対して，彼ら（古典ニヤーヤ学派）は次のように言う。輪廻の原因を滅する順番に従う結果（輪廻）の滅から解脱がある。同様に，まさに真理知のみによる誤知の滅から解脱がある」。

(23) TCDG: $2078^{27f.}$ = Text 19-1a: nanu tattattīrthamahādānasnānakāśīmaraṇādikarmaṇāṃ tattvajñānanairapekṣyeṇa muktihetutvaṃ śrūyate |「あれこれの巡礼，大きな布施，沐浴，カーシーで死ぬことなどの行為は，真理知に依存することなく解脱の原因であると天啓聖典で言われている」。

(24) TCDG: $2079^{24f.}$ = Text 20: vastutas tu dṛḍhabhūmisavāsanamithyājñānonmūlanaṃ vinā na mokṣa ity ubhayasiddham |「しかし実際に，固く地面に根ざす潜在印象をともなう誤知の根絶なしに解脱はない，という考えは両者（行為論者と知識論者）において確立している」。

(25) Muṇḍaka Upaniṣad 2.2.8. 本書第2部第3章註278参照。

(26) BhG 4.37. 本書第2部第3章註279参照。

(27) TCDG: $2083^{16f.}$ = Text 23: karmaṇo bhoganāśyatve 'pi jñānasya karmanāśakatvaṃ bhogasya tattvajñānavyāpāratvāt |「業は享受によって滅するとしても，知識は業の滅因である。享受は真理知のはたらきであるから」。

(28) TCDG: $2083^{22f.}$ = Text 23: tad asyāpavargasya paramapuruṣārthasya śrutisiddhaṃ kāraṇam anumānaṃ viviktam iti |「それゆえ，究極の人間の目的であるこの解脱の手段は，天啓聖典に基づいて成立する推理のみである」。

(29) TCDG: $2055^{5f.}$ = Text 1-2: sa ca samānādhikaraṇaduḥkhaprāgabhāvāsahavṛttiduḥkhadhvaṃsaḥ |

(30) TCDG: 2068^{2-5} = Text 9-4: duḥkhatvaṃ devadattaduḥkhatvaṃ vā svāśrayāsamāna-

kālīnadhvaṃsapratiyogivṛtti kāryamātravṛttidharmatvāt santatitvād vā etatpradīpavat |

(31)　定義「同じ基体の苦の過去の非存在と共存しない苦の滅」。論証式「同じ基体に同時に存在しない滅」。

(32)　NSM: 64^{2}–65^{1}: śyāmaghaṭe rakto nāsti raktaghaṭe śyāmo nāstīti dhīś ca prāgabhāvaṃ dhvaṃsaṃ cāvagāhate na tu tadatyantābhāvaṃ tayor virodhāt |「⑴〔まだ焼かれていない〕黒い瓶には〔焼いた後の〕赤色はない。⑵〔焼かれた〕赤い瓶には〔焼かれる前の〕黒色はない。以上の考えが⑴過去の非存在と⑵滅（消滅以後の非存在＝未来の非存在）とを確定するが，その両方の絶対的非存在は〔確定し〕ない。二つ（赤色と黒色）は矛盾しているから」。テクニカルな非存在については，山本（1994）参照。

(33)　BĀU 2.4.5 = Text 1–1.

(34)　NSD: $38^{2f.}$ = NSD: $34.^{18}$ 本書第１部第４章註19；第２部第３章註67参照。

(35)　TCDG: 2068^{13-15} = Text 9–4: “ātmā vā are śrotavyo mantavyo nididhyāsitavyaḥ sākṣātkartavyaḥ” ity upakramya “duḥkhenātyantaṃ vimuktaś carati” iti śrutiś ca mānam |

(36)　TCDG: 2068^{2-5} = Text 9–4. 前掲註30参照。

(37)　鈴木（2010）。

(38)　Vyom: $2.^{6-9}$

(39)　NK: $17.^{2f.}$

(40)　Kir: $29^{17f.}$–$31.^{6-10}$

(41)　NSD: $37.^{11-13}$

(42)　本書第１部第４章第４節参照。

(43)　TCDG: 2069^{17-19} = Text 9–5b: ata eva sarvamuktir api sarvaduḥkhasantatipakṣīkaraṇe tatsiddheḥ | anyathā muktir api na syāt tatraiva vyabhicārāt |「それゆえ，すべての人もまた解脱する。『すべての人の連続する苦』を〔推理の〕主題にするとき，それ（推理）は成立するから。さもなければ（すべての人でなければ），解脱も不可能である。それに対してこそ雑乱があるから」。

(44)　TCDG: 2055^{3} = Text 1–1: paramaprayojanaṃ tv anumānasyāpavargaḥ |「推理の究極の目的は解脱である」。

(45)　TCDG: $2083^{22f.}$ = Text 23. 前掲註28参照。

(46)　真理知があれば，苦の滅（解脱）がある。真理知がなければ，苦の滅（解脱）はない。Text 2–5b 参照。

(47)　NBh: 7^{10-11} *ad* NS 1.1.2: mithyājñānādayo duḥkhāntā dharmā avicchedena pravartamānāḥ saṃsāra iti |「誤知を始めとし，苦で終わる諸法（それぞれの要素）が途切れることなく働き続けていることが輪廻である」。伊藤（1935: 161）；松尾（1948: 214）参照。

(48)　TCDG: 2073^{23}–2074^{5} = Text 14: evaṃ sthite mokṣam upakramya “ātmā vā are śrotavyo mantavyo nididhyāsitavyaḥ sākṣātkartavyaḥ" iti śrutiḥ | śrutibhyaś ca śarīrādibhinnam ātmānam avadhārya śāstreṇa padārthān vivicya tadbodhitopapattibhis tasya sthirīkaraṇarūpaṃ mananaṃ vidadhāti | na ca śabdopapattijanyatattvajñānāt sākṣātkārisaṃsārabījasavāsanamithyājñānanivṛttiḥ | diṅmohādau tathānupalabdheḥ | ataḥ śrutismṛtyupadiṣṭayogavidhinā ciranirantarādarasevitanididhyāsanajanyayogajadharmād ātmatattvasākṣātkāraṃ saṃsārabījasavāsanamithyājñānonmūlanasamartham āsādya doṣābhāvāt pravṛttyāder abhāve 'nāgatadharmādharmānutpāde 'nādibhavasañcitakarmaṇāṃ bhogena kṣayād apavṛjyate | このガンゲーシャの解脱のプロセスはウダヤナの考えを下敷きにしている。Kir 34^{30}–35^{1}; 本書第1部第3章註37参照。

(49)　本書第2部第3章註1参照。

(50)　Īśā Upaniṣad 9（= BĀU 4.4.10）-11 : andhaṃ tamaḥ praviśati ye 'vidyām upāsate | tato bhūya iva te tamo ya u vidyāyāṃ ratāḥ ‖ anyad evāhur vidyayānyad āhur avidyayā | iti śuśruma dhīrāṇāṃ ye nas tad vicacakṣire ‖ vidyāṃ cāvidyāṃ ca yas tad vedobhayaṃ saha | avidyayā mṛtyuṃ tīrtvā vidyayāmṛtam aśnute ‖「無知を崇拝する者たちは，盲目の暗闇に入る。知識で満足する者たちは，さらに深い暗闇に〔入る〕。知識とまったく異なり，無知とも異なると彼らは言った。このように賢者たちがわれわれに教えてくれたそのことをわれわれは聞いた。そして，知識と無知の両方を同時に知る者は，無知によって死を越え，知識によって不死を得る」。佐保田（1979: 213）参照。

(51)　辻（1990: 101-111）。

(52)　YS 2.25-28: tadabhāvāt saṃyogābhāvo hānaṃ tad dṛśeḥ kaivalyam ‖ vivekakhyātir aviplavā hānopāyaḥ ‖ tasya saptadhā prāntabhūmiḥ prajñā ‖ yogāṅgānuṣṭhānād aśuddhikṣaye jñānadīptir āvivekakhyāteḥ ‖「それ（無知）がないから，〔見者と対象との〕結合もない。これが除去であり，見者の独存である。除去の手段は，しっかりした識別知である。彼（識別知を持つ人）には，最高位にある七種類の智慧がある。ヨーガの階梯を修行することから，不浄が消え，知識の光が輝き，識別知までの〔生起がある〕」。佐保田（1973: 100）参照。

(53)　YBh *ad* YS 2.26: sattvapuruṣānyatāpratyayo vivekakhyātiḥ ‖「サットヴァ（純質）とプルシャ（真我）とが異なることの認識が識別知である」。佐保田（1980: 245）参照。

(54)　NS 4.2.38. 本書第1部第2章註60参照。

(55)　NS 3.1.4-6; *e.g.* NS 3.1.4. 本書第1部第2章註36参照。

(56)　NS 3.1.7-11; *e.g.* NS 3.1.7. 本書第1部第2章註37参照。

(57)　NS 3.1.15-16; *e.g.* NS 3.1.16. 本書第1部第2章註38参照。

(58)　TCDG: $2074^{2f.}$ = Text 14: ātmatattvasākṣātkāraṃ saṃsārabījasavāsanamithyājñānonmūlanasamartham āsādya ... |「アートマンに関する真理〔知〕の直接経験は，輪廻の

種子である潜在印象をともなう誤知の根絶を可能にし……」。

(59)　TCDG: 2073[25-27] = Text 14: na ca śabdopapattijanyatattvajñānāt sākṣātkārisaṃsārabījasavāsanamithyājñānanivṛttiḥ |「また聖言の適切な理解によって生じた真理知（間接知）から，直接的な輪廻の種子である潜在印象をともなう誤知の排除はない」。

(60)　NS 1.1.9. 本書第１部第２章註28参照。

(61)　NS 1.1.1. 本書第１部第２章註７参照。

(62)　この真理知の体験は『中論頌』第18章「アートマンとダルマの考察」第５頌における空性体験と共通するところがある。Mūlamadhyamakakārikā 18.5: karmakleśakṣayān mokṣaḥ karmakleśā vikalpataḥ | te prapañcāt prapañcas tu śūnyatāyāṃ nirudhyate ||「業と煩悩との滅から，解脱がある。業と煩悩とは分別から〔ある〕。それら（分別）は，戯論から〔ある〕。しかし，戯論は空性〔体験〕において滅せられる」参照。

(63)　TCDG: 2080[24]–2083[23] = Text 21ff.

(64)　クマーリラ・バッタ（Kumārila Bhaṭṭa），もしくはバッタ・ミーマーンサー学派であると思われる。

(65)　Brahmavaivartapurāṇa, Prakṛtikhaṇḍa 37.17. 本書第２部第３章註280参照。

(66)　TCDG: 2082[13f.] = Text 22-1a: karma bhoganāśyaṃ prāyaścittādyanāśyatve sati karmatvād bhuktabhujyamānakarmavad |

(67)　BhG 4.37. 本書第２部第３章註279参照。

(68)　NS 1.1.2. 本書第１部第２章53参照。

(69)　TCDG: 2057[3-5] = Text 2-2b: tathā hi tattvajñānāt savāsanamithyājñānābhāve doṣānutpattau pravṛttyabhāve ’dṛṣṭānutpattau janmābhāve tādṛśaduḥkhadhvaṃso bhavati |「つまり，真理知から，潜在印象をともなう誤知がなくなり，過失が生起せず，活動がなくなり，不可見力が生起せず，〔アートマンが身体を持って再び〕生まれないときに，そのような苦の滅がある」。

(70)　SPA 36: saṃskāro vego bhāvanā sthitisthāpakaś ca ||「潜勢力とは，慣性，潜在印象，弾力性である」。TS 75: saṃskāras trividhaḥ | vego bhāvanā sthitisthāpakaś ceti | vegaḥ pṛthivyādicatuṣṭayamanovṛttiḥ | anubhavajanyā smṛtihetur bhāvanātmamātravṛttiḥ | anyathākṛtasya punastadavasthāpādakaḥ sthitisthāpakaḥ kaṭādipṛthivīvṛttiḥ |「潜勢力（サンスカーラ）は三種類である。慣性，潜在印象（バーヴァナー），弾力性とである。慣性は，地で始まる四（地・水・火・風）とマナスのなかにある。潜在印象（バーヴァナー）は，経験によって生じ，記憶の原因であり，アートマンにのみ存在する。変化したものを元の状態に戻すものである弾力性は，蓆など地のなかにある」。

(71)　VS 5.1.17: nodanād ādyam iṣoḥ karma karmakāritāc ca saṃskārād uttaraṃ tathottaram uttaraṃ ca |「矢が放たれることから，最初の運動が〔起こる〕。運動によって作られた潜勢力から，同様に次々と〔運動が起こる〕」。VS 5.1.18: saṃskārābhāve gurutvāt patanam |「潜勢力がないとき，重さのゆえに，〔矢は〕落下する」。このサンスカーラは慣性（vega）である。VS 9.22: ātmamanasoḥ saṃyogaviśeṣāt saṃskārāc ca smṛtiḥ |「アートマンとマナスとの特殊な結合と潜勢力とから記憶がある」。このサンスカーラは潜在印象（bhāvanā）である。

(72)　YS 4.6–11: tatra dhyānajam anāśayam ‖ karmāśuklākṛṣṇaṃ yoginas trividham itareṣām ‖ tatas tadvipākānuguṇānām evābhivyaktir vāsanānām ‖ jātideśakālavyavahitānām apy ānantaryaṃ smṛtisaṃskārayor ekarūpatvāt ‖ tāsām anāditvaṃ cāśiṣo nityatvāt ‖ hetuphalāśrayālambanaiḥ saṃgṛhītatvād eṣām abhāve tadabhāvaḥ ‖「このうち，禅定から生じたものは，潜勢力を持たない。ヨーガ行者の業は，白くも黒くもない。その他の人々の〔業〕は，三種類である。そこから，潜在印象に関しては，特定の異熟に適うもののみが現れる。〔潜在印象には〕出生，場所，時間に間隔があるにもかかわらず，連続しているのは，記憶と潜在印象とには同一性があるからである。そして，それら（潜在印象）が無始であるのは，欲望が常住であるからである。〔潜在印象は〕原因，結果，拠り所，対象によって支配されているから，それらがなくなれば，これ（潜在印象）もなくなる」。佐保田（1973: 153–156）参照。

(73)　TCDG: $2080^{11f.}$ = Text 20. 本書第2部第3章註270参照。

(74)　TCDG: $2083^{16f.}$ = Text 23: karmaṇo bhoganāśyatve 'pi jñānasya karmanāśakatvaṃ bhogasya tattvajñānavyāpāratvāt |「業は享受によって滅するとしても，知識は業の滅因である。享受は真理知のはたらきであるから」。

(75)　初出は山本（2011）。修正した部分もある。

(76)　片岡（2011: 152）参照。

(77)　TCDG: 2057^{1-3} = Text 2–2b: duḥkhāntaradhvaṃsasyāyatnasādhyatve 'pi tādṛśaduḥkhadhvaṃsasya mithyājñānocchedadvārā puruṣaprayatnādhīnatattvajñānasādhyatvāt |「別（解脱と無関係）の苦の滅が，〔人間の〕努力なしで成立するとしても，そのような（解脱としての）苦の滅は，誤知の排除を通して，人間の努力に基づく真理知によって成立するから」。NSD: $37^{1f.}$; 本書第1部第4章註6参照。

(78)　NS 4.1.59. 本書第1部第2章註48参照。

(79)　TCDG: $2064^{17f.}$ = Text 7–3a: ghaṭādeś ca na muktatvam |「また，瓶などには解脱者性がない」参照。

(80)　TCDG: 2057^{3-5} = Text 2–2b. 前掲註69参照。

(81)　TCDG: $2057^{13f.}$ = Text 2–5b: anvayavyatirekānuvidhāyinas tattvajñānād anyasyānviṣyamāṇasyābhāvāt |「〔苦の滅と〕肯定的・否定的に随伴している真理知と別のものは求められないから」。

(82)　ガンゲーシャは他にも「努力」と「苦の過去の非存在」との肯定的・否定的随伴や真理知と「誤知の排除」との肯定的・否定的随伴を挙げている。TCDG: 2060^{6-9} =

Text 5-1: tena vinā nāstīty anvayavyatirekayos tatra sattvāt | ghaṭe 'pi kṛtau satyām agrimakṣaṇe tatsattvaṃ tayā vinā nety eva kṛtisādhyatvam |「それ（努力）なしでは〔苦の『過去の非存在』は〕存在しないがゆえに，肯定的・否定的随伴がここでは存在するから。瓶の場合でも，努力があれば，〔次の〕最初の瞬間にそれ（瓶）が存在する。それ（努力）なしで〔瓶は〕ないからこそ，〔瓶は〕努力によって成立する」。TCDG: 2079^{25-27} = Text 20: tādṛśamithyājñānanāśe cānvayavyatirekābhyāṃ tattvajñānakāraṇam avadhāritam | ato na tena vinā sa iti tatrāpi tattvajñānam āvaśyakam |「また，そのような誤知の滅に対して，肯定的随伴と否定的随伴とによって，真理知が生起因であることは〔この章のなかですでに〕確立している。それゆえ，それ（真理知）なしではそれ（誤知の排除）はないから，ここでもまた，真理知は必然である」。

(83) NS 4.1.51: vividhabādhanāyogād duḥkham eva janmotpattiḥ |

(84) SPA 55. 本書第1部第2章註58参照。

(85) Mitabhāṣiṇī (*Comm. on* SPA): $42^{1f.}$: ahikaṇṭakādijanyaduḥkhābhāvasya suṣuptau vartamānaduḥkhābhāvasya ca mokṣatvaṃ mā bhūd iti samasteti padam |「蛇や棘などによって生じる苦の非存在と熟睡中に存在する苦の非存在とが解脱であってはならないから，『すべて』ということばがある」。

(86) TCDG: $2055^{5f.}$ = Text 1-2. 前掲註2参照。

(87) TCDG: 2073^{27}-2074^{5} = Text 14. 前掲註48参照。

(88) TCDG: 2074^{30}-2075^{1} = Text 15-2a: tattvajñānasya karmanairapekṣeṇa muktihetutvapratīteś ca |「さらに真理知は，行為に依存することなく，解脱の原因であることが理解されるから」。

(89) NV: 81^{2} *ad* NS 1.1.22. 本書第1部第2章註27参照。

(90) NVTṬ: 200^{7} *ad* NS 1.1.22. 本書第1部第2章註31参照。

(91) NVTP: $264^{14f.}$ *ad* NS 1.1.22. 本書第1部第2章註32参照。Kir: $28^{5f.}$: hetūcchede puruṣavyāpārāt prāyaścittavat |「原因の滅に対して，人間のはたらきがあるから。滅罪のように」参照。NSD: 37^{5}: śāstre hetūcchede puruṣavyāpārād ity āhuḥ |「論書のなかで『原因の滅に対して，人間のはたらきがあるから』と〔ウダヤナは〕言う」参照。

(92) マトゥラーナータ・タルカヴァーギーシャ（Mathurānātha Tarkavāgīśa, c. 1650）や『マニカナ』(Maṇikaṇa, c. 1660）は，ラグナータ・シローマニ（Raghunātha Śiromaṇi, c. 1530）が悪の滅を解脱であると考えていると言う。KirR: $23^{5f.}$: bauddhādhikāradīdhitāv evaṃ rītyaiva pāpanāśasya puruṣārthatvopapādanāt |「『仏教徒批判光明』のなかで，まさに同じ方法で，悪の滅は人間の目的であることがすでに言われているから」参照。Maṇikaṇa: $60^{3f.}$: kiṃ tu ātyantikaḥ pāpadhvaṃsaḥ apūrvasāmānyadhvaṃso vā mokṣaḥ |「そうではなく解脱は，絶対的な悪の滅，もしくは新得力全般の滅である」参照。宮元・石飛（1998: 119f.）参照。

(93)　TCDG: 2059[1f.] = Text 4-1. 前掲註5参照。

(94)　TCDG: 2056[27f.] = Text 2-1b: ananyagatikatayā kaṇṭakanāśavad duḥkhasādhananāśa eva svataḥ puruṣārthas ... |「棘の滅のように目的が異なることなく，苦の生起因の滅こそがそれ自体で人間の目的である……」。

(95)　TCDG: 2059[16f.] = Text 4-3b: yadicchayā yatsādhane yasya pravṛttis tasyaiva tatprayojanatvam iti duḥkhasādhanābhāvasyaiva prayojanatvāt |「あるものに対する意欲をともなって，あるものの生起因に対して，ある人に活動（努力）がある。それこそが，彼（人間）の目的である。苦の生起因の非存在こそが，〔人間の〕目的であるから」。

(96)　TCDG: 2060[18-20] = Text 5-3a: tasmād duḥkhasādhanadhvaṃsamukhena prāgabhāvasyāpi sādhyateti tatraiva kṛtisādhyatvaparyavasānād duḥkhasādhanadhvaṃsa eva puruṣārtho ... |「それゆえ，苦の生起因の滅を通して，過去の非存在も成立するから，この場合にのみ〔過去の非存在は〕努力（滅罪による悪の滅）によって成立することが結論である。したがって，苦の生起因の滅こそが人間の目的である……」。

(97)　TCDG: 2064[2f.] = Text 7-1a: tathāpi viśiṣṭasya puruṣārthatvaṃ viśeṣaṇasādhyatvena viśiṣṭasādhyatvaṃ ca |「それでもやはり限定されるもの（苦の絶対的非存在）が人間の目的であり，限定するもの（苦の生起因の滅）によって成立するので，限定されるもの（苦の絶対的非存在）によってもまた〔人間の目的が〕成立する」。

(98)　TCDG: 2063[25] = Text 7-1a: apare tu duḥkhātyantābhāvo muktiḥ |「他の者（ヴァッラバ）は『解脱は苦の絶対的非存在である』と〔言う〕」。NL: 580[1]; Kir: 15[1]; NSD: 37[23]; 本書第2部第3章註65参照。

(99)　TCDG: 2063[27f.] = Text 7-1a: tathāpi duḥkhasādhanadhvaṃsa eva svavṛttiduḥkhasyātyantābhāvasaṃbandhaḥ |「それでもやはり自分に存在する苦が絶対的非存在との関係が，苦の生起因の滅に他ならない」。

(100)　TCDG: 2064[12-14.] = Text 7-1b: api ca duḥkhasādhanadhvaṃsasya nātyantābhāvasaṃbandhatve mānam asti |「さらに『苦の生起因の滅』が，絶対的非存在との結合である場合，認識手段がない」。

(101)　MV: 16[1]-17.[3] 本書第2部第3章註9参照。

(102)　TCDG: 2056[24f.] = Text 2-1b: anāgatānutpādam uddiśya kriyamāṇatvāc ca yathā tatra duḥkhānutpādaḥ puruṣārthas ... |「未来に生起しないもの（苦）を目的として，現在なされているから。たとえば，ここでは『苦の未生起』が人間の目的である……」。

(103)　TCDG: 2060[1-3] = Text 5-1: duḥkhaṃ me mā bhūd ity uddiśya prāyaścittādau pravṛtter duḥkhānutpādasyaiva prayojanatvāt |「『私に苦が生じませんように』という目的での滅罪などに対する活動は，『苦の未生起』こそが目的であるから」。TCDG: 2061[28]-2062[2] = Text 5-5b: tasmād duḥkhaṃ me mā bhūd ity uddiśya tatsādhanadhvaṃsārthaṃ pravṛttir iti duḥkhānutpāda eva puruṣārtho na tu duḥkhasādhanadhvaṃsa iti sthitam |「したがって，『私に苦が生じませんように』（苦の未生起）という目的で，それ（苦）の生起因を滅するために活動があるから，『苦の未生起』こそが人間の目的であり『苦の生起因の滅』ではないということが確立した」。

(104) TCDG: 2059^{4-6} = Text 4-2a: athāhikaṇṭakādipāpaṃ vā nāśyatāṃ tena tajjanyaṃ duḥkhaṃ na bhavatīti duḥkhānutpādam uddiśya pravṛtter duḥkhānutpāda eva prayojanam |「〔世俗世界における〕蛇や棘などもしくは〔宗教世界における〕悪は，滅せられるべきである。それゆえ〔蛇，棘や悪が滅せられれば〕，それ（蛇，棘や悪）によって生起する苦はないから『苦の未生起』を目的として活動（努力）がある。それゆえ『苦の未生起』こそが〔人間の〕目的である」。

(105) TCDG: $2065^{3f.}$ = Text 8-1a. 前掲註9参照。NSD: 33.[7] Prakaraṇapañcikā $341^{1f.}$; 本書第2部第3章註75参照。

(106) TCDG: $2065^{6f.}$ = Text 8-1a: kṛtyadhīnatattvajñānād adharmanāśe saty agrimasamaye duḥkhaprāgabhāvasvarūpam asti |「努力に依存する真理知からアダルマの滅があるとき，最初の瞬間に『苦の過去の非存在』自体がある」。

(107) TCDG: $2065^{25f.}$ = Text 8-3a: nityatvenātyantābhāvarūpatayā prāgabhāvānyatvena nāśyajātīyatvābhāvāt ... |「常住であり，絶対的非存在の特徴を持ち，過去の非存在と異なるがゆえに，滅する種類のものでないから」。

(108) TCDG: 2066^{8-10} = Text 8-3b: ahikaṇṭakādināśaprāyaścittādisādhyaduḥkhaprāgabhāvasya kalañjabhakṣaṇaprāgabhāvasya ca samānādhikaraṇam eva bhāviduḥkhaṃ bhakṣaṇaṃ ca pratiyogi |「蛇や棘など（苦の生起因）の滅によって〔もしくは〕滅罪（苦の生起因の滅）などによって成立する苦の『過去の非存在』と動物の肉の食事（苦の生起因）の『過去の非存在』との反存在は，〔それぞれ〕同じ基体の未来の苦と〔肉の〕食事とである」。蛇や棘などの苦の生起因の滅は解脱でないという議論については，菱田（1993: 280）参照。

(109) 初出は山本（2014）。修正した部分もある。

(110) たとえばMuṇḍaka Upaniṣad 3.1.5. 本書第2部第3章註215参照。Muṇḍaka Upaniṣad 3.2.9: sa yo ha vai tat paramaṃ brahma veda brahmaiva bhavati |「およそ，この最高のブラフマンを知る（体験する）者はすべてブラフマンそのものになる」。佐保田（1979: 257）参照。

(111) 知行併合論に関する先行研究としては，村上（1979a, 1979b, 1980, 1982）；金沢（2003）などがある。

(112) NK: 632.[17f.] 本書第1部第3章註45; 山本（2010b）参照。

(113) 本書第1部第4章第2節参照。

(114) BĀU 4.4.10 = Īśā Upaniṣad 9. 前掲註50参照。

(115)　NS 4.2.38. 本書第1部第2章註60参照。

(116)　TCDG: 2074^{2-5} = Text 14: yogajadharmād ātmatattvasākṣātkāraṃ ... apavṛjyate |「ヨーガから生じるダルマによるアートマンに関する真理〔知〕の直接経験は……彼は解脱する」。

(117)　TCDG: 2073^{25-27} = Text 14. 前掲註59参照。

(118)　赤松（1991b）参照。

(119)　井狩（1988）参照。

(120)　TCDG: $2078^{27f.}$ = Text 19-1a. 前掲註23参照。

(121)　本書第1部第4章第2節参照。

(122)　TCDG: 2074^{9-11} = Text 15-1. 前掲註19参照。

(123)　TCDG: $2074^{28f.}$ = Text 15-2a: syād etat | jñānakarmaṇor na samaprādhānyena samuccayaḥ |「次のようであるとしよう。知識と行為は，同等に主要な因同士の併合ではない」。

(124)　TCDG: 2074^{29}–2075^{1} = Text 15-2a: karmaṇāṃ svavākyāt phalāntarārthatvena śrutatvān mokṣārthakalpanāvirodhāt tattvajñānasya karmanairapekṣeṇa muktihetutvapratīteś ca |「〔あなた方〕自らの文章（天界を望む者は祭祀すべし）で，行為は〔解脱と〕別の結果（天界）を目的としていると教示されており，『解脱を目的とする』という想定と矛盾しているから。さらに真理知は，行為に依存することなく，解脱の原因であることが理解されるから」。

(125)　TCDG: 2075^{1-4} = Text 15-2a: nāpy aṅgāṅgibhāvena | tathā hi na karma saṃnipatyopakārakaṃ tattvajñānaśarīrānirvāhakatvāt | nāpi prayājādivad ārādupakārakaṃ svavākyata eva karmaṇāṃ prayojanalābhena phalavatsaṃnidhāv aphalatvābhāvāt |「支分と本体との関係によって〔行為と知識との併合が成立しているの〕でもない。つまり，行為は直接補助因ではない。真理知は身体を成立させるものではないから。また先駆祭（prayāja）などのような間接補助因でもない。行為は，まさに自らの文章から目的（生天）を得るので，果報（生天）を持つもの（文章）が近接している場合，果報がないということはないから」。

(126)　TCDG: 2075^{4-6} = Text 15-2a: upapattiviruddhaś ca jñānakarmasamuccayaḥ kāmyaniṣiddhayos tyāgāt |「知行併合は，適切な理解と矛盾する。〔四住期の規定では〕選択行為と禁止規定とを捨てるから」。Kir: 40^{4-6}; 本書第1部第3章註49参照。

(127)　TCDG: 2075^{6-8} = Text 15-2a: nāpy asaṅkalpitaphalavatkāmyakarmasamuccayaś caturthāśramavidhivirodhāt | ata eva na yāvannityanaimittikasamuccayo ’pi |「また〔知行併合は〕多くの結果を期待しない選択行為との併合でもない。〔そのような祭式行為は〕四番目の住期（遊行期）の規定と矛盾するから。同じ理由で〔知行併合は知識と〕常住行為や臨時行為とに限られた併合でもない」。Kir: $40^{6f.}$; 本書第1部第3章

註49参照。

(128)　TCDG: $2075^{8f.}$ = Text 15-2a: nāpi yatyāśramavihitena karmaṇā tattvajñāne sati gṛhasthasyāpi mukteḥ |「また〔知行併合は知識と〕苦行（yati）期に規定される行為〔との併合〕なのでもない。真理知があれば，家長でさえ解脱するから」。Kir 40^{7-9}; 本書第1部第3章註49参照。

(129)　TCDG: $2075^{13f.}$ = Text 15-2a: na cānanugatam api sādhanaṃ svargavad apavarge prakārabhedābhāvāt |「また〔行為が解脱を〕導き出さないとすれば，〔行為は解脱の〕生起因ではない。解脱には天界のような種類の区別はないから」。Kir $40^{13f.}$; 本書第2部第3章註209参照。

(130)　Manusmṛti 6.95f. 本書第2部第3章註210参照。

(131)　TCDG: $2075^{15f.}$ = Text 15-2a: "saṃnyasya sarvakarmāṇi" iti smṛteḥ sarvakarmasaṃnyāso jñānamātrāc ca mokṣa iti |「『すべての行為を捨てて』という伝承文学（『マヌ法典』）から，すべての行為を捨てる人には知識のみからも解脱があるから」。

(132)　『キラナーヴァリー』の解脱論に関しては，本書第1部第3章第4節参照。

(133)　TCDG: 2077^{4-6} = Text 16-1a. 前掲註20参照。TCDG: 2077^{6-8} = Text 16-1a: utpannatattvajñānasya tv antarālabdhavṛṣṭeḥ kārīrīsamāptivad ārabdhāśramaparipālanaṃ lokasaṃgrahārtham |「一方，真理知の生じている人は，〔祭式行為の〕途中で雨（果報）が得られても，降雨祭を完成させなければならないように，世界の繁栄のために，始められた住期を完成させねばならない」。Kir: 40^{15-17}; 本書第2部第3章註228参照。

(134)　TCDG: $2077^{12f.}$ = Text 16b: tattvajñānaṃ praty aṅgatvapakṣe karmaṇām hy apūrvadvārā janakatvaṃ duritadhvaṃsakalpanāto laghutvāt |「行為は，真理知に対して従属的であるという主題のとき，新得力を手段とする〔真理知の〕生起因である。悪の滅の想定よりも簡略であるから」。

(135)　TCDG: 2077^{14-16} = Text 16b: tasmād yāni karmāṇy upanītamātrakartavyatvena vihitāni saṃdhyopāsanādīni tāni mokṣārthibhir apy avaśyaṃ kāryāṇi |「それゆえ，朝夕の薄明の礼拝などという行為は，入門式の学生全員によってなされるべき規定行為であり，解脱を求める者たちによっても必ずなされるべきである」。

(136)　TCDG: $2077^{17f.}$ = Text 16b: niṣiddhāni kāmyāni ca bandhahetutvān muktiparipanthīnīti tyajyante |「禁止規定と選択行為とは，束縛（輪廻）の原因なので，解脱を妨げるものであるから，捨てられる」。

(137)　ヴァイシェーシカ学派の解脱論に関しては，本書第1部第3章第3節参照。

(138)　TCDG: 2077^{27}–2078^{2} = Text 17b: mithyājñānanivṛttyā dṛṣṭadvāreṇaivopapattāv adṛṣṭakalpanānavakāśāt | anyathā bheṣajādiṣv api tathā syāt |「誤知の滅が，見えるもの（真理知）だけで可能な場合，見えないもの（ダルマ）を想定する余地はないから。さもなければ，薬（見えるもの）などの場合でさえも，そのように〔薬で病気が治れ

ば，規定は必要なく〕なるだろう」。

(139) 大きな布施については，本書第2部第3章註250参照。

(140) カーシーについては，本書第2部第3章註251参照。

(141) TCDG: $2078^{27f.}$ = Text 19-1a. 前掲註23参照。TCDG: 2078^{28}–2079^{4} = Text19-1a: tat kathaṃ tattvajñānam eva taddhetuḥ | na ca teṣāṃ tattvajñānam eva vyāpāraḥ | anupadaṃ tattvajñānānutpādād adṛṣṭadvārā taddhetutvaṃ vācyam | tathā cāpavargakāraṇam evādṛṣṭaṃ kalpyatāṃ lāghavāt | na ca tattvajñānapratibandhakādharmanāśa eva teṣāṃ vyāpāraḥ | pratibandhakaduritadhvaṃsato 'pūrvasya laghutvāt |「【行為論者】したがって，どうして真理知のみがそれ（解脱）の原因であろうか。またそれら（行為）のはたらき（手段）が，真理知に他ならないということもない。それぞれの段階で真理知が生起しないから，〔行為は〕見えないものを通して，それ（解脱）の原因であると言われる。また同様に，見えないものが解脱の生起因に他ならないと想定すべきである。簡略であるから。またそれら（行為）のはたらきは，真理知の妨害因であるアダルマ（悪業）を滅するだけではない。〔行為は真理知の〕妨害因である悪の滅〔の手段〕よりも，新得力（見えないもの）の〔手段と考える〕方が簡略であるから」。

(142) TCDG: 2079^{4-6} = Text 19-1b: atha tattatkarmaṇām ananugamāt kathaṃ muktir anugatā duḥkhadhvaṃse prakārābhāvād iti cet |「それぞれの行為が〔解脱を〕導き出さないのに，どうして解脱が導き出されるのか。苦の滅には，種類がないから」。

(143) TCDG: $2079^{7f.}$ = Text 19-2b: tattannāśaviśeṣe tu tattaddhetur iti cet |「しかし，それぞれ特定の滅に対して，それぞれ原因がある」。

(144) TCDG: 2079^{12-15} = Text 19-3b: jñānakarmaṇor nirapekṣasādhanatāśravaṇād vrīhiyavavad vikalpa eva | nirapekṣaikasādhanāvaruddhe 'parasādhanānvayo na vikalpaṃ vinā saṃbhavaty ākāṅkṣāvirahād iti nyāyāt |「知識と行為は独立した原因であると聖典に言われているから。米か大麦か〔どちらか一つ〕の選択と同じである。『〔どちらか〕一つの独立した原因が妨害される場合，選択なしでは，もう一方の原因との肯定的随伴は不可能である。期待がないから』という規則があるから」。

(145) TCDG: $2079.^{24-27}$ = Text 20.

(146) Śvetāśvatara Upaniṣad 3.8 = 6.15. 本書第2部第3章註265参照。

(147) TCDG: 2080^{2-6} = Text 20: "ātmā jñātavyo na sa punarāvartate" ityādiśruter mokṣaṃ prati tattvajñānasya hetutvāvadhāraṇāc ca | "tam eva viditvātimṛtyum eti nānyaḥ panthā vidyate 'yanāya" iti śrutyā tattvajñānaṃ vinā na mokṣaḥ kiṃ tu tasmin saty eveti pratipādanāc ca |「『アートマンは知られるべきである。彼（アートマンを知った者）は再び戻ることはない』などという天啓聖典から，解脱に対して真理知が原因であることが確定しているから。『それ（真理）のみを知って，彼は死を超える。行くべき

別の道はない』という天啓聖典によれば，真理知なしで解脱はないだけでなく，しかも『それ（真理知）があるときにのみ』と説明されているから」。

(148)　TCDG: 2080^{6-8} = Text 20: anyathā svargādau na śarīrādayaḥ kalpyeran | karmaṇāṃ tattvajñānadvārāpi muktijanakatvasaṃbhavāt |「さもなければ，天界などにおいて，身体などが想定できなくなるだろう。行為は，真理知の手段としても，解脱の生起因である可能性があるから」。

(149)　KirR: $42^{14f.}$: tatra prārabdhādṛṣṭasya bhogād eva kṣayaḥ |「すでに開始した不可見力（業）は享受からのみ滅する」参照。本書第２部第３章註270参照。

(150)　TCDG: 2080^{8-12} = Text 20: pramāṇavato gauravaṃ ca na doṣāya | karmaṇāṃ tattvajñānaviśeṣa eva janakatvam ato na tatrānanugamo doṣāya | vārāṇasīmaraṇasya tattvajñānaphalajanakatvam āgamād evāvagamyate | tattvajñānād adattaphalāny eva karmāṇi prāyaścittād iva vinaśyanty ananyathāsiddhaśabdabalāt |「さらに，〔行為は〕認識手段を持つ人にとって煩瑣であるが，過失ではない。行為は，特定の真理知に対してのみ生起因である。それゆえ，ここでは〔行為が結果を常に〕導き出さないことは過失にはならない。〔つまり〕ヴァーラーナシーで死ぬこと（行為）は，結果である真理知の生起因であり，聖典からのみ理解される。結果がまだ現れていない業だけは，滅罪からのように真理知から消滅する。誤謬なく成立することば（天啓聖典）のゆえに」。

(151)　TCDG: 2080^{12-16} = Text 20: na ca prāyaścittasya duritotpattinimittakatvaṃ pāpanāśaphalaśravaṇāt | ata eva na brahmahatyādīnāṃ prāyaścittaduḥkham eva phalam | narakaphalaśrutivirodhāt prāyaścittavidhivaiyarthyāc ca duḥkhaikaphalatvena tatrāpravṛtteḥ |「さらに滅罪行為は，〔行為であるから業を生み出すので〕悪の生起因であるということはない。悪の滅が結果であると聖典で言われているから。それゆえ，婆羅門殺しなどの結果は，滅罪の苦しみのみであるということはない。地獄が結果であるという天啓聖典と矛盾するから。また滅罪の規定が役に立たなくなるから。苦しみだけが結果であれば，これ（滅罪）に対して，〔誰も〕努力しないから」。

(152)　TCDG: 2080^{16-19} = Text 20: nāpi karmāntarādhikāra eva phalaṃ mahāpātakātirikte 'nadhikārābhāvāt | anyathā yat kiṃcit pāpavato 'kṛtaprāyaścittatvenānadhikārāpatteḥ prāṇāntike tadabhāvāc ca |「また，〔滅罪行為の〕結果は，別の祭式行為に対する資格であるということもない。大罪以外で，無資格になることはないから。さもなければ，少ししか悪のない人は，滅罪を行わないので，無資格になってしまうから。さらに人生が終わる（解脱する）ときに，それ（祭式行為）は〔必要〕ないから」。

(153)　Muṇḍaka Upaniṣad 2.2.8. 本書第２部第３章註278参照。

(154)　BhG 4.37. 本書第２部第３章註279参照。

(155)　TCDG: 2080^{19-23} = Text 20: śrūyate hi bhidyate hṛdayagranthiś chidyante sarvasaṃśayāḥ | kṣīyante cāsya karmāṇi tasmin dṛṣṭe parātmani ‖ iti | smṛtiś ca jñānāgniḥ sarvakarmāṇi bhasmasātkurute ’rjuna | iti ‖「実に天啓聖典は言う。『こころを縛るもの（潜在印象をともなう誤知）は切られる。すべての疑いは絶たれる。そして彼が最高のアートマンを見るとき，彼の業は滅する』と。また伝承文学は次のように言う。『アルジュナよ，知識の火はすべての業を完全に灰にする』と」。

(156)　バーマティー（Bhāmatī）派ヴェーダーンタ学派の解脱論に関しては，山本（2004）参照。

(157)　TCDG: 2055^{3} = Text 1-1. 前掲註44参照。TCDG: $2083^{22f.}$ = Text 23. 前掲註28参照。

(158)　TCDG: 2057^{24} = Text 3-1a. 前掲註3；本書第2部第3章註33参照。

(159)　TCDG: $2057^{24f.}$ = Text 3-1a: tattadātmayāvadduḥkhadhvaṃsasaṃvalanadaśāyāṃ tu tathā vyapadeśaḥ |「しかし，個々の人間（アートマン）におけるすべての苦と滅との結合状態に対して，そのような（解脱という）名称が用いられる」。

(160)　TCDG: 2058^{2} = Text 3-1b: militānām asādhyatvād ... |「諸々（すべて）の〔苦と滅と〕の結合したもの（苦の滅）は成立しないから……」。

(161)　TCDG: $2058^{3f.}$ = Text 3-1b: ajanyasya puruṣārthatvābhāvāt ... |「〔苦が滅して〕生じたもの（苦の滅）でないもの（苦と滅との結合）は人間の目的ではないから……」。

(162)　TCDG: 2057^{1-3} = Text 2-2b. 前掲註77参照。

(163)　TCDG: 2066^{5-8} = Text 8-3b: na ca duḥkhamātraṃ pratiyogi svaparāvṛtter duḥkhamātrasyāprāmāṇikatvāt | tasyātyantāsato nityanivṛttatvena tannivṛttaye prekṣāvatpravṛttyanupapatteḥ |「またすべての苦が〔苦の過去の非存在の〕反存在なのではない。自分と他人とに存在するすべての苦は，認識手段を持たないから。それ（すべての苦）の絶対的非存在は，常に排除されているがゆえに，それ（すべての苦）を排除するために賢者の活動はありえないから。

(164)　TCDG: 2058^{6} = Text 3-2a: saṃskārājanakabhogaviṣayaduḥkhadhvaṃsaḥ | NSD: 36^{11}: saṃskārājanakasākṣātkāraviṣayaduḥkhadhvaṃsatvam |「潜在印象を生起させない直接経験の対象である苦の滅」参照。

(165)　TCDG: 2058^{7} = Text 3-2a: saṃskārājanakānubhavadhvaṃso ... | NSD: $36^{13f.}$: ata eva saṃskārājanakānubhavadhvaṃsatvādṛṣṭanāśanāśyaduḥkhadhvaṃsatve niraste ... |「それゆえ潜在印象を生起させない直接経験による〔苦の〕滅と，見えない滅させるものに滅せられる苦の滅とが否定される……」参照。

(166)　TCDG: $2058^{7f.}$ = Text 3-2b: ... iti nirastam | apuruṣārthatvāt |「以上は否定される。〔享受も経験の滅も〕人間の目的ではないから」。

(167)　TCDG: $2059^{1f.}$ = Text 4-1. 前掲註5参照。

(168)　TCDG: 2059^{4-6} = Text 4-2a. 前掲註104参照。

(169)　TCDG: $2062^{2f.}$ = Text 6-1. 前掲註6参照。

(170) TCDG: $2062^{3f.}$ = Text 6-1: tattvajñānāt tannāśe 'pi śarīradharmādisattvadaśāyāṃ muktiprasaṅgāt |「真理知からそれ（誤知）が滅しても，身体や善業などが存在する状態で，解脱があるという過失に陥るから」。

(171) TCDG: $2062^{4f.}$ = Text 6-2. 前掲註7参照。

(172) TCDG: 2062^{5-7} = Text 6-2: acīrṇaprāyaścittakarmaṇāṃ bhogaikanāśyatvena tattvajñānānāśyatvād bhogadvārā tannāśasya cāpuruṣārthatvād iti |「未完成の滅罪によって生じる業は，享受によってのみ滅せられるべきものであるので，真理知によって滅せられないから。さらに享受によるそれ（業）の滅は，人間の目的ではないから」。

(173) TCDG: 2057^{3-5} = Text 2-2b. 前掲註77参照。

(174) TCDG: 2063^{25} = Text 7-1a. 前掲註98参照。

(175) TCDG: $2064^{5f.}$: = Text 7-1b: adharmādiduḥkhasādhanadhvaṃsasya na muktinirvāhakatvam ity uktatvāt |「悪業（アダルマ）など苦の生起因の滅は，解脱を成立させるものではないと言われるから」。

(176) TCDG: 2064^{6-9} = Text 7-1b: kiṃ ca nānāgatasvavṛttiduḥkhasyātyantābhāvasaṃbandhaḥ sādhyo muktasyānāgatasvavṛttiduḥkhasyānabhyupagamāt | abhyupagame vāmuktatvāpātād atyantābhāvasaṃbandhavirodhāc ca | nāpy utpannasya svavṛttiduḥkhasya tadvṛttes tatrātyantābhāvavirodhāt tadabhāvasya svataḥsiddhatvād atītaduḥkhābhāvasyānuddeśyatvāc ca |「さらに，自分に存在する未来の苦と絶対的非存在との結合は成立しない。解脱した人が，自分に存在する未来の苦を持つことは，認められていないから。もしくは認められるとすれば，〔解脱者に苦があるので〕非解脱者性（苦）が出現してしまうから。さらに〔未来の存在と〕絶対的非存在との結合は矛盾しているから。自分に生じた〔現在の〕苦〔と絶対的非存在との結合〕も〔成立し〕ない。それ（自分の現在の苦）の存在と絶対的非存在は，それ（結合）に対して，矛盾するから。さらにその（絶対的）非存在はそれ自体で（努力なしで）成立しているから。また過去に苦のないことは説明できないから」。

(177) TCDG: 2064^{12} = Text 7-1b: tasya svataḥsiddhatvāt |「それ（絶対的非存在）は，それ自体で（努力なしで）成立しているから」。

(178) TCDG: 2064^{12-14} = Text 7-1b. 前掲註100参照。

(179) TCDG: $2065^{3f.}$ = Text 8-1a. 前掲註9参照。

(180) TCDG: 2065^{19-21} = Text 8-1b: tathā hy astu prāgabhāvasya sādhyatvaṃ tathāpi tasya pratiyogijanakatvaniyamān muktasyāpi duḥkhotpādaprasaṅgaḥ |「たとえば，過去の非存在が成立するとしよう。それでもやはり，それ（過去の非存在）は反存在（苦）の生起因であることが決まっているから，解脱（過去の非存在を持つ）者にもまた苦の生起があることになってしまう」。

(181) TCDG: 2070^{9} = Text 10-1. 前掲註13参照。

(182)　TCDG: 2070[9f.] = Text 10-1: sā hi na nityā muktasaṃsāriṇor aviśeṣāpātāt｜「それ（楽の顕現）は常住ではない。解脱者（楽の所有者）と輪廻者（楽の所有者）との区別がない過失に陥るから」。

(183)　TCDG: 2072[5f.] = Text 11a. 前掲註14参照。NL: 583[1f.]; 本書第2部第3章註154参照。

(184)　TCDG: 2072[9-13] = Text 11b: liṅgaśarīradhvaṃsasya svato duḥkhasādhanābhāvatayāpuruṣārthatvāt｜na copādhiśarīranāśe hy aupādhikajīvanāśo layaḥ｜svanāśasyāpuruṣārthatvāt｜brahmaṇo nityatvena tadabhinnasya nāśānupapatteḥ｜bhedābhedasya ca virodhenābhāvāt｜「微細身の滅は，それ自体では苦の生起因の非存在なので，人間の目的ではないから。また〔人のアートマンの〕属性（upādhi）である〔微細〕身が滅するときに，属性を持つ人〔のアートマン〕の滅が，つまり没入（laya）があるのではない。自身の滅は人間の目的ではないから。ブラフマンは常住なので，それ（常住なブラフマン）と異ならないもの（人のアートマン）が，滅することは不適切であるから。また異かつ不異は，矛盾しているので，存在しないから」。

(185)　TCDG: 2072[14] = Text 12-1. 前掲註15参照。

(186)　KirR: 19.[13] 本書第2部第3章註162参照。

(187)　TCDG: 2072[14-17] = Text 12-1: āvaśyakatvenānupaplavasya duḥkhābhāvasya puruṣārthatvena cittasantater apuruṣārthatvāt｜śarīrādikāraṇaṃ vinā cittasantater anutpādāc ca｜na hi cittamātraṃ tatsāmagrī śarīrādivaiyarthyāpatteḥ｜「必然的に障害のないものが，つまり苦の非存在が人間の目的なので，心の連続性は人間の目的ではないから。また身体など原因なしで，心の連続は生じないから。心だけが，それ（解脱）の原因総体なのではない。身体などが無駄になるから」。

(188)　TCDG: 2072[18] = Text 12-2. 前掲註16参照。NSD: 33[7]: ātmahānam ity eke｜「『〔解脱は〕アートマンの滅』とある者たちは〔言う〕」。

(189)　TCDG: 2072[18-20] = Text 12-2: sukhaduḥkhābhāvetaratvenāpuruṣārthatvāj jñānarūpātmahānasyāyatnasiddher atiriktahānasyāśakyatvāt｜「『楽』や『苦の非存在』と異なるので，人間の目的ではないから。知識を本質とするアートマン（阿頼耶識）の滅は，努力なしで成立するから。別のもの（魂としてのアートマン）の滅は不可能であるから」。Kir: 17[3-6, 13-15]; 本書第2部第3章註167参照。

(190)　TCDG: 2072[21-23] = Text 13a. 前掲註17参照。NSD: 37[19-21]: yogajādṛṣṭajanyatattvasākṣātkāratvasya samānādhikaraṇaviśeṣaguṇāvacchinnasavāsanamithyājñānadhvaṃsatvasya ca yathāsaṃbhavaṃ jīvanmuktiparamamuktyor lakṣaṇasyohanīyatvāt｜「『現生解脱』と『究極の解脱』との二つは，それぞれ（yathāsaṃbhava）に『ヨーガによって生じた不可見力（ダルマ＝業）によって生じる〔アートマンの〕真理〔知〕の直接経験』と『〔滅するものと〕共通の基体（アートマン）にある〔アートマン〕固有の属性に制限された潜在印象をともなう誤知の滅』とであるという定義が推理されるべきであるから」。

(191) TCDG: 2072[23f.] = Text 13b: paramamukter apuruṣārthatāpatter viraktasya mokṣe 'dhikārāt sukhoddeśenāpravṛtteś ca |「究極の解脱が人間の目的でない過失に陥るから。また，離欲者には解脱に対する資格があるので，〔離欲者は〕楽の教示によって，活動（努力）しないから」。

第6章　結　論

前章までにおいて『ニヤーヤ・スートラ』(Nyāyasūtra 正理経),『ヴァイシェーシカ・スートラ』(Vaiśeṣikasūtra 勝論経),『キラナーヴァリー』(Kiraṇāvalī 光の連なり),『ニヤーヤ・シッダーンタ・ディーパ』(Nyāyasiddhāntadīpa 正理定説灯明),『タットヴァ・チンターマニ』(Tattvacintāmaṇi 真理の如意宝)の解脱論を考察してきた。ヴァイシェーシカ(Vaiśeṣika)学派とニヤーヤ(Nyāya)学派との論書には聖(解脱論)と俗(存在論, 認識論, 論理学)という異質な層が混在している。それは聖から俗への, もしくは俗から聖への思想的発展と考えることはできない。両方とも学派の教理成立の不可欠な要素と考えるべきである。

紀元前1200-1000年頃のヴェーダ(Veda)時代は, 神の啓示である天啓聖典(śruti)の祭式行為を婆羅門(brāhmaṇa)が実行するという祭式至上主義であった。しかし, 紀元前800-500年頃の古ウパニシャッド(Upaniṣad)時代は, 真理知(tattvajñāna)を重視し, クシャトリヤ(kṣatriya)が苦行(prayatna)や瞑想(yoga)を行い, その結果として輪廻(saṃsāra), 業(karman), 解脱(mukti, mokṣa, apavarga)の思想が出現してきた。紀元後になると, 哲学(darśana)の時代が始まる。インド哲学諸派の論書が作成され, 認識論(pramāṇa), 論理学(anumāna), 範疇(padārtha)論などが新思想として加わるようになる。そこには伝統的な聖なる学問である解脱論がもともと存在しており, その上に新たな学問である世俗的な認識論, 論理学, 範疇論, などが加わったのである。

『ヴァイシェーシカ・スートラ』(c. 100)では, 伝統的な解脱論と新しい学問である範疇論が語られており, 解脱という目的の手段としてダルマ(dharma)とヨーガ(yoga)が位置づけられている。『ニヤーヤ・スートラ』(c. 150)では伝統的な解脱論と新しい学問である認識論, 論理学が語られており, 解脱という目的の手段として真理知(tattvajñāna)が位置づけられている。

この聖と俗との重層性をどう考えるかについて，フラヴァワルナー説[(1)]，服部説[(2)]，赤松説[(3)]は，俗（範疇論）から聖（解脱論）への時間的な流れがあると想定する。『ヴァイシェーシカ・スートラ』の原型は，範疇論であり，解脱論は後代の付加であるという考えである。

以上の学説に対して，野沢説[(4)]，山本説[(5)]は異なった見解をとる。世俗的な範疇論と聖なる学問である解脱論とは『ヴァイシェーシカ・スートラ』成立当初から重層的に併存していたという考えである。さらに『ニヤーヤ・スートラ』に関しても，世俗的な認識論，論理学と聖なる解脱論とは成立当初から併存していたと考えられる。

解脱やダルマの考察は，バラモン思想諸学派に共通するものであり，ミーマーンサー（Mīmāṃsā）学派やヴェーダーンタ（Vedānta）学派など正統派に特有のものではない。正統派と非正統派とを分けるものは，天啓聖典（śruti）に対する態度である[(6)]。天啓聖典が絶対的なものであれば，ニヤーヤ学派のように，天啓聖典の内容をさらに推理（anumāna）で検証する必要はない。

『ヴァイシェーシカ・スートラ』はダルマ（dharma）の考察を宣言する三つのスートラから始まる[(7)]。フラウヴァルナー説ではダルマに関する記述は後代の挿入である。ダルマに関する『ヴァイシェーシカ・スートラ』冒頭の三スートラが後代（プラシャスタパーダ Praśastapāda, c. 530以降）の挿入であるとすれば，『ヴァイシェーシカ・スートラ』第六章「ダルマの考察」の章をどう考えればよいのか。第一節の十八スートラすべてが後代の挿入とは考え難い[(8)]。さらにダルマの考察がテーマである『ヴァイシェーシカ・スートラ』において，第六章「ダルマの考察」の章抜きの『ヴァイシェーシカ・スートラ』は考えられない。生天と解脱に関する第六章第二節も十九スートラある。第六章の合計三十七スートラが後代の挿入とは考えられない。ダルマの解明が『ヴァイシェーシカ・スートラ』成立当時からの主題であると考えるのが妥当である。

『ヴァイシェーシカ・スートラ』の古層と新層については，以下のことがすでに明らかになっている。古層部分はダルマ，ヨーガ，解脱論，アートマン（ātman 魂）の運動，パダールタ（padārtha 句義），シャブダ（śabda）はことばであるという説である。新層部分は，真理知（tattvajñāna, NS 1.1.2からの借用），マナス（manas）の運動（遍在するアートマンの運動は不合理），シャブダ（śabda）は音声であるという説である。

解脱論と範疇論とは新古の層ではない。最初から併存していたと考えられる。『ヴァイシェーシカ・スートラ』と同時代の医学書『チャラカ・サンヒター』（Carakasaṃhitā, c. 100）にもヨーガと解脱の理論が説かれており[(9)]，時代的にも『ヴァイシェーシカ・スートラ』が成立当初（c. 100）からダルマや解脱に関する記述を持っていたとしても不思議ではなく，後代の挿入と考える必要はない。

『ニヤーヤ・スートラ』第一，五章はナーガールジュナ（Nāgārjuna 龍樹，c. 150–250）以前の成立である。『廻諍論』（Vigrahavyāvartaṇī）や『広破論』（Vaidalyaprakaraṇa）でナーガールジュナがそれらを引用，批判している。第二，三，四章において『ニヤーヤ・スートラ』はナーガールジュナの批判に答えているので，これらの章はナーガールジュナ以降の成立である。解脱論（一，三，四章）と認識論，論理学（一，二，五章）との章は時代的な成立を示しておらず，それぞれの章の成立順（古層一，五章と新層二，三，四章）は，内容（解脱論と認識論，論理学）を反映していない。

『ニヤーヤ・スートラ』では二種類の認識対象（テーマの重層性）が宣言されている。NS 1.1.1 では認識論と論理学が認識対象であり，NS 1.1.9 では解脱論が認識対象であり，異なるテーマを宣言している。認識論，論理学の部分がオリジナルであり，解脱論の部分が後代の付加であるとすると解脱に関する認識対象の列挙である NS 1.1.9 は後代の付加ということになるが，第 1 章はナーガールジュナ以前に成立しており『ニヤーヤ・スートラ』古層部分である。むしろ，重層的に併存していたと考える方がよい。

紀元前後のダルシャナ（darśana ヒンドゥー教哲学）はウパニシャッドからの伝統説である解脱論を出発点とし，その手段としてヴァイシェーシカ（Vaiśeṣika）学派はヨーガをダルマ（dharma）と表現し，ニヤーヤ学派は，推理（anumāna）を解脱論に組み込んだ。論書（śāstra）の目的は解脱であり，その手段は天啓聖典や推理やヨーガである。目的と手段を切り離して論じることはできない。解脱論（目的）から存在論，認識論，論理学（手段）へという歴史的な流れは想定できるが，存在論，認識論，論理学（手段）から解脱論（目的）への流れは想定できない。解脱論と存在論，認識論，論理学という異なる層は思想の発展段階を示すものではなく，当初から目的と手段として併存していたと考えられる。

インド思想史のなかで，解脱は仏教，ジャイナ教，ヒンドゥー教という宗教やその宗教内での学派を超えて共通の目的である。解脱へ至る手段は知行併合，祭式行為，真理知，直接経験，ヨーガ，ダルマなど，さまざまな考えがあった。

『タットヴァ・チンターマニ』では，解脱論（Muktivāda）は推理章（Anumānakhaṇḍa）に含まれる。解脱論はウダヤナの『キラナーヴァリー』では冒頭で，『アートマ・タットヴァ・ヴィヴェーカ』（Ātmatattvaviveka アートマンの正しい識別）では最後に述べられており，ニヤーヤ・ヴァイシェーシカ学派の思想体系のなかでの解脱論の位置づけが曖昧であった。しかしガンゲーシャは，この推理を解脱の実現のためと解脱の存在論証のための必要不可欠な手段として，解脱論のなかに組み入れたのであった。

註

（1）フラウヴァルナー（Frauwallner 1984）.

（2）服部（1966, 1988, 1989）.

（3）赤松（1989, 1991a, 1991b, 2000）.

（4）野沢（1981, 1995, 2000; Nozawa 1996）.

（5）本書第1部第2，3章。

（6）山本（2006）.

（7）VS 1.1.1-3. 本書第1部第3章註12-15参照。

（8）安達（1984）.

（9）Carakasaṃhitā, Śārīrasthāna 1.137: yoge mokṣe ca sarvāsāṃ vedanānām avartanam | mokṣe nivṛttir niḥśeṣā yogo mokṣapravartakaḥ ||「ヨーガと解脱とがあるときに，すべての感受が作用しなくなる。解脱があるときに，完全に〔感受は〕止まる。ヨーガは解脱の生起因である」。さらに Carakasaṃhitā, Śārīrasthāna 1.138-156; Nozawa（1996）参照。

第2部

『タットヴァ・チンターマニ』「解脱論」解読研究

第1章 『タットヴァ・チンターマニ』「解脱論」テキスト[1]

[2]muktivādaḥ[3] |

[1]

[1-1] paramaprayojanaṃ tv[4] anumānasyāpavargaḥ | "ātmā vā are śrotavyo mantavyo nididhyāsitavyaḥ sākṣātkartavyaḥ"[5] iti śruteḥ |

[1-2] sa ca samānādhikaraṇaduḥkhaprāgabhāvāsahavṛttiduḥkhadhvaṃsaḥ |

[2]

[2-1a] nanu nāsau puruṣārthaḥ | atītaduḥkhadhvaṃsasya siddhatvād anāgataduḥkhasya dhvaṃsayitum aśakyatvād vartamānasya puruṣaprayatnaṃ vinaiva virodhiguṇanāśyatvād atītaduḥkhavat[6] | hetūcchede puruṣavyāpāraḥ prāyaścittavad iti cet[7] |

---

1 使用したテキストは，TCĀ: 156-195; TCDG: 2055-2084; TCDJ: 57-75; TCP: 396-442. の四本である。底本は定めず文脈に最も相応しい単語，文章を採用した。誤植などの明らかな誤りは煩雑を避けるため註記しなかった。サンディ規則の無視が多くのテキストで見られたが，これも註記しなかった。

2 TCDG *adds* atha gaṅgeśopādhyāyakṛtapariśiṣṭacintāmaṇau.

3 TCĀ, TCDJ *omit* muktivādaḥ.

4 TCĀ, TCDJ *omit* tu.

5 BĀU 2.4.5: ātmā vā are draṣṭavyaḥ śrotavyo mantavyo nididhyāsitavyo maitreyi |

6 *Cf.* NL: 585[4-7]: nanu duḥkhābhāvo 'pi muktir na yujyate | sa hi na tāvad duḥkhaprāgabhāvaḥ, anāditvena tasyāsādhyatvāt | duḥkhasya cānāgatasyotpattiprāpteḥ | nāpi duḥkhadhvaṃsaḥ | tasya svataḥsiddhatvāt | samastaduḥkhadhvaṃsa iti cet | na |

［2-1b］ na | tat[8] kiṃ hetūcchedasya sukhaduḥkhābhāvetaratvena svato 'puruṣārthatvād anāgatānutpādam uddiśya kriyamāṇatvāc ca | yathā tatra duḥkhānutpādaḥ puruṣārthas tathehāpīti vivakṣitam | athānutpādasya prāgabhāvatvenāsādhyatvāt phalāntarasyābhāvāc cānanyagatikatayā kaṇṭakanāśavad duḥkhasādhananāśa eva svataḥ puruṣārthas tathehāpīti vā |

［2-2a］ ubhayathāpi duḥkhadhvaṃsasyāpuruṣārthatvam eva | na ca tayor api puruṣārthatvam iti vakṣyate |

［2-2b］ maivam | duḥkhāntaradhvaṃsasyāyatnasādhyatve 'pi tādṛśaduḥkhadhvaṃsasya mithyājñānocchedadvārā puruṣaprayatnādhīnatattvajñānasādhyatvāt[9] | tathā hi tattvajñānāt savāsanamithyājñānābhāve doṣānutpattau pravṛttyabhāve 'dṛṣṭānutpattau janmābhāve tādṛśaduḥkhadhvaṃso bhavati[10] |

［2-3a］ atha caramaduḥkha utpanne taddhvaṃsas tajjñānād eva bhaviṣyati tadanutpāde ca[11] tattvajñānād api na syād iti cet |

［2-3b］ na | pratiyogivat tattvajñānasyāpi taddhetutvāt tulyavad ubhayor api kāraṇatvāt tena vinā tadanutpatteḥ | ata eva śukasya tattvajñānam utpannam iti tasya taddhvaṃsa utpanno nāsmadādīnām |

［2-4a］ tatra duḥkhaṃ notpannam asti tena sa dhvaṃso nāsmadādīnām iti cet |

［2-4b］ anādau saṃsāre tat kuto notpannam |

---

7 Kir: 28[3-6]: anāgatasya nivartayitum aśakyatvād vartamānasya ca puruṣaprayatnam antareṇaiva virodhiguṇāntaropanipātanivartanīyatvād atītasyātītatvād iti cen na | hetūcchede puruṣavyāpārāt prāyaścittavat | NSD: 37[3-5]: kiṃ ca notpannaduḥkhadhvaṃsārtham anāgataduḥkhadhvaṃsārthaṃ vā pravartate | kiṃ tu duḥkhahetusaṃsāranāśāya | etad evābhisaṃdhāya duḥkhahetau duḥkhatvopacāraḥ | śāstre hetūcchede puruṣavyāpārād ity āhuḥ | *Cf.* NL: 585[8]-586[1]: vidyamānasakaladuḥkhasādhanadhvaṃso muktir iti cet |

8 TCDG *reads* tatra *for* tat.

9 NSD: 37[1-2]: duḥkhāntaradhvaṃsasyāyatnasiddhatve 'pi tathāvidhaduḥkhadhvaṃsasya prayāsasādhyayogābhyāsasādhyatvāt |

10 NS 1.1.2: duḥkhajanmapravṛttidoṣamithyājñānānām uttarottarāpāye tadanantarāpāyād apavargaḥ |

11 TCDG, TCP *omit* ca.

[2-5a] svakāraṇābhāvād iti cet |

[2-5b] na | anvayavyatirekānuvidhāyinas tattvajñānād anyasyānviṣyamāṇasyābhāvāt | muktau sa dhvaṃso 'sty eva tasmin sati muktir asty eveti | sa muktyutpādakotpādya[12] iti sarvābhyupagatam[13] | muktiḥ sā anyā vā |

[2-6a] nanv evaṃ dhvaṃsārthaṃ[14] duḥkham upādeyaṃ tadanutpādyadhvaṃsānutpādād iti cet |

[2-6b] satyam | puruṣārthahetutvena loke duḥkhatatsādhanayor apy upādānadarśanāt | anāgatakumbhanāśārthaṃ mudgarādau pravṛttidarśanād anāgataduḥkhadhvaṃsārtham api pravṛttiḥ |

[2-7a] caramaduḥkhadhvaṃso na duḥkhadhvaṃsatvenoddeśyo 'yatnasiddhaduḥkhāntaradhvaṃsavad apuruṣārthatvād iti cet |

[2-7b] na | samānādhikaraṇaduḥkhaprāgabhāvāsahavṛttiduḥkhadhvaṃsatvena tasyoddeśyatvād duḥkhāsaṃbhinnasukhavat[15] tasya[16] ca puruṣaprayatnasādhyatvam evety uktam[17] |

[3]

[3-1a] etena duḥkhadhvaṃsatvam eva mokṣatvaṃ[18] tattadātmayāvadduḥkhadhvaṃsasaṃvalanadaśāyāṃ[19] tu tathā vyapadeśaḥ | pratipuruṣaṃ duḥkhadhvaṃsastomasya vyaktisthānīyatvāt | tejo'bhāve[20] saṃvalite 'ndhatamasapadaprayogavad yathā saṃvalita eva dvāv iti buddhivyapadeśau[21] |

---

12 TCDG *reads* -upapādaka- *for* -utpādaka-.

13 TCDG, TCP *read* sarvavādyupagatam *for* sarvābhyupagatam.

14 TCDG, TCP *omit* evam.

15 *Cf.* Kir: 27[15]: madhuviṣasaṃpṛktānnabhojanajanyasukhavat |

16 TCP *reads* asya *for* tasya.

17 Kir: 28[16f.]: tac ca tattvajñānaṃ puruṣaprayatnasādhyam iti |

18 NSD: 36[19]: nāpi duḥkhadhvaṃsamātram |

19 TCDG *reads* -samunmūlana- *for* -saṃvalana-. TCP *reads* -samunmūla- *for* -dhvaṃsasaṃvalana-.

20 TCĀ, TCDJ *read* -bhāve *for* -abhāve.

pravṛttir api saṃvalanārtham ity apāstam |

[3-1b] militānām asādhyatvād[22] melakasyānatiriktatve 'tiprasaṅgād atiriktatve janyasya dhvaṃsāvṛtter ajanyasya puruṣārthatvābhāvāt[23] sādhyatayā saṃvalane bhogāvaśyaṃbhāvāt[24] | andhatamasādau tathā saṃvalana[25] eva prayogāt |

[3-2a] ata eva[26] saṃskārājanakabhogaviṣayaduḥkhadhvaṃsaḥ[27] saṃskārājanakānubhavadhvaṃso[28] vā muktiḥ | na cātivyāptiḥ | janakatvasyājanayaty api bhāvād iti nirastam |

[3-2b] apuruṣārthatvāt |

[4]

[4-1] anye tu duḥkhaprāgabhāvāsahavṛttiduḥkhasādhanadhvaṃso mokṣaḥ[29] | loke 'hikaṇṭakādināśasya vaidike prāyaścittādau pāpanāśasyānanyagatikatayā duḥkhasādhanadhvaṃsatvena puruṣārthatvāt |

[4-2a] athāhikaṇṭakādipāpaṃ vā nāśyatāṃ tena tajjanyaṃ duḥkhaṃ na bhavatīti duḥkhānutpādam uddiśya pravṛtter duḥkhānutpāda eva prayojanam | na tu duḥkhasādhanābhāvaḥ sukhaduḥkhābhāvetaratvād iti cet |

[4-2b] na | duḥkhānutpādasya prāgabhāvatvenānāditayāsādhyatvāt | na ca tatpālanaṃ sādhyaṃ pālanaṃ hi na tatsvarūpaṃ tasyāsādhyatvāt |

---

21 *Cf.* TC, Śabdakhaṇḍa (8): 440^{7}–441^{1}: tasmād avaśyaṃ gatvādijātir upeyā yadagahe gakārādigrahe 'pi kolāhalabuddhivyapadeśau |

22 *Cf.* NSD: $36^{18f.}$: militapratiyogikadhvaṃsasyāsiddheḥ |

23 TCĀ, TCDJ *read* -kṣateḥ *for* -abhāvāt.

24 TCĀ, TCDJ *omit* sādhyatayā saṃvalane bhogāvaśyaṃbhāvāt |

25 TCDJ *reads* saṃvale *for* saṃvalane.

26 TCĀ, TCDJ *read* etena *for* ata eva.

27 NSD: 36^{11}: saṃskārājanakasākṣātkāraviṣayaduḥkhadhvaṃsatvam |

28 NSD: $36^{13f.}$: ata eva saṃskārājanakānubhavadhvaṃsatvādṛṣṭanāśanāśyaduḥkhadhvaṃsatve niraste |

29 TCDG, TCP *read* muktiḥ *for* mokṣaḥ.

nottarasamayasaṃbandho[30] 'bhāve saṃbandhidvayātiriktasya tasyāprāmāṇikatvād anabhyupagamāc ca | nāpi saṃbandhidvayatvasvarūpaṃ[31] sādhyaṃ prāgabhāvasyāpy asādhyatvāt | samayatadupādhyoś ca prayatnaṃ vinaiva siddheḥ |

[4-3a] atha duḥkhe dveṣād yathā tadabhāva icchā tathā duḥkhasādhane dveṣāt tadabhāve 'pīcchā tathā[32] tatsādhane pravṛttir iti cet |

[4-3b] na | yadicchayā yatsādhane yasya pravṛttis tasyaiva tatprayojanatvam iti duḥkhasādhanābhāvasyaiva prayojanatvāt |

[4-4a] atha cikīrṣāyoniprayatne prayojanajñānāpekṣā | tena vinopāye cikīrṣāvirahān na tu dveṣayoniprayatne[33] | aniṣṭasādhanatājñānād ahikaṇṭakādau dveṣe dveṣāt tannāśānukūlo[34] yatna utpadyate | ayam eva hi dveṣasvabhāvo yat pratibandhakaṃ vinā svavināśyaviṣayanāśānukūlaṃ[35] yatnam utpādayaty anyathā prayatnadvaividhyānutpatteḥ | ata eva phalaṃ vinaivotkaṭakrodhāndhānām ātmaghāte pravṛttir iti cet |

[4-4b] na | prayojanam anuddiśya dveṣamātrād duḥkhaikaphalake prekṣāvatāṃ prayatnānutpādāt krodhāndhānām api tātkālikaḥ[36] phalābhimāno 'sty eva | utkaṭarāgāndhānām iva paradārādāv api[37] pravṛtter[38] iti |

[5]

[5-1] tan na | duḥkhaṃ me mā bhūd ity[39] uddiśya prāyaścittādau

---

30 NSD: 35^15f.: na ca prāgabhāva evottarasamayasaṃbandhitvena sādhyata iti vācyam |

31 TCĀ, TCDJ *read* -dvaya- *for* -dvayatva-.

32 TCĀ *reads* tayā *for* tathā.

33 TCĀ, TCDJ *read* -yatne *for* -prayatne. *Cf.* TC, Śabdakhaṇḍa (9): 53^2-4: cikīrṣājanyakṛtisādhyatvaṃ na śrame dveṣayoniprayatnād api tadutpatter ity apare |

34 TCDG, TCP *read* dveṣo dveṣāc ca tattyāgānukūlo *for* dveṣe dveṣāt tannāśānukūlo.

35 TCĀ, TCDJ *omit* -vināśya-.

36 TCDG, TCP *read* -kālika- *for* -kālikaḥ.

37 TCP *reads* iva *for* api.

38 TCĀ, TCDJ *read* -pravṛttāv *for* pravṛtter.

pravṛtter duḥkhānutpādasyaiva prayojanatvāt | na ca prāgabhāvasyāsādhyatvaṃ duḥkhasādhanavighaṭanadvārā[40] tasyāpi kṛtisādhyatvāt[41] | duḥkhasādhanasamavadhānadaśāyāṃ[42] kṛtau satyāṃ duḥkhasādhananāśe saty agrimasamaye prāgabhāvasvarūpam asti tena vinā nāstīty[43] anvayavyatirekayos tatra sattvāt | ghaṭe 'pi kṛtau satyām agrimakṣaṇe tatsattvaṃ tayā vinā nety eva kṛtisādhyatvam | na tu prāgasato 'grimakṣaṇe sattvam utpattir gauravāt[44] |

[5-2a] kṛtiṃ vinā na yat svarūpaṃ tat kṛtisādhyaṃ[45] prāgabhāvasvarūpaṃ tu na tatheti cet |

[5-2b] na | kṛtidhvaṃse 'pi ghaṭasattvenāgrimakṣaṇa ity āvaśyakatvāt | ata eva yogavat kṣemasyāpy anāgatāniṣṭānutpādajanakasya parīkṣakapravṛttiviṣayatvam iti vakṣyate niṣedhāpūrvaprastāve[46] |

[5-3a] nanu prāyaścittanāśyapāpajanyaduḥkhasya prāgabhāvo yady asti tadā duḥkham āvaśyakaṃ tasya pratiyogijanakatvaniyamāt[47] | nāsti cet tarhi tadabhāvād eva duḥkhānutpāda ity ubhayathāpi prāyaścittam aphalam | tasmād duḥkhasādhanadhvaṃsamukhena prāgabhāvasyāpi[48] sādhyateti tatraiva kṛtisādhyatvaparyavasānād[49] duḥkhasādhanadhvaṃsa eva puruṣārtho

---

39 *Cf.* TCPrakāśa, Pratyakṣakhaṇḍa (2): $93^{3f.}$: ata eva duḥkhaṃ me mā bhūd ity kāmanayā kriyamāṇasya prāyaścittasya duḥkhānutpāda eva phalam ity āhuḥ |

40 TCDG, TCP *read* -kāraṇa- *for* -sādhana-.

41 *Cf.* TC, Pratyakṣakhaṇḍa (1): 73^{3}: vighnakāraṇavināśadvārā prāgabhāvasya sādhyatvam |

42 TCDG, TCP *read* -kāraṇa- *for* -sādhana-.

43 TCDG *omits* iti.

44 *Cf.* TC, Pratyakṣakhaṇḍa (1): $74^{1f.}$: yasmin saty agrimakṣaṇe yasya sattvaṃ yad vyatireke cāsattvaṃ tad eva tasya tajjanyatvaṃ na tv asataḥ sattvaṃ gauravāt |

45 TCDG, TCP *add* tat.

46 *Cf.* TC, Śabdakhaṇḍa (9): 94^{2}–95^{3}: kṛtisādhyatvaṃ ca kṛtau satyāṃ agrimakṣaṇe svarūpaṃ na kṛtiṃ vinā, kṣemasādhāraṇaṃ caitat | kṛtisādhyatvaṃ ca na kṛteḥ pūrvam |

47 NSD: $35^{10f.}$: prāgabhāvasya pratiyogyutpattiniyatatvena mokṣānantaraṃ duḥkhotpattiprasaṅgāt |

48 TCĀ, TCDJ *omit* api.

49 TCDG, TCP *read* -tā- *for* -tva-.

na tu duḥkhānutpādārthitayeti tatra prāgabhāvasattvāsattvavicāro[50] vāyasadaśanavicāravat | atha tadāpi prāgabhāvasyāsattve tadabhāvāt pāpaṃ na duḥkhasādhanam iti na[51] tannāśārthaṃ pravartate[52] | tasya sattve ca pāpam ādāyaiva tasya duḥkhotpādakatvaniyamāt prāyaścitte saty api gale pādikayā pāpāvasthānam iti na tataḥ pāpanāśa iti cet |

[5-3b] na | prāgabhāvasyāsattve 'pi duḥkhasādhanajātīyanāśasya puruṣārthatvāt | sattve 'pi pāpāntaram ādāyāpi tasya duḥkhajanakatvasaṃbhavāt | prāyaścittāt pāpanāśaḥ syād eveti prāgabhāvasattvāsattvasaṃdehe 'pi prāyaścittādau pravṛttir apratyūhaiveti |

[5-4] ucyate | tatra duḥkhaprāgabhāvo 'sty eva tasyaiva duḥkhānutpādarūpatvena puruṣārthatvāt | sa ca pāpanāśadvārā prāyaścittasādhya iti prāgabhāvasattve 'pi na niṣphalaṃ prāyāścittam | tena prāgabhāvena duḥkham avaśyaṃ jananīyam iti cet | satyam | kiṃ tu pāpāntaram āsādya | na caivaṃ prāyaścittam aphalaṃ duḥkhānutpādena tasya saphalatvāt | na ca duḥkhānutpādasyāpi duḥkhānutpādāntaram eva phalaṃ tac ca tatra nāstīty aphalatvam | svarūpasata eva tasya puruṣārthatvād anavasthānāc ca | ato 'nena pāpena duḥkhaṃ me mā bhūd iti vidyamānapāpanāśārthaṃ prāyaścitte pravṛttiḥ |

[5-5a] etena cīrṇaprāyaścitte duḥkhaprāgabhāvo nāsty eva | anyathā tasya pratiyogināśyatvenānirmokṣaprasaṅgāt | na ca prāyaścittavaiphalyam | na vā bhagavato duḥkhamayakarmopadeśakatvenānāptatvam | tasya pāpadhvaṃsenaiva saphalatvāt | prāgabhāvāniścaye 'pi narakasādhanapāpaniścayāt tannāśārthaṃ pravṛttir ity apāstam |

[5-5b] duḥkhasādhanadhvaṃsasya[53] svato 'puruṣārthatvāt | pāpāntareṇa tatpratiyogijanane tannāśāt | tasmād duḥkhaṃ me mā bhūd ity uddiśya tatsādhanadhvaṃsārthaṃ pravṛttir iti duḥkhānutpāda eva puruṣārtho na tu

---

50 TCDG *omits* -asattva-.

51 TCĀ, TCDJ *omit* na.

52 TCĀ, TCDJ *read* pravarteta *for* pravartate.

53 TCDG, TCP *read* -nāśasya *for* -dhvaṃsasya.

duḥkhasādhanadhvaṃsa iti sthitam |

[6]

[6-1] api ca na tāvad duḥkhamayasaṃsārabījamithyājñānasya dhvaṃso muktiḥ | tattvajñānāt tannāśe 'pi śarīradharmādisattvadaśāyāṃ muktiprasaṅgāt |

[6-2] nāpi śarīrendriyabuddhyāditannidānadharmādharmadhvaṃsaḥ | acīrṇaprāyaścittakarmaṇāṃ bhogaikanāśyatvena tattvajñānānāśyatvād bhogadvārā tannāśasya cāpuruṣārthatvād[54] iti |

[7]

[7-1a] apare tu duḥkhātyantābhāvo muktiḥ[55] | yady api paraduḥkhātyantābhāvaḥ svataḥsiddha eva[56] svaduḥkhātyantābhāvaḥ[57] svātmany asaṃbhavī ghaṭādāv atiprasakto 'sādhyaś ca | tathāpi duḥkhasādhanadhvaṃsa eva svavṛttiduḥkhasyātyantābhāvasaṃbandhaḥ[58] sa ca sādhya eva[59] | na caivam[60] āvaśyakatvena sa eva muktiḥ | tasya svato 'puruṣārthatvena duḥkhābhāvam uddiśya tatra pravṛtteḥ | "duḥkhenātyantaṃ vimuktaś carati" ity atrātyantābhāvatvena muktiśravaṇāc ca[61] | yady api duḥkhasādhanadhvaṃso na svataḥ[62] puruṣārtho 'tyantābhāvaś ca na sādhyaḥ | tathāpi viśiṣṭasya puruṣārthatvaṃ viśeṣaṇasādhyatvena viśiṣṭasādhyatvaṃ ca |

---

54 TCDG *reads* -puruṣa- *for* -apuruṣa-.

55 NL: 580[1]: tatra duḥkhātyantābhāvo 'pavargaḥ | NSD: 37[23]: prāñcas tu duḥkhātyantābhāva eva muktir ... | *Cf.* NL: 573[1f.]: pūrvottarāvadhirahitas tu saṃsargapratiyogiko 'bhāvaḥ |

56 *Cf.* NL: 587[3f.]: parātmavṛttiduḥkhātyantābhāvasya svataḥsiddhatvāt |

57 TCDG *omits* sva-.

58 TCĀ, TCDJ *read* -duḥkha- *for* -duḥkhasya-.

59 *Cf.* NL: 587[2]: atyantābhāvasaṃbandhaḥ sādhya iti cen na |

60 TCDG, TCP *omit* evam.

ahikaṇṭakādināśasyāpi tattadvyaktisādhyaduḥkhātyantābhāvam uddiśya tatsaṃbandhatvenaiva sādhyateti |

[7-1b] tan na | adharmādiduḥkhasādhanadhvaṃsasya na muktinirvāhakatvam ity uktatvāt | kiṃ ca nānāgatasvavṛttiduḥkhasyātyantābhāvasaṃbandhaḥ sādhyo muktasyānāgatasvavṛttiduḥkhasyānabhyupagamāt[63] | abhyupagame vāmuktatvāpātād atyantābhāvasaṃbandhavirodhāc ca | nāpy utpannasvavṛttiduḥkhasya[64] tadvṛttes tatrātyantābhāvavirodhāt[65] tadabhāvasya svataḥsiddhatvād atītaduḥkhābhāvasyānuddeśyatvāc ca | nāpi parakīyaduḥkhasyātyantābhāvasaṃbandhas[66] tasya svataḥsiddhatvāt | api ca duḥkhasādhanadhvaṃsasya nātyantābhāvasaṃbandhatve mānam asti[67] |

[7-2a] duḥkhasādhanadhvaṃsādāv asya duḥkhasyātyantābhāva iti buddhivyapadeśau sta iti cet |

[7-2b] na | tasya samānādhikaraṇaduḥkhāsamānakāladuḥkhābhāvaviṣayatvenāpy[68] upapattāv atiriktasaṃbandhāviṣayatvāt |

[7-3a] etena sarvaduḥkhaprāgabhāvasaṃsargābhāvo[69] muktiḥ | ghaṭādeś ca na muktatvam | duḥkhasādhanadhvaṃsaviśeṣitaitadyogino mukta-

---

61 *Cf.* NSD: 34[18f.]: pratyuta "duḥkhenātyantaṃ vimuktaś carati" ityādiśrutibalād evātyantikaduḥkhaviraharūpatvam evāpavargasya pratīyate | NSD: 38[2f.]: na cāvaśyakatvena sa eva muktir iti vācyam, "duḥkhenātyantavimuktaś carati" iti śrutyā muktidaśāyām ātmano duḥkhātyantābhāvasya bodhanāt |

62 TCĀ, TCDJ *omit* svataḥ.

63 TCDG *reads* -duḥkha- *for* -duḥkhasya-.

64 TCĀ, TCDJ *read* utpannasya *for* utpanna-.

65 TCP *reads* -abhāvasaṃbandhavirodhāt *for* -abhāvavirodhāt.

66 TCDG, TCP *read* -duḥkha- *for* -duḥkhasya-.

67 TCDG, TCP *omit* asti.

68 TCDG, TCP *omit* -asamānakāladuḥkha-. NSD: 36[8f.]: samānādhikaraṇaduḥkhāsamānakālīnaduḥkhadhvaṃsatvam iti cen na | NSD: 36[1]: samānādhikaraṇaduḥkhāsamānakālīnatvam iti cen na | NSD: 37[13f.]: tathā ca na duḥkhadhvaṃsatvaṃ samānādhikaraṇaduḥkhasamānakālīnatvavyāpyam | *Cf.* NSD: 37[11f.]: devadattaduḥkhatvaṃ duḥkhatvam eva vā svāśrayāsamānakālīnadhvaṃsapratiyogivṛtti kāryamātravṛttidharmatvāt pradīpasantatitvavad |

69 TCDG, TCP *read* -saṃbandha- *for* -saṃsarga-.

padārthatvāt tathaiva vyavahārād yogarūḍhibhyāṃ paṅkajādipadavācyatvavad iti nirastam[70] |

[7-3b] prāgabhāvasaṃsargābhāvasya svato 'nuddeśyatvāt pratyutātyantābhāvasyāsādhyatvena dhvaṃsarūpatvena tasya duḥkharūpatayā heyatvāt |

[8]

[8-1a] prābhākarās tv ātyantikaduḥkhaprāgabhāvo mokṣaḥ[71] | na ca tasyānāditvena siddhatvād[72] apuruṣārthatvam | kadācit kṛtyanapekṣatve 'pi pratiyogijanakādharmanāśamukhena tasya kṛtisādhyatvāt | kṛtyadhīnatattvajñānād adharmanāśe saty agrimasamaye duḥkhaprāgabhāvasvarūpam[73] asti | tayā ca[74] vinādharmeṇa duḥkhajananān[75] na tatprāgabhāvasvarūpam astīti ghaṭavat kṛtisādhyatvāt | vyavasthāpi taṃ ca tvayā prāgabhāvasya kṛtisādhyatvam ahikaṇṭakādināśaprāyaścittakṣemārthipravṛttisthale | na caivaṃ yugapad adharmadhvaṃsa eva muktiḥ prāgabhāvasyānāditayā vivakṣitavivekena tatraiva kṛtisādhyatvaparyavasānād iti vācyam | adharmadhvaṃsasya svato 'puruṣārthatvād duḥkhānutpādahetutvenaiva tasya prayojanatā vācyā | sā ca katham asādhyatve prāgabhāvasya syād iti | ata eva "duḥkhajanmapravṛttidoṣa"[76] ityādisūtram api saṃgacchate | anyathā mithyājñānādyanutpādānāṃ duḥkhānutpādāhetutvenāsaṅgataṃ syād ity āsthi-

---

70 TCP *reads* parāstam *for* nirastam.

71 TCĀ, TCDJ *read* muktiḥ *for* mokṣaḥ. NSD: 33[7]: duḥkhaprāgabhāvaparipālanam iti mīmāṃsakāḥ | *Cf.* Prakaraṇapañcikā: 341[1f.]: ātyantikas tu dehocchedo niḥśeṣadharmādharmaparikṣayanibandhano mokṣa iti yuktam |

72 TCDG, TCP *omit* siddhatvād.

73 TCDG, TCP *add* na.

74 TCĀ, TCDJ *omit* ca.

75 TCDG, TCP *read* -ajananāt *for* -jananāt.

76 NS 1.1.2: duḥkhajanmapravṛttidoṣamithyājñānānām uttarottarāpāye tadanantarāpāyād apavargaḥ || TCĀ, TCDJ *omit* -pravṛttidoṣa-.

ṣateti[77] |

[8-1b] tad atisthavīyaḥ | tathā hy astu prāgabhāvasya sādhyatvaṃ tathāpi tasya pratiyogijanakatvaniyamān muktasyāpi duḥkhotpādaprasaṅgaḥ |

[8-2a] adharmaśarīrādisahakārivirahān na duḥkhotpāda iti cet |

[8-2b] tarhy uttarāvadhividhuratvenānāder atyantābhāvatvāpattau prāgabhāvatvavyākopaḥ | pratiyogijanakanāśyajātīyatvena tatra prāgabhāvavyapadeśo[78] vastuto nitya eva sa iti cet |

[8-3a] na | nityatvenātyantābhāvarūpatayā prāgabhāvānyatvena nāśyajātīyatvābhāvāt[79] pratiyogijanakanāśamukhena[80] tasyāsādhyatvāc ca |

[8-3b] api ca mukteḥ prāgabhāvasya samānādhikaraṇaṃ bhāviduḥkhaṃ na pratiyogi tasyābhāvāt | bhāve vāmuktatvāpātāt | nāpi samānādhikaraṇam atītaṃ vartamānaṃ ca tatprāgabhāvasya vinaṣṭatvāt | nāpi vyadhikaraṇam anyavṛttiduḥkhasyānyatrātyantābhāvena prāgabhāvābhāvāt | tasya pratiyogisamānadeśatvāt | na ca duḥkhamātraṃ pratiyogi svaparāvṛtter duḥkhamātrasyāprāmāṇikatvāt | tasyātyantāsato nityanivṛttatvena[81] tannivṛttaye prekṣāvatpravṛttyanupapatteḥ | ahikaṇṭakādināśaprāyaścittādisādhyaduḥkhaprāgabhāvasya kalañjabhakṣaṇaprāgabhāvasya ca samānādhikaraṇam eva bhāviduḥkhaṃ bhakṣaṇaṃ ca pratiyogi |

[9]

[9-1a] nanu duḥkhābhāvo na puruṣārthaḥ sukhasyāpi hānes tulyāyavyayatvāt[82] | na ca bahutaraduḥkhānuviddhatayā sukhasyāpi prekṣāvad dheyatvam[83] | āvaśyakatvena duḥkhasyaiva heyatvāt sukhasya nirupādhīc-

---

77 TCDG, TCP *omit* iti.

78 TCDG, TCP *read* prāgabhāvatva- *for* prāgabhāva-.

79 TCDG, TCDJ, TCP *read* nāśa- *for* nāśya-.

80 TCDG *reads* -janakatva- *for* -janaka-.

81 TCDG *reads* -anivṛtta- *for* -nivṛtta-.

82 NSD: 36[4f.]: sukhasyāpi hānivyavasthitau tulyāyavyayaphalakatvenānuddeśyatvāt |

chāviṣayatvāt[84] | anyathā duḥkhānanuviddhatayā tathātvena[85] puruṣārthatvavirodhād iti cet |

[9-1b] na | sukham anuddiśyāpi duḥkhabhīrūṇāṃ duḥkhahānārthaṃ pravṛttidarśanād duḥkhābhāvasya svata eva puruṣārthatvāt | na hi duḥkhābhāvadaśāyāṃ sukham astīty uddiśya duḥkhahānārthaṃ[86] pravartate | vaiparītyasyāpi saṃbhave sukhasyāpy apuruṣārthatvāpatteḥ | ato duḥkhābhāvadaśāyāṃ sukhaṃ nāstīti jñānaṃ na duḥkhābhāvārthipravṛttipratibandhakam | tasmād avivekinaḥ sukhamātralipsavo bahutaraduḥkhānuviddham api sukham uddiśya "śiro madīyaṃ yadi yāti yāsyati[87]" iti kṛtvā paradārādiṣv api[88] pravartamānāḥ "varaṃ vṛndāvane ramye[89]" ityādi vadanto nātrādhikāriṇaḥ | ye ca vivekino 'smin saṃsārakāntāre kiyanti duḥkhadurdināni kiyatī sukhakhadyotiketi kupitaphaṇiphaṇāmaṇḍalacchāyāpratimam idam iti manyamānāḥ sukham api hātum icchanti te 'trādhikāriṇaḥ | na ca bhogārthinām apravṛttau puruṣārthatā hīyate | kasyacid apravṛttāv api cikitsādeḥ puruṣārthatvāt |

[9-2a] atha |

duḥkhābhāvo 'pi nāvedyaḥ puruṣārthatayeṣyate |
na hi mūrchādyavasthārthaṃ pravṛtto dṛśyate sudhīḥ ||

puruṣārthatve[90] sukhavaj jñāyamānatvaniyamān na ca muktijñānaṃ[91] sam-

---

83　Kir: 27[14f.]: nanv apuruṣārtho 'yaṃ sukhasyāpi hāner iti cen na | bahutaraduḥkhānuviddhatayā sukhasyāpi prekṣāvad dheyatvān ... | *Cf.* NBh: 8[3f.] *ad* NS 1.1.2: tad yathā madhuviṣasaṃpṛktānnam anādeyam iti, evaṃ sukhaṃ duḥkhānuṣaktam anādeyam iti ||

84　TCĀ, TCDG, TCDJ *read* nirupadhi- *for* nirupādhi-. *Cf.* TCPrakāśa（Rucidatta）: 418[19]: nirupādhīcchāviṣayatvasya tathāpy anapāyād iti bhāvaḥ | *Cf.* TCPT: 418[25]–419[18]: nirupādhīti yad avagataṃ sat svavṛttitayeṣyate tasya prayojanatvād iti bhāvaḥ | *Cf.* SPA 87: sukhatvasāmānyavan nirupādhyanukūlavedyaṃ sukham ||

85　TCĀ, TCDJ *read* tathātve *for* tathātvena.

86　TCDG *reads* -abhāva- *for* -hāna-.

87　TCDG, TCP *read* yātu yātu *for* yāti yāsyati.

88　TCĀ, TCDJ *omit* api.

89　TCDG, TCP *read* araṇye *for* ramye. *Cf.* NLKaṇṭhābharaṇa: 595[17f.]: varaṃ vṛndāvane ramye śṛgālo 'pi bhavāmy aham | na tu vaiśiṣikīṃ muktiṃ cetano gantur mahati |

bhavatīti cet |

[9-2b] na hi[92] duḥkhābhāvaṃ jānīyām ity uddiśya pravṛttiḥ | kiṃ tu duḥkhaṃ me mā bhūd ity uddiśyety ato duḥkhasyābhāva[93] eva puruṣārthaḥ | tasya jñānaṃ ca[94] svakāraṇādhīnaṃ na tu puruṣārthatopayogi | sukhī syām ity uddiśya pravartate na tu sukhaṃ jānīyām iti sukham eva tathā[95] na tu tadavagamas tasyāvaśyakatvenānyathāsiddhatvād gauravāc ca | kiṃ ca bahutaraduḥkhajarjarakalevarā duḥkhābhāvam uddiśya maraṇe 'pi pravartamānā dṛśyante | na ca maraṇe tasya jñānam asti |

[9-3a] na te vivekina iti cet |

[9-3b] na | puruṣārthatve vivekānupayogāt | kiṃ ca caramaduḥkhānubhave 'nāgataduḥkhadhvaṃso 'pi viṣayaḥ | tathā cāgrimakṣaṇe taddhvaṃsas[96] tadviṣayakaṃ ca vinaśyadavasthaṃ jñānam astīti vartamānam[97] apy aciram anubhūyate | jñānasamaye muktilakṣaṇasya sattvān na[98] jñānaṃ muktivirodhi |

[9-4] pramāṇaṃ tu | duḥkhatvaṃ devadattaduḥkhatvaṃ vā svāśrayāsamānakālīnadhvaṃsapratiyogivṛtti kāryamātravṛttidharmatvāt santatitvād vā etatpradīpavat[99] | santatitvaṃ ca nānākālīnakāryamātravṛttidharmatvam | evaṃ ca[100] sukhatvādāv api sādhyaṃ tena samūlocchede[101] mokṣaḥ | na cāprayojakatvam | santatyucchede mūlocchedasya prayojakatvāt[102] | prakṛte[103] ca mithyājñānasya saṃsāramūlasya śravaṇādikrameṇotpannatattvajñānān nivṛttiḥ saṃbhavaty eva[104] |

"ātmā jñātavyo na sa punarāvartate"[105] iti śrutis tatra[106] pramāṇam |

---

90 TCĀ, TCDJ *read* -tvena *for* -tve.

91 TCP *reads* muktau *for* mukti-.

92 TCP *omits* hi.

93 TCDG, TCP *read* duḥkha- *for* duḥkhasya.

94 TCDG, TCP *read* tu *for* ca.

95 TCDG, TCP *add* astu.

96 TCDG, TCP *read* -uparamas *for* -dhvaṃsas.

97 TCĀ, TCDJ *read* vartamāna- *for* vartamānam.

98 TCDG *omits* na.

rātrisatranyāyenārthavādopanītāpunarāvṛtter[107] adhikāriviśeṣaṇatvāt | sa ātmajño na punarāvartate na punaḥ śarīrī bhavatīty arthaḥ | "ātmā vā are śrotavyo mantavyo[108] nididhyāsitavyaḥ sākṣātkartavyaḥ"[109] ity upakramya "duḥkhenātyantaṃ vimuktaś carati" iti śrutiś ca mānam |

ācāryās tu "aśarīraṃ vāvasantaṃ priyāpriye na spṛśataḥ"[110] iti śrutis tatra pramāṇam[111] | vāvasantam iti yaṅluki | tena saṃsāradaśāyāṃ[112]

---

99 TCĀ, TCDJ *read* -pradīpatvavat *for* -pradīpavat | Vyom: 2^{6-9}: tathā hi navānām ātmaviśeṣaguṇānāṃ santāno 'tyantam ucchidyate | santānatvād yo yaḥ santānaḥ sa so 'tyantam ucchidyamāno dṛṣṭaḥ | yathā pradīpasantānas tathā cāyaṃ santānas tasmād atyantam ucchidyata iti | NK: $17^{2f.}$: duḥkhasantatidharmiṇo 'tyantam ucchidyate santatitvāt pradīpasantativad iti tārkikāḥ | Kir: $29^{17f.}$: duḥkhasantatir atyantam ucchidyate santatitvāt pradīpasantativad ity ācāryāḥ | NSD: 37^{11-13}: devadattaduḥkhatvaṃ duḥkhatvam eva vā svāśrayāsamānakālīnadhvaṃsapratiyogivṛtti kāryamātravṛttidharmatvāt pradīpasantatitvavad ity anumānasyāgamasya ca vidyamānatvāt |

100 TCĀ, TCDJ *omit* ca.

101 TCĀ, TCDJ *read* sakala- *for* samūla-.

102 Kir: $33^{17f.}$: mūlocchedānuvṛttyoḥ prayojakatvāt | mūlocchedād dhi santater ucchedo mūlānuvṛttau cānuvṛttiḥ |

103 *Cf.* TCDG: 2055^{3-5}: "ātmā vā are śrotavyo mantavyo nididhyāsitavyaḥ sākṣātkartavyaḥ" iti śruteḥ | *Cf.* TCDG: 2057^{3-5}: tathā hi tattvajñānāt savāsanamithyājñānābhāve doṣānutpattau pravṛttyabhāve 'dṛṣṭānutpattau janmābhāve tādṛśaduḥkhadhvaṃso bhavati |

104 ĀTV: $819^{15f.}$: mithyājñānaṃ ca tattvajñānān nivartate, tac ca śravaṇamananādikrameṇotpadyate ... |

105 ChU 8.15.1: na ca punarāvartate na ca punarāvartate ||

106 TCĀ, TCDJ *read* ca *for* tatra.

107 *Cf.* MS 4.3.17-19: kratau phalārthavādam aṅgavat kārṣṇājiniḥ || phalam ātreyo nirdeśād aśrutau hy anumānaṃ syāt || aṅgeṣu stutiḥ parārthatvāt ||

108 TCDG, TCP *omit* mantavyo.

109 BĀU 2.4.5: ātmā vā are draṣṭavyaḥ śrotavyo mantavyo nididhyāsitavyo maitreyi |

110 ChU 8.12.1: aśarīraṃ vāva santaṃ na priyāpriye sparśataḥ | Vyom 1^{10}: aśarīraṃ vāva santaṃ na priyāpriye spṛśataḥ iti ... | NK: 17^{4}: "aśarīraṃ vāva santaṃ priyāpriye na spṛśataḥ" ityādayo vedāntāḥ pramāṇam iti tu vayam | ĀTV: 823^{14}: āmnāyasārasaṅkṣepas tv aśarīraṃ vāva santam ityādi | Kir: $33^{21f.}$: "aśarīraṃ vāva santaṃ priyāpriye na spṛśata" ityādyāgamāc cāyam artho 'dhyavaseyaḥ |

111 TCDG, TCP *read* mānam *for* pramāṇam.

112 TCĀ, TCDJ *read* saṃsārita- *for* saṃsāra-.

kṣaṇamātram aśarīratvena nānyathāsiddhiḥ[113] |

[9–5a] nanu dvaṃdvasvarasena militasukhaduḥkhobhayaniṣedhaḥ pratīyate | sa tu nityavat prāpta eva | ekaikaniṣedhe ca vākyabhedāpattiḥ | na ca muktau pramāṇam iti cet |

[9–5b] na | dvitvenaikena rūpeṇopasthitayoḥ pratyekaṃ niṣedhānvaye 'pi vākyabhedābhāvāt | dhavakhadirau cchindhīty[114] atra pratyekaṃ chidānvaya iva | na hi tatra militacchidā | api ca na priyāpriyarūpaṃ kiṃcid astīti militaniṣedho 'py ekaikānvaye pratyekābhāve vā bhavet | tatraikaikānvayasyāśarīre[115] 'yogyatvāt[116] pratyekābhāva eva paryavasyati | ata eva sarvamuktir api sarvaduḥkhasantatipakṣīkaraṇe[117] tatsiddheḥ | anyathā muktir api na syāt tatraiva vyabhicārāt[118] | yadi coṣarātmāna[119] eva kecit tadā tacchaṅkayā mokṣārthaṃ na kaścit pravarteta[120] |

---

113 *Cf.* TCPrakāśa (Rucidatta) $421^{14f.}$: ataḥ kṣaṇamātrāśarīratvenaivānyathāsiddhir iti cet | na |

114 *Cf.* TC, Śabdakhaṇḍa (9): 791^{3-7}: itaretaradvaṃdve ca dhavakhadirau cchindītyādau vibhaktyupanītadvitvasya dhavakhadirayoḥ pratyekaṃ na yogyatvaṃ na vā sākāṅkṣatvaṃ dvitvam api pratyekaṃ na yogyaṃ na vā sākāṅkṣam ekatra dvitvābhāvāt | *Cf.* TC, Śabdakhaṇḍa (9): 806^{9}–807^{1}: dhavakhadirāv iti ca na vākyaṃ kriyāyāḥ pratyekam anvaye vākyabheda ity api na lakṣaṇāpakṣe 'pi pratyekam eva kriyānvayitvād gamanādikriyāyā vyāsajyavṛttitvābhāvāt |

115 TCĀ, TCDJ *read* -eka- *for* -ekaika-.

116 TCDG, TCP *read* yogya- *for* ayogya-.

117 NK: $17^{2f.}$: duḥkhasantatir dharmiṇo atyantam ucchidyate santatitvāt pradīpasantativad iti tārkikāḥ | Kir: $29^{17f.}$: duḥkhasantatir atyantam ucchidyate santatitvāt pradīpasantativad ity ācāryāḥ |

118 NK: 17^{3}: pārthivaparamāṇurūpādisantānena vyabhicārāt | Kir: 31^{5}: pārthivaparamāṇugatarūpādisantānenānaikāntikam idam iti cen na |

119 TCDG, TCP *read* -ubhaya- *for* -ūṣara-. *Cf.* TCPrakāśa (Rucidatta): 422^{17}: līlāvatīkāramataṃ nirasyati yadi ceti |

120 Kir: 32^{1-6}: nanu sarvamuktir ity eva neṣyata iti cet tarhi ya eva nāpavṛjyate tasyaiva duḥkhasantāne 'naikāntikam idaṃ kim udāharaṇāntaragaveṣaṇayā | evam astu | na codāharaṇam ādaraṇīyam iti cen na asiddheḥ | siddhau vā saṃsāryekasvabhāvā eva kecid ātmāna iti sthite aham eva yadi tathā syāṃ tadā mama viparītaprayojanaṃ pārivrājakam iti śaṅkayā na kaścit tadarthaṃ brahmacaryādiduḥkham anubhavet |

[9-6a] śamadamabhogānabhiṣvaṅgādimukticihnena[121] śrutisiddhena saṃdehanivṛttir iti cet[122] |

[9-6b] na | saṃsāritvena muktiyogyatvān na tu tadviśeṣaṇaśamādimattvena | sāmānye bādhake saty eva yogyatāyā viśeṣaniṣṭhatvāt | kiṃ ca śamādayaḥ śrutyā[123] muktau[124] sahakāritayā bodhitā na tu yogyatayā | tattve 'pi saṃsāritvena te 'pi sādhanīyāḥ | śamādikam api hi kāryam | tatrāpi saṃsāritvenaiva yogyatā sāmānye bādhakābhāvāt |

[10]

[10-1] na ca nityasukhābhivyaktir muktiḥ[125] | sā hi na nityā muktasaṃsāriṇor[126] aviśeṣāpātāt[127] | notpādyā taddhetuśarīrādyabhāvāj jñānamātre sukhamātre vā taddhetutvāvadhāraṇāt | na ca saṃsāridaśāyāṃ[128] taddhetuḥ sāmānye bādhakābhāvāt | ata eva svargādau[129] śarīrakalpanā | kiṃ ca

121 *Cf.* BhG 18.42: śamo damas tapaḥ śaucaṃ kṣāntir ārjavam eva ca | jñānaṃ vijñānam āstikyaṃ brahmakarma svabhāvajam ||

122 NL: 598^{1-4}: na ca krameṇa sarvamuktiḥ | keṣāṃcid ātmanāṃ saṃsāryaikasvabhāvatvāt | na caivaṃ sati tattvaśaṅkāyāṃ sarveṣāṃ mokṣānanuṣṭhānaprasaṅgaḥ, śamadamabhogānabhiṣvaṅgādicihnena śrutisiddhena saṃdehanivṛtteḥ |

123 TCĀ, TCDJ *read* śrutau *for* śrutyā.

124 TCĀ, TCDJ *omit* muktau.

125 NBh: $22^{4f.}$ *ad* NS 1.1.22: nityaṃ sukham ātmano mahattvavat tat tu mokṣe abhivyajyate | tenābhivyaktenātyantaṃ vimuktaḥ sukhī bhavatīti kecin manyante | Vyom: 5^{15}: atha nityaṃ tat sukham iti cet | NK: 16^{5}: nityaniratiśayasukhābhivyaktir muktir ity apare | NL: 584^{1}: nityasukhābhivyaktir muktir ity apare | NSD: $33^{3f.}$: tatra nityaniratiśayasukhābhivyaktir mokṣa iti tautātitāḥ |

126 TCDG, TCP *read* -śarīriṇor *for* -saṃsāriṇor.

127 TCĀ, TCDJ *read* -prasaṅgāt *for* -āpātāt. *Cf.* NBh: 22^{10-12} *ad* NS 1.1.22: sukhavan nityam iti cet? saṃsārasthasya muktenāviśeṣaḥ | yathā muktaḥ sukhena tatsaṃvedanena ca sannityenopapannaḥ, tathā saṃsārastho 'pīty aviśeṣaḥ prasajyata ubhayasya nityatvāt | Vyom: $5^{15f.}$: ajñātasaṃvedanaṃ tu yadi nityaṃ muktāvasthāyām iva saṃsārāvasthāyām api bhāvād aviśeṣaprasaṅgaḥ |

128 TCDG, TCP *read* saṃsāra- *for* saṃsāri-.

129 TCDG, TCP *read* sarga- *for* svarga-.

tajjanakaṃ na tāvad ātmamanoyogaḥ | tasyādṛṣṭādinirapekṣasyājanakatvāt[130] | viṣayamātrāpekṣaṇe tu saṃsāridaśāyām api tadabhivyaktiprasaṅgaḥ[131] | nāpi yogajo dharmaḥ sahakārī tasyotpannabhāvatvena vināśitve 'pavarganivṛttyāpatteḥ[132] | na ca tajjanyābhivyaktir anantā tasyā api tata[133] eva nāśāt |

[10-2a] atha tattvajñānāt savāsanamithyājñānanāśe doṣābhāvena pravṛttyādyabhāvād dharmādharmayor anutpāde prācīnadharmādharmakṣayād duḥkhasādhanaśarīrādināśa eva tatra[134] hetuḥ | ata eva tasyānantyenābhivyaktipravāho 'py ananta iti cet |

[10-2b] na | śarīraṃ vinā tadanutpatteḥ | tasya taddhetutve mānābhāvāc ca[135] | na ca mokṣārthipravṛttir[136] eva tatra mānam | duḥkhahānārthitayāpi [137] tadupapatteḥ[138] | na ca nitye sukhe mānam asti |

[10-3a] "nityaṃ vijñānam ānandaṃ brahma"[139] "ānandaṃ brahmaṇo rūpaṃ tac ca mokṣe pratiṣṭhitam"[140] ityādiśrutir mānam[141] iti cet |

---

130 NBh: 22^{17-19} *ad* NS 1.1.22: ātmamanaḥsaṃyogasya nimittāntarasahitasya hetutvam | tasya sahakārinimittāntaravacanam | ātmamanaḥsaṃyogo hetur iti cet? evam api tasya sahakāri nimittāntaraṃ vacanīyam iti |

131 NV: 81^{16-18} *ad* NS 1.1.22: yathā yam ātmamanaḥsaṃyogo viṣayamātram apekṣamāṇaḥ anyanimittanirapekṣaḥ sukhajñānaṃ karoti, evaṃ rūpādīn api viṣayānapekṣamāṇas tadviṣayāṇi jñānāni kuryāt | *Cf.* NSD: $36^{15f.}$: saṃśayasya saṃskārājanakatvena saṃsāridaśāyām api muktatvaprasaṅgād ity apy āhuḥ |

132 NBh: 22^{21}–23^{2} *ad* NS 1.1.22: yogasamādhijasya kāryāvasāyavirodhāt prakṣaye saṃvedananivṛttiḥ | yadi yogasamādhijo dharmo hetuḥ? tasya kāryāvasyavirodhāt prakṣaye saṃvedanam atyantaṃ nivartate |

133 TCĀ, TCDJ *read* ataḥ *for* tataḥ.

134 TCĀ, TCDJ *read* tad- *for* tatra.

135 NBh: 22^{5-7} *ad* NS 1.1.22: teṣāṃ pramāṇābhāvād anupapattiḥ | na pratyakṣaṃ nānumānaṃ nāgamo vā vidyate, nityaṃ sukham ātmano mahattvavat, mokṣe 'bhivyajyata iti |

136 TCDG *reads* -artha- *for* -arthi-.

137 TCDG, TCP *omit* api.

138 TCĀ, TCDJ *read* -utpatteḥ *for* -upapatteḥ.

139 BĀU 3.9.28: vijñānam ānandaṃ brahma rātir dātuḥ parāyaṇaṃ tiṣṭhamānasya tad vida iti || NSD: 33^{9-11}: nanu "nityaṃ vijñānam ānandaṃ brahmeti" śrutir evātra pramāṇam | na ca nityasukhasyāsādhyatvād apuruṣārthatvam iti vācyam |

[10-3b] na | upajananāpāyavator[142] jñānasukhayor ahaṃ jānāmy ahaṃ sukhīti bhinnatvenānubhūyamānayor brahmābhedabodhane pratyakṣabādhāt |

[10-4a] atha sukhasya brahmābhedabodhanād evāyogyatayānityaṃ sukhaṃ vihāya vākyārthatvena nityasukhasiddhiḥ svargavat | na tu nitye[143] sukhe siddhe tadabhedabodhanaṃ yenānyonyāśrayaḥ | yad vā nityaṃ sukhaṃ bodhayitvā tadabhinnaṃ[144] brahma bodhyate | na ca vākyabhedaḥ | vākyaikavākyatvād iti cet |

[10-4b] na | ātmano 'nubhūyamānatvena tadabhinnasya nityasukhasyāpy anubhavaprasaṅgāt | sukhamātrasya svagocarasākṣātkārajanakatvaniyamāt tadananubhave vātmano 'py anubhavo na syāt |

[10-5a] athātmābhinnaṃ nityasukham anubhūyata eva | sukhatvaṃ tu[145] tatra nānubhūyata iti cet |

[10-5b] na | sukhānubhavasāmagryā eva sukhatvānubhāvakatvāt | tasmād ānandaṃ brahmeti matvarthīyācpratyayāntatvenānandavattvaṃ bodhyan tenābhedaḥ | anyathā napuṃsakaliṅgatvānupapatteḥ | etena brahmādvaitatattvasākṣātkārād[146] avidyānivṛttau vijñānasukhātmakaḥ kevalātmāpavarge[147] vartata iti vedāntimatam apāstam[148] | svaprakāśasukhātmakabrahmaṇo nityatvena muktasaṃsāriṇor aviśeṣaprasaṅgāt puruṣaprayatnaṃ vinā tasya sattvād apuruṣārthatvāc ca |

---

140 Taittirīya Upaniṣad 2.4: ānandaṃ brahmaṇo vidvān na bibheti kadācana || Nyāyasāra: $595^{6f.}$: ānandaṃ brahmaṇo rūpaṃ tac ca mokṣe 'bhivyajyate |

141 NSD: 34^{15-18}: evam "ānandaṃ brahmaṇo rūpaṃ tac ca mokṣe pratiṣṭhitam" ity atrāpy ānandasya brahmadharmatvenaiva pratīter mokṣapadena jīvanmuktir eva vivakṣitā ity anyathāsiddhau na sukhasvarūpe tasmin pramāṇaṃ śrutiḥ |

142 TCP *reads* -jana- *for* -janana-.

143 TCDG, TCP *read* nitya- *for* nitye.

144 TCP *omits* tadabhinnam.

145 TCĀ, TCDJ *omit* tu.

146 TCP *omits* -tattva-.

147 TCDG *reads* kevalya- *for* kevala-. TCP *reads* kaivalya- *for* kevala-.

[10-6a] avidyānivṛttiḥ prayatnasādhyeti cet |

[10-6b] avidyā yadi mithyājñānam arthāntaraṃ vobhayathāpi sukhaduḥkhābhāvatatsādhanetaratvena tannivṛtter apuruṣārthatvāt |

[11]

[11a] tridaṇḍinas[149] tv ānandamayaparamātmani[150] jīvātmalayo mokṣaḥ[151] | layaś ca liṅgaśarīrāpagamaḥ | liṅgaśarīraṃ caikādaśendriyāṇi pañcamahābhūtāni sūkṣmamātrayā saṃbhūyāvasthitāni jīvātmani sukhaduḥkhāvacchedakānīty āhuḥ[152] |

[11b] tan na | liṅgaśarīradhvaṃsasya[153] svato duḥkhasādhanābhāvatayāpuruṣārthatvāt | na copādhiśarīranāśe hy[154] aupādhikajīvanāśo layaḥ[155] | svanāśasyāpuruṣārthatvāt | brahmaṇo nityatvena tadabhinnasya nāśānupapatteḥ | bhedābhedasya ca[156] virodhenābhāvāt |

---

148 Kir: $20^{26f.}$: vedāntinām api avidyāyāṃ nivṛttāyāṃ kevalātmaivāpavarge vartata iti mate na no vivādaḥ | NL: 580^{1-3}: nanu cādvaitatattvasākṣātkārād avidyopanītaprapañcapratyayabādhe jāgarādyapratyayāt svapratyayavad advaitānandasākṣātkārā muktir iti manyante |

149 TCDG, TCP *read* tridaṇḍās *for* tridaṇḍinas.

150 TCDG, TCP *read* -ātmaka- *for* -maya-.

151 TCDG, TCP *read* muktiḥ *for* mokṣaḥ. *Cf.* Brahmasūtrabhāṣya of Śaṅkara: 25^{4}: sarvāntaraśruter ānandamayaḥ paramātmeti niścīyate | NL: $583^{1f.}$: jīvānām avidyādisamastopādhināśe cidānandabrahmasvarūpatvāpattir muktir ity anye |

152 NSD: 33^{4}: jīvasya liṅgaśarīrāpagama iti bhāskarīyāḥ | NSD: $34^{22f.}$: liṅgaśarīrasya ekādaśendriyapañcabhūtarūpasya jīvātmany apagamo viśleṣaḥ | sa eva parabrahmaṇi laya ity ucyate |

153 TCĀ, TCDJ *omit* liṅga-.

154 TCĀ, TCDJ *omit* hi.

155 NSD: 34^{23}: sa eva parabrahmaṇi laya ity ucyate |

156 TCDG, TCP *omit* ca.

[12]

[12-1] nāpy anupaplavā cittasantatir apavargaḥ[157] | āvaśyakatvenānupaplavasya duḥkhābhāvasya puruṣārthatvena[158] cittasantater apuruṣārthatvāt | śarīrādikāraṇaṃ vinā cittasantater anutpādāc ca[159] | na hi cittamātraṃ tatsāmagrī śarīrādivaiyarthyāpatteḥ |

[12-2] nāpi duḥkhahetutvenātmahānam[160] eva muktiḥ[161] | sukhaduḥkhābhāvetaratvenāpuruṣārthatvāj[162] jñānarūpātmahānasyāyatnasiddher atiriktahānasyāśakyatvāt |[163]

[13]

[13a] yat tu yogarddhisādhyaniratiśayānandamayīṃ jīvanmuktim uddiśya pravṛtteḥ kāraṇavaśād ātyantikaduḥkhābhāvarūpāṃ muktim āsādayatīti matam[164] |

[13b] tan na | paramamukter apuruṣārthatāpatter[165] viraktasya mokṣe 'dhikārāt sukhoddeśenāpravṛtteś ca[166] |

---

157 Kir: 19^{9}: ye tv anupaplavāṃ cittasantatim anantām apavargam āhus | NSD: $33^{5f.}$: nirupaplavā cittasantatir ity anye |

158 TCDG, TCP *read* -tve *for* -tvena.

159 Kir: $19^{17f.}$: nimittasya śarīrāder apāye naimittikasya cittasyotpādayitum aśakyatvāt |

160 TCĀ, TCDJ *read* -ātmano *for* -ātma-. TCDG *omits* -hetu-.

161 NSD: 33^{7}: ātmahānam ity eke |

162 TCP *omits* -itara-.

163 Kir: $17^{3-6,\ 13-15}$: kevalam ātmāpi duḥkhahetutvān nivartayitavyaḥ śarīrādivad iti ye vadanti teṣāṃ yady ātmā nāstīti satyaṃ kiṃ nivartayitavyam | atyantāsato nityanivṛttatvāt | athāsti tathāpi kiṃ nivartanīyam | nityatvena tannivṛtter aśakyatvāt | atha jñānasvabhāva evāsau nivartanīya iti matam | anumatam etat | dagdhendhanānalavad upaśamo mokṣa iti vakṣyamāṇatvāt | tasmād atirikta ātmani pramāṇaṃ vaktavyam ity avaśiṣyate |

164 NSD: 37^{19-21}: yogajādṛṣṭajanyatattvasākṣātkāratvasya samānādhikaraṇaviśeṣaguṇāvacchinnasavāsanamithyājñānadhvaṃsatvasya ca yathāsaṃbhavaṃ jīvanmuktiparamamuktyor lakṣaṇasyohanīyatvāt |

165 TCĀ, TCDJ *read* -arthatva- *for* -arthatā-.

mokṣe ca sarvāśramiṇām[167] adhikāraḥ | āśramacatuṣṭayam upakramya "sa brahmasaṃstho 'mṛtatvam eti"[168] iti śruteḥ saṃkoce kāraṇābhāvāt | ākāṅkṣāyā aviśeṣeṇānantaryasyāprayojakatvāt | kathaṃ tarhi "mokṣāśramaś caturtho vai yo bhikṣoḥ parikīrtitaḥ" iti pravrajyāṃ mokṣāśramam āhuḥ | gṛhasthasya ca putradārādisaṅgo durvāra ity asādhāraṇyena tathopadeśāt "tattvajñānaniṣṭho gṛhastho 'pi hi[169] mucyate"[170] ity āgamāc ca |

[14]

evaṃ sthite mokṣam upakramya "ātmā vā are śrotavyo mantavyo nididhyāsitavyaḥ sākṣātkartavyaḥ" iti śrutiḥ[171] | śrutibhyaś ca[172] śarīrādibhinnam ātmānam avadhārya śāstreṇa padārthān vivicya tadbodhitopapattibhis tasya sthirīkaraṇarūpaṃ mananaṃ vidadhāti | na ca śabdopapattijanyatattvajñānāt sākṣātkārisaṃsārabījasavāsanamithyājñānanivṛttiḥ[173] | diṅmohādau tathānupalabdheḥ[174] | ataḥ śrutismṛtyupadiṣṭayogavidhinā[175] ciranirantarādarasevitanididhyāsanajanyayogajadharmād ātmatattvasākṣātkāraṃ saṃsārabījasavāsanamithyājñānonmūlanasamartham[176] āsādya doṣābhāvāt pravṛtty-

---

166 NSD: 36[6f.]: paramamukter apuruṣārthatvaprasaṅgāt | rāgābhāvena sukhasyoddeśyatvānabhyupagamāc ca |

167 TCĀ, TCDJ *read* -āśramāṇām *for* -āśramiṇām.

168 ChU 2.23.1: trayo dharmaskandhāḥ | yajño 'dhyayanaṃ dānam iti prathamaḥ | tapa eva dvitīyaḥ | brahmacāryācāryakulavāsī tṛtīyo 'tyantam ātmānam ācāryakule 'vasādayan | sarva ete puṇyalokā bhavanti | brahmasaṃstho 'mṛtatvam eti ||

169 TCĀ, TCDJ *omit* hi.

170 Yājñavalkyasmṛti 3.205: nyāyāgatadhanas tattvajñānaniṣṭho 'tithipriyaḥ | śrāddhakṛt satyavādī ca gṛhastho 'pi hi mucyate ||

171 BĀU 2.4.5: ātmā vā are draṣṭavyaḥ śrotavyo mantavyo nididhyāsitavyo maitreyi |

172 TCĀ, TCDJ *omit* ca.

173 TCĀ, TCDJ *omit* saṃsārabīja-.

174 Kir: 34[26f.]: na copapattyā śabdena vā janitam idaṃ parokṣam aparokṣaṃ mithyājñānaṃ nivartayitum utsahate | diṅmohādau tathānupalabdheḥ |

175 TCDG, TCP *read* -udita- *for* -upadiṣṭayoga-.

176 TCĀ, TCDJ *read* -nihanana- *for* -unmūlana-.

āder abhāve 'nāgatadharmādharmānutpāde[177] 'nādibhavasañcitakarmaṇāṃ bhogena kṣayād apavṛjyate[178] | upadeśamātrāc charīrabhinnātmāvagame 'py anyaparatvaśaṅkayā saṅkasukasya[179] nāśraddhāmalakṣālanam[180] iti mananam āvaśyakam | tathā ca "mantavyaś copapattibhiḥ" iti śrutir evopapattibodhakasya śāstrasyāpavargahetutvaṃ bodhayati mananasya tadekasādhyatvāt |

[15]

[15-1] evaṃ ca śamadamabrahmacaryādyupabṛṃhitayāvannityanaimittikasaṃdhyopāsanādikarmasahitāt tattvajñānān muktiḥ[181] |

[15-2a] syād etat | jñānakarmaṇor na samaprādhānyena samuccayaḥ[182] | karmaṇāṃ svavākyāt[183] phalāntarārthatvena śrutatvān mokṣārthakalpanāvirodhāt tattvajñānasya karmanairapekṣeṇa muktihetutvapratīteś ca[184] | nāpy[185] aṅgāṅgibhāvena | tathā hi na karma saṃnipatyopakārakaṃ

---

177 TCĀ *reads* -anutpādena *for* -adharmānutpāde.

178 Kir: 34^{30}–35^{1}: ayam arthaḥ | śāstreṇa padārthān vivicya śrutītihāsapurāṇopadiṣṭayogavidhinā dīrghakālādaranairantaryasevitān nivṛttilakṣaṇād dharmād eva tattvajñānam utpadyate, yato 'pavṛjyate |

179 TCĀ, TCDJ *read* saṅkasūkasya. TCDG, TCP *read* saṅkāsūkasya. *Cf.* Kir (1): 72^{3}: śaṅkāśukatyāgo. *Cf.* Kir (3): 35^{3}: śukābhyāso.

180 Kir: 35^{2}: na ca vivecanaṃ vinopadeśamātreṇāśraddhāmalakṣālanaṃ ... |

181 *Cf.* BhG 18.42: śamo damas tapaḥ śaucaṃ kṣāntir ārjavam eva ca | jñānaṃ vijñānam āstikyaṃ brahmakarma svabhāvajam || *Cf.* Vedāntakalpalatikā 11^{8}–12^{2}: tatra viṣayāsakteḥ śravaṇāṅgabhūtāḥ śamadamādayo nivartakāḥ, pramāṇagatāsaṃbhāvanāyāḥ śravaṇaṃ nivartakam, prameyagatāsaṃbhāvanāyā mananam, viparītabhāvanāyāś ca nididhyāsanaṃ nivartakam, iti |

182 *Cf.* Brahmasūtrabhāṣya of Bhāskara $2^{18f.}$: atra hi jñānakarmasamuccayān mokṣaprāptiḥ sūtrakārasyābhipretā | Kir: 40^{2}: na tu tulyakakṣatayā tatsamuccayaḥ | NSD: 32^{11}: na tu tulyakakṣatayā samuccaya iti saṃkṣepaḥ |

183 *Cf.* Āpastambaśrautasūtra 10.2.1: svargakāmo jyotiṣṭomena yajeta |

184 Kir: 40^{14}: tasmāt tattvajñānam eva niḥśreyasahetuḥ |

185 TCĀ, TCDJ *omit* api.

tattvajñānaśarīrānirvāhakatvāt | nāpi prayājādivad ārādupakārakaṃ svavākyata eva karmaṇāṃ prayojanalābhena phalavatsaṃnidhāv aphalatvābhāvāt | upapattiviruddhaś ca jñānakarmasamuccayaḥ kāmyaniṣiddhayos tyāgāt[186] | nāpy asaṅkalpitaphalavatkāmyakarmasamuccayaś caturthāśramavidhivirodhāt[187] | ata eva na yāvannityanaimittikasamuccayo 'pi | nāpi yatyāśramavihitena karmaṇā tattvajñāne sati gṛhasthasyāpi mukteḥ[188] |[189]

nyāyāgatadhanas tattvajñānaniṣṭho 'tithipriyaḥ |
śrāddhakṛt satyavādī ca gṛhastho 'pi hi mucyate[190] ||[191] iti smṛteḥ |

na cānanugatam api sādhanaṃ svargavad apavarge prakārabhedābhāvāt[192] | na cāpavargārthikartavyatayā vihitāni karmāṇi[193] yena tatsamuccayaḥ syāt | [194]"saṃnyasya sarvakarmāṇi"[195] iti smṛteḥ sarvakarmasaṃnyāso jñānamātrāc ca mokṣa iti |

---

186 TCĀ, TCDJ *read* abhāvāt *for* tyāgāt.

187 TCP *omits* -vidhi-.

188 TCP *reads* muktiḥ *for* mukteḥ. Kir: 40^{4-9}: upapattiviruddhaś ca jñānakarmasamuccayaḥ | kāmyaniṣiddhayos tyāgād eva samuccayānupapatteḥ | nāpi asaṃkalpitaphalakāmyakarmasamuccayaś caturthāśramavidhivirodhāt | yāvannityanaimittikasamuccayasyāpi tata evānupapatteḥ | yatyāśramavihitakarmaṇā jñānasya samuccaya ity api nāsti | tadabhāve 'pi gṛhasthasya jñāne sati mukteḥ | NSD: $31^{9f.}$: nanu samuccaye upapattivirodhaḥ | tathā hi kāmyanaimittikābhyāṃ karmabhyāṃ na samuccayas tayos tyāgāt | na nityena ekaikaśo vyabhicārāt | na sākalyenāsaṃbhavāt | nāpi yatyāśramavihitena gṛhasthasyāpi mokṣaśravaṇād iti | maivam |

189 TCP *adds* jñānaṃ pradhānaṃ na tu karmahīna karma pradhānaṃ na tu buddhihīnam | tasmāt tayor eva bhavet prasiddhir na tv ekapakṣo vihagaḥ prayāti ||

190 TCĀ, TCDJ *read* vimucyate *for* hi mucyate.

191 Yājñavalkyasmṛti 3.205: nyāyāgatadhanas tattvajñānaniṣṭho 'tithipriyaḥ | śrāddhakṛt satyavādī ca gṛhastho 'pi hi mucyate || Kir: $40^{11f.}$: nyāyāgatadhanas tattvajñānaniṣṭho 'tithipriyaḥ | śrāddhakṛt satyavādī ca gṛhastho 'pi hi mucyate ||

192 Kir: $40^{13f.}$: na ca svargavad apavarge 'pi prakārabhedaḥ saṃbhavati |

193 TCĀ, TCDJ *read* -karmāṇi vihitāni *for* -vihitāni karmāṇi.

194 TCĀ, TCDJ *add* tasmāt.

195 Manusmṛti 6.95f.: saṃnyasya sarvakarmāṇi karmadoṣān apānudan | niyato devam abhyasya putraiśvarye sukhaṃ vaset || evaṃ saṃnyasya karmāṇi svakāryaparamo 'spṛhaḥ | saṃnyāsenāpahatyainaḥ prāpnoti paramāṃ gatim ||

[15-2b] maivam | svasvāśramavihitena karmaṇā jñānasya samaprādhānyena samuccayāj jñānakarmaṇos tulyatvena muktyarthatvābhidhānāt | tathā ca śrībhagavadgītā[196] |

sve sve karmaṇy abhirataḥ saṃsiddhiṃ labhate naraḥ[197] |[198]
svakarmaṇā tam abhyarcya[199] siddhiṃ vindati mānavaḥ ||[200]

śrīviṣṇupurāṇe |

tasmāt tatprāptaye yatnaḥ kartavyaḥ paṇḍitair naraiḥ |
tatprāptihetur vijñānaṃ karma coktaṃ mahāmate ||[201]

hārītaḥ |

ubhābhyām eva pakṣābhyāṃ yathā khe pakṣiṇāṃ gatiḥ |
tathaiva jñānakarmabhyāṃ prāpyate brahma śāśvatam ||[202]

śrutiś ca |

satyena labhyas tapasā hy eṣa ātmā samyagjñānena brahmacaryeṇa[203] |[204]

ity etanmūlakam eva |

parijñānād bhaven muktir etad ālasyalakṣaṇam |

---

196 TCDG *omits* śrī-.

197 TCP *omits* saṃsiddhiṃ labhate naraḥ.

198 BhG 18.45: sve sve karmaṇy abhirataḥ saṃsiddhiṃ labhate naraḥ | svakarmaniratah siddhiṃ yathā vindati tac chṛṇu ||

199 TCP *omits* svakarmaṇā tam abhyarcya.

200 BhG 18.46: yataḥ pravṛttir bhūtānāṃ yena sarvam idaṃ tatam | svakarmaṇā tam abhyarcya siddhiṃ vindati mānavaḥ ||

201 Viṣṇupurāṇa 6.5.60: tasmāt tatprāptaye yatnaḥ kartavyaḥ paṇḍitair naraiḥ || tatprāptihetur jñānaṃ ca karma coktaṃ mahāmune || = Brahmapurāṇa 234.57cd, 58ab: tasmāt tatprāptaye yatnaḥ kartavyaḥ paṇḍitair naraiḥ || tatprāptihetur jñānaṃ ca karma coktaṃ dvijottamāḥ |

202 Yogavāsiṣṭha 1.1.7: ubhābhyām eva pakṣābhyāṃ yathā khe pakṣiṇo gatiḥ | tathaiva jñānakarmabhyāṃ jāyate paramaṃ padam |

203 TCĀ, TCDJ *add* -ca-.

204 Muṇḍaka Upaniṣad 3.1.5: satyena labhyas tapasā hy eṣa ātmā samyagjñānena brahmacaryeṇa nityam | antaḥśarīre jyotirmayo hi śubhro yaṃ paśyanti yatayaḥ kṣīṇadoṣāḥ ||

kāyakleśabhayāc caiva karma necchanti paṇḍitāḥ[205] ‖[206]
jñānaṃ pradhānaṃ na tu karmahīnaṃ karma pradhānaṃ na tu buddhihīnam |
tasmād dvayor[207] eva bhavet prasiddhir na hy[208] ekapakṣo vihagaḥ prayāti ‖[209]

na ca phalāntarārthatvena śrutasya karmaṇaḥ phalāntarārthatvam anupapannam | tathā vākyasvarasāj jñānatulyatāpratīteḥ | tattatphalajanakatve 'pi karmaṇāṃ śabda eva mānam | evam anyatrāpi |

atha[210] vārādupakāritayāṅgāṅgibhāvena samuccayaḥ | sa ca[211] prayājādivad apūrvadvāraiva | yat tu jaḍabharatopākhyāne |

na papāṭha guruproktāṃ kṛtopanayanaḥ śrutim |
na dadarśa ca karmāṇi śāstrāṇi jagṛhe na ca ‖[212] iti[213]

tad yogidharmasaṅgatyāgārthaṃ jātismaratvena na śikṣitānīty evaṃ paraṃ vā | tad uktam |

jajñe jātismaro dvijaḥ[214] | sarvavijñānasampannaḥ sarvaśāstrārthatattvavit[215] | iti |

---

205 TCĀ, TCDJ *read* apaṇḍitāḥ *for* paṇḍitāḥ.

206 Bṛhadyogiyājñavalkyasmṛti 9.34: parijñānād bhaven muktir etad ālasyalakṣaṇam | kāyakleśabhayāc caiva karma necchanty apaṇḍitāḥ ‖

207 TCDG, TCP *read* tayor *for* dvayor.

208 TCDG, TCP *read* tu *for* hi.

209 Bṛhadyogiyājñavalkyasmṛti 9.29: jñānaṃ pradhānaṃ na tu karmahīnaṃ karma pradhānaṃ na tu buddhihīnam | tasmād dvayor eva bhavet prasiddhir na hy ekapakṣo vihagaḥ prayāti ‖ TCP *omits* jñānaṃ pradhānaṃ na tu karmahīnaṃ karma pradhānaṃ na tu buddhihīnam | tasmāt tayor eva bhavet prasiddhir na tv ekapakṣo vihagaḥ prayāti ‖

210 TCĀ, TCDJ *read* bhavatu *for* atha.

211 TCĀ, TCDJ *omit* ca.

212 Viṣṇupurāṇa 2.13.39: na papāṭha guruproktāṃ kṛtopanayanaḥ śrutim ‖ na dadarśa ca karmāṇi śāstrāṇi jagṛhe na ca ‖

213 TCDG *omits* iti.

214 Viṣṇupurāṇa 2.13.36: tatra cotsṛṣṭadeho 'sau jajñne jātismaro dvijaḥ ‖ sadācāravatāṃ śuddhe yogināṃ pravare kule ‖

[16]

[16a] atra kecit | anutpannatattvajñānasya jñānārthinas tatpratibandhakādharmanivṛttidvārā prāyaścittavad ārādupakārakaṃ karma | saṃnipattyopakārakaṃ tu tattvajñānam[216] | utpannatattvajñānasya tv antarālabdhavṛṣṭeḥ kārīrīsamāptivad ārabdhāśramaparipālanaṃ lokasaṃgrahārtham[217] | yady[218] api lokasaṃgraho na prayojanaṃ sukhaduḥkhābhāvatatsādhanetaratvāt | tathāpy akaraṇe lokānāṃ[219] vigānān nindyatvena yajjñānaṃ tatparihārārthaṃ tatkarmasādhyaduḥkhotpādanenādharmakṣayārthaṃ ceti |

[16b] tan na | tattvajñānaṃ praty aṅgatvapakṣe karmaṇām hy[220] apūrvadvārā janakatvaṃ duritadhvaṃsakalpanāto laghutvāt[221] |

tasmād yāni karmāṇy upanītamātrakartavyatvena vihitāni saṃdhyopāsanādīni tāni mokṣārthibhir apy[222] avaśyaṃ kāryāṇi[223] | tatparityāgasya pratyavāyahetutvenāśāstrīyatvāt saṃkoce mānābhāvāt | niṣiddhāni kāmyāni ca bandhahetutvān muktiparipanthīnīti tyajyante | dhanamūlāni ca dhanatyāgād eva tyajyante | so 'yaṃ "saṃnyasya sarvakarmāṇi" ity asyārthaḥ | ayam eva hi saṃnyāsapadārthaḥ | tathā ca śrībhagavadgītā[224] |

---

215 Viṣṇupurāṇa 2.13.37 : sarvavijñānasaṃpannaḥ sarvaśāstrārthatattvavit || apaśyat sa ca maitreya ātmānaṃ prakṛteḥ param ||

216 Kir : 40[1f.] : etena sattvaśuddhidvāreṇārādupakārakaṃ karma saṃnipatyopakārakaṃ ca tattvajñānam iti mantavyam |

217 Kir : 40[15–17] : karmāṇi tu anutpannajñānasya jñānārthinas tatpratibandhakādharmanivāraṇadvāreṇa prāyaścittavad upayujyante | utpannajñānasya tu antarālabdhavṛṣṭeḥ kārīrīparisamāptivat prārabdhakarmasamāpanaṃ lokasaṃgrahārtham iti yad uktam utpaśyāmaḥ |

218 TCDG *reads* yad *for* yadi.

219 TCĀ, TCDJ *read* laukikānāṃ *for* lokānāṃ.

220 TCDG, TCP *omit* hi.

221 NSD : 30[8f.] : tattvajñānasyāpi vyavahitatvena tadartham api karmakāraṇatānirvāhārtham apūrvavyāpārakatvasyāvaśyaṃ kalpanīyatvāt | *Cf.* TC, Prayakṣakhaṇḍa (1) : 31[4f.] : na caivaṃ prayājāder api duritadhvaṃsa eva dvāram | kalpyaduritadhvaṃsato 'pūrvasya laghutvāt |

222 TCDG, TCP *omit* api.

223 TCĀ, TCDJ *read* kartavyāni *for* kāryāni.

kāmyānāṃ karmaṇāṃ nyāsaṃ saṃnyāsaṃ kavayo viduḥ[225] |
niyatasya tu saṃnyāsaḥ karmaṇo nopapadyate |
mohāt tasya parityāgas tāmasaḥ parikīrtitaḥ[226] | iti[227] |

[17]

[17a] tattvajñānaṃ dharmadvārā muktisādhanaṃ vihitatvena dharmajanakatvaniyamād[228] iti dharmasyaiva prādhānyam[229] | sa ca dharmo muktyaiva phalena nāśyata iti kecit |

[17b] tan na | mithyājñānanivṛttyā dṛṣṭadvāreṇaivopapattāv adṛṣṭakalpanānavakāśāt[230] | anyathā bheṣajādiṣv api tathā syāt[231] | evaṃ ca tatraiva vihitatvasya vyabhicāraḥ |

[18]

[18] atra vadanti[232] | saṃsārakāraṇocchedakrameṇa kāryocchedān mokṣaḥ | evaṃ ca tattvajñānamātrād eva mithyājñānocchedād apavargaḥ | tatra na tasya karmasahakāritvam | mithyājñānonmūlane karma vinā kṛta-

---

224 TCDG, TCP *omit* śrībhagavat-.

225 BhG 18.2: kāmyānāṃ karmaṇāṃ nyāsaṃ saṃnyāsaṃ kavayo viduḥ | sarvakarmaphalatyāgaṃ prāhus tyāgaṃ vicakṣaṇāḥ ||

226 BhG 18.7: niyatasya tu saṃnyāsaḥ karmaṇo nopapadyate | mohāt tasya parityāgas tāmasaḥ parikīrtitaḥ ||

227 TCĀ, TCDJ *omit* iti.

228 TCĀ, TCDJ *read* -tvād *for* -tvaniyamād.

229 Kir: 40[2f.]: nāpi jñānena dharmo janyate vihitatvād iti dharmasyaiva prādhānyam | NSD: 31[16f.]: na ca jñānasya vihitatvād adṛṣṭajanakatvenādṛṣṭasyaiva prādhānyam |

230 NSD: 30[7f.]: tatra dṛṣṭenaiva tattvajñānenopapattau cādṛṣṭakalpanāyā ayuktatvāt tattvajñānavyāpārakatvasiddhir iti vācyam | NSD: 31[17]: dṛṣṭenaivopapattāv adṛṣṭakalpanāyogāt |

231 Kir: 40[3f.]: dṛṣṭadvāreṇaivopapattāv adṛṣṭakalpanānavakāśāt | anyathā bheṣajādividhiṣv api tathā kalpyeta |

232 *Cf.* TCPrakāśa (Rucidatta): 435[13]: atreti | naiyāyikā iti śeṣaḥ |

syaiva tasya diṅmohādau hetutvāvadhāraṇāt | karmaṇām apavargahetutā śrutiś ca[233] tattvajñānadvārāpy[234] upapadyate sākṣāt tasyāśruteḥ | tattvajñānavataś cādhikāre nityākaraṇe 'pi doṣābhāvena pratyavāyābhāvopapatteḥ | anyathā bhogārthaṃ vihitaniṣiddhācaraṇena dharmādharmotpattau mokṣābhāvaprasaṅgaḥ |

[19]

[19-1a] nanu tattattīrthamahādānasnānakāśīmaraṇādikarmaṇāṃ[235] tattvajñānanairapekṣyeṇa muktihetutvaṃ śrūyate[236] | tat kathaṃ tattvajñānam eva taddhetuḥ | na ca teṣāṃ tattvajñānam eva vyāpāraḥ | anupadaṃ tattvajñānānutpādād adṛṣṭadvārā taddhetutvaṃ vācyam | tathā cāpavargakāraṇam evādṛṣṭaṃ kalpyatāṃ lāghavāt | na ca tattvajñānapratibandhakādharmanāśa eva teṣāṃ vyāpāraḥ | pratibandhakaduritadhvaṃsato 'pūrvasya laghutvāt |

[19-1b] atha tattatkarmaṇām ananugamāt kathaṃ muktir anugatā duḥkhadhvaṃse prakārābhāvād iti cet |

[19-2a] na | guṇanāśe samavāyyasamavāyināśavirodhiguṇānāṃ nāśakatvaniyamāt[237] |

[19-2b] tattannāśaviśeṣe tu tattaddhetur iti cet |

[19-3a] tarhi tattadduḥkhadhvaṃse tattatkarmaṇām api tathātvam astu | tavāpi tattvajñāne tatpratibandhakaduritadhvaṃse cānanugatānām eva tattatkarmaṇāṃ janakatvaṃ mumukṣum uddiśya vihitatvād[238] vānugatam[239]

---

233 TCDJ *omits* ca.

234 TCP *reads* tava- *for* tattva-.

235 TCP *reads* -mahāsnānadāna- *for* -mahādānasnāna-.

236 NSD: 30[3f.]: tīrthaviśeṣasnānādiyamaniyamādikarmaṇāṃ tāvanniḥśreyasakāraṇatvaṃ śabdabalād avagamyate |

237 TCP, TCDG *read* -darśanāt *for* -niyamāt.

238 TCĀ, TCDJ *read* -tvaṃ vā- *for* -tvād.

239 TCP, TCDG *omit* vā.

astīti cet |

[19-3b] na | jñānakarmaṇor nirapekṣasādhanatāśravaṇād[240] vrīhiyavavad vikalpa eva | nirapekṣaikasādhanāvaruddhe[241] 'parasādhanānvayo na vikalpaṃ vinā[242] saṃbhavaty ākāṅkṣāvirahād iti nyāyāt | sāhityabodhakaṃ vinaikaṃ praty anekasya hetutā yatra śabdena bodhyate tatra vikalpenānvayo yathā vrīhiyavayor iti vyutpatter vā |

[20]

vastutas tu dṛḍhabhūmisavāsanamithyājñānonmūlanaṃ vinā na mokṣa ity[243] ubhayasiddham | tādṛśamithyājñānanāśe cānvayavyatirekābhyāṃ tattvajñānakāraṇam[244] avadhāritam | ato na tena vinā sa iti tatrāpi tattvajñānam āvaśyakam | yady api mithyājñānanāśe virodhiguṇamātrasyaiva[245] taddhetutvam[246] | tathāpi mithyājñānaprāgabhāvāsahavṛttimithyājñānadhvaṃsasya tadekasādhyatvam | "ātmā jñātavyo na sa punarāvartate"[247] ityādiśruter[248] mokṣaṃ prati tattvajñānasya hetutvāvadhāraṇāc ca[249] | "tam eva viditvāti mṛtyum eti nānyaḥ panthā vidyate 'yanāya"[250] iti śrutyā tattvajñānaṃ vinā na mokṣaḥ kiṃ tu tasmin saty eveti pratipādanāc ca | anyathā svargādau na śarīrādayaḥ kalpyeran | karmaṇāṃ tattvajñānadvārāpi muktijanakatvasaṃ-

---

240 TCĀ, TCDJ *read* -kāraṇatā- *for* -sādhanatā-.

241 TCĀ, TCDJ *add* aparasādhanāvaruddhe.

242 TCĀ, TCDJ *read* antareṇa *for* vinā.

243 Kir: 35[3f.]: na ca tena vinā dṛḍhabhūmivibhramasamunmūlanasamarthas tattvasākṣātkāra iti |

244 TCP *reads* -kāraṇatvam *for* -kāraṇam.

245 TCDJ *omits* -mātra-.

246 TCĀ, TCDJ *omit* tad-.

247 ChU 8.15.1. *See footnote* 105.

248 TCĀ, TCDJ *omit* ādi-.

249 TCP, TCDG *omit* ca.

250 Śvetāśvatara Upaniṣad 3.8 = 6.15: tam eva viditvāti mṛtyum eti na anyaḥ panthā vidyate 'yanāya ||

bhavāt | pramāṇavato gauravaṃ ca[251] na doṣāya | karmaṇāṃ tattvajñānaviśeṣa[252] eva janakatvam ato na tatrānanugamo doṣāya | vārāṇasīmaraṇasya tattvajñānaphalajanakatvam[253] āgamād evāvagamyate[254] | tattvajñānād adattaphalāny eva karmāṇi prāyaścittād iva vinaśyanty ananyathāsiddhaśabdabalāt | na ca prāyaścittasya duritotpattinimittakatvaṃ pāpanāśaphalaśravaṇāt | ata eva na brahmahatyādīnāṃ prāyaścittaduḥkham eva phalam | narakaphalaśrutivirodhāt prāyaścittavidhivaiyarthyāc ca duḥkhaikaphalatvena tatrāpravṛtteḥ | nāpi karmāntarādhikāra eva phalaṃ mahāpātakātirikte 'nadhikārābhāvāt | anyathā yatkiṃcitpāpavato 'kṛtaprāyaścittatvenānadhikārāpatteḥ prāṇāntike tadabhāvāc ca |

śrūyate hi |

bhidyate hṛdayagranthiś chidyante sarvasaṃśayāḥ |
kṣīyante cāsya karmāṇi tasmin dṛṣṭe parātmani[255] || iti[256] |

smṛtiś ca[257] |

jñānāgniḥ sarvakarmāṇi bhasmasātkurute 'rjuna[258] | iti ||

[21]

[21-1] "nābhuktaṃ[259] kṣīyate karma"[260] ity atra ca prāyaścittādismṛtitaḥ saṃkocasyāvaśyakatvena śabdabodhitanāśakānāśyakarmaparatvaṃ[261]

---

251 TCDJ *omits* ca.

252 *Cf.* TCPrakāśa: 437[17f.]: tattad iti | tṛṇāraṇimaṇinyāyād iti bhāvaḥ |

253 TCĀ, TCDJ *omit* -jana-.

254 NSD: 32[6f.]: vārāṇasīprāyaṇādes tattvajñānotpādakatvasya śabdād evāvagamyatvāt |

255 Muṇḍaka Upaniṣad 2.2.8: bhidyate hṛdayagranthiś chidyante sarvasaṃśayāḥ | kṣīyante cāsya karmāṇi tasmin dṛṣṭe parāvare ||

256 TCĀ, TCDG, TCDJ *omit* iti.

257 TCP *reads* api *for* ca.

258 BhG 4.37: yathaidhāṃsi samiddho 'gnir bhasmasātkurute 'rjuna | jñānāgniḥ sarvakarmāṇi bhasmasātkurute tathā ||

259 TCDG *reads* mābhuktam *for* nābhuktam.

lāghavāt | na tu tattadanyakarmaparatvaṃ gauravāt pāpapuṇyakṣayahetūnāṃ bahutaratvāt |

[21-2a] jñānasya nāśakatvaṃ śabdabodhyam ity uktam | atha bhasmasātpadasya lākṣaṇikatvena yathā vahneḥ paraṃparayā bhasma tathā jñānāt karmakṣaya ity arthaḥ | tathā ca "nābhuktaṃ kṣīyate karma" iti smṛtir utsargato bhogenaiva kṣayam āha | ananyathāsiddhaprāyaścittavidhinā sā bādhyate | jñānanāśyatvaṃ ca bhogadvārāpi saṃbhavatīty abādhe saṃbhavati[262] bādhakalpanā neti cet |

[21-2b] na | karmaṇo bhoganāśyatve jñānasyānāśakatvāt | na hi bhogas tattvajñānavyāpāras tathāśravaṇāt tena vināpi karmaṇa eva tadupapatteś ca | karmaṇo[263] bhoganāśyatve tattvajñānānupayogāt |

[21-3a] yat tu "nābhuktam" iti smṛtivirodhena "kṣīyante" ityādiśruter anyathāvarṇanam[264] |

[21-3b] tan na | smṛteḥ pratyakṣavedabādhitatvena tadviruddhārthakavedānanumāpakatvāt[265] |

[21-4a] vāmadevasaubhariprabhṛtīnāṃ kāyavyūhaśravaṇāt tattvajñānena kāyavyūham utpādya bhogadvārā karmakṣaya iti cet |

[21-4b] na | tapaḥprabhāvād eva tattvajñānānutpāde 'pi kāyavyūhasaṃbhavāt | bhogajananārthaṃ ca karmabhir avaśyaṃ tattatkāyaniṣpādanam iti na tatra tattvajñānopayogaḥ | yaugapadyaṃ ca kāyānāṃ tajjanaka-

---

260 Brahmavaivartapurāṇa, Prakṛtikhaṇḍa 37.17: nābhuktaṃ kṣīyate karma kalpakoṭiśatair api | avaśyam eva bhoktavyaṃ kṛtaṃ karma śubhāśubham || *Cf.* Vyom: 3^{13-15}: nābhuktaṃ kṣīyate karma kalpakoṭiśatair api | avaśyam anubhoktavyaṃ kṛtaṃ karma śubhāśubham || *Cf.* NL: 296^{3}: bhavati cātra smṛtiḥ "nābhuktaṃ kṣīyate karma" iti, ... |

261 TCDG *omits* -karma-.

262 TCDG *adds* na.

263 TCDG *reads* akarmaṇaḥ *for* karmaṇaḥ.

264 *Cf.* NL: 596^{3}-597^{1}: bhavati cātra smṛtiḥ "nābhuktaṃ kṣīyate karma" iti, śrutiś ca "tāvad evāsya ciram" iti | na cātra "jñānāgniḥ sarvakarmāṇi" iti śrutismṛtivirodhaḥ, bhasmasātkaraṇena vinaśvaratāyā upalakṣitatvāt, tasya tatphalasaṃpādakadehavyūhenāpy upapatteḥ |

265 TCĀ, TCDJ *omit* tat-.

karmasvabhāvāt tapaḥprabhāvād[266] vā | na ca jñānaṃ bhogadvārā karmanāśakam ity uktam |

[22]

[22-1a] etenāgamayoḥ parasparavirodhād anirṇaye vimatipadaṃ karma bhoganāśyaṃ prāyaścittādyanāśyatve sati karmatvād bhuktabhujyamānakarmavad ity anumānān nirṇaya ity apāstam |

[22-1b] jñānasya prāyaścittatulyatvenāprayojakatvāt śrutibādhitatvāc ca | śabdabodhitanāśakānāśyatvasyopādhitvāc ca | akṛtapradhānena kṛtapradhānena cāṅgāpūrveṇa vyabhicārāc ca | tasya pradhānayāgādināśyatvāt |

[22-2a] na ca tasyāpi yāgasyeva svargaphalakatvam iti tannāśyatvam eva | adhikṛtādhikāre 'pi svargakāmasyādhikārād | anyathā niṣphale 'pravṛtter iti vācyam |

[22-2b] svargaphalatve 'ṅgatvavirodhāt | pravṛttiś ca phalavadyāgānvitatayā[267] | tad uktaṃ "yāge[268] rāgād aṅge vaidhī" iti |

[22-3a] nanu "tāvad evāsya ciraṃ yāvan na vimokṣo[269] 'tha saṃpatsyate kaivalyena"[270] iti śrutes tāvad evāsyotpannatattvajñānasya ciraṃ vilambo yāvan notpannakarmaṇo vimokṣaḥ | atha saṃpatsyate kaivalyeneti | atra bhogena kṣapayitveti śeṣaḥ | na ca śeṣe mānābhāvaḥ | saty api vijñāne karmāvasthāne kḷptasāmarthyasya bhogasyaiva nāśakatvenākṣepād iti cet |

[22-3b] na | tattvajñāne sati tattvajñānadaśāyāṃ na mokṣaḥ | kiṃ tu tadagrimakṣaṇa ity arthatvenāpy upapatteḥ |

[22-4a] yat tv akṛtapradhānāṅgāpūrvābhiprāyam etad "jñānāgniḥ sarvakarmāṇi" ityādi teṣāṃ kāryāṇāṃ nāśakāntarābhāvād iti |

---

266 TCĀ, TCDJ *read* sva- *for* pra-.

267 TCĀ, TCDJ *read* -arthitayā *for* -anvitatayā.

268 TCĀ, TCDJ *read* pradhāne *for* yāge.

269 TCDG, TCP *read* vimokṣe *for* vimokṣaḥ.

270 ChU 6.14.2: tasya tāvad eva ciraṃ yāvan na vimokṣye 'tha saṃpatsya iti ||

[22-4b] tan na | pradhānārthitayā[271] kḷptānāṃ tadabhāve tatsāmagryasiddheḥ | tatsattve 'pi sarvakarmapadasya karmāntaraparigrāhakasya[272] saṃkoce mānābhāvāt |

[22-5a] yad api bhasmasātkaraṇādinā phalājanakatvam ucyate tattvajñānāt kṛtam api vihitaṃ karma na phalāyeti | tathā ca śrutiḥ "tad yathā puṣkarapalāśe nāpaḥ śliṣyate" ityādi |

[22-5b] tad api na | na hi bhasmasātkaraṇaṃ kṣayaś cānutpattir ucyate | na ca lakṣaṇā mukhye bādhakābhāvād iti |

[23]

ucyate | karmaṇo bhoganāśyatve 'pi jñānasya karmanāśakatvaṃ bhogasya tattvajñānavyāpāratvāt[273] | na ca bhogamātrasyaiva karmanāśe sāmarthyāt tattvajñānavyabhicāraḥ karmaprāgabhāvāsahavṛttikarmanāśe yugapatkarmabhoge vāvyabhicārāt | ata evānumānenāgamabādhāprayojakatvena ca śrutivākyaśeṣe[274] mānābhāvaḥ | utpannatattvajñānasyāpavargavilambopapādanārtham uktarītyā[275] bhogasyaivākṣepād iti | tad asyāpavargasya paramapuruṣārthasya śrutisiddhaṃ[276] kāraṇam anumānaṃ viviktam iti[277] ||[278]

iti śrīmahāmahopādhyāyagaṅgeśaviracite tattvacintāmaṇāv[279]

anumānākhyadvitīyakhaṇḍa īśvarānumānam ||

---

271 TCDG *reads* -artha- *for* -arthi-.

272 TCDG *reads* -apari- *for* -pari-.

273 *Cf.* Nyāyakośa: 730[15]: yaṃ janayitvaiva yasya yajjanakatvaṃ sa tadvyāpāraḥ |

274 *Cf.* TCDG: 2083[2]: atra bhogena kṣapayitveti śeṣaḥ |

275 *Cf.* TCDG: 2083[3f.]: tathā cāgrimakṣaṇe taddhvaṃsas tadviṣayakaṃ ca vinaśyadavasthaṃ jñānam astīti vartamānam apy aciram anubhūyate |

276 TCDG *reads* -siddha- *for* -siddham.

277 TCĀ, TCDJ *read* iti viviktam *for* viviktam iti. NL: 579[2]: svargavat śrutisiddhe cāpavarge 'numānam apy ucyate |

278 TCP *adds* [muktivādaḥ samāptaḥ].

279 TCDJ *omits* -mahāmahā-.

samāptaṃ ca dvitīyam anumānakhaṇḍam |

第2章 『タットヴァ・チンターマニ』「解脱論」概要

1

主張：ガンゲーシャ：推理の究極の目的は解脱である。

1-1　天啓聖典：おお、アートマン（魂）は聞かれるべきであり，考えられるべきであり，瞑想されるべきであり，直接経験されるべきである。

1-2　ガンゲーシャの究極的定義：苦の滅が人間の目的（解脱）である。

2

人間の目的(1)：反論「苦の滅は人間の目的ではない」と答論「苦の滅が人間の目的である」

2-1a　反論：苦の滅は人間の目的ではない。

2-1b　答論：「苦の未生起」か「苦の生起因の滅」か，どちらかが人間の目的である。

2-2a　反論：両方とも人間の目的ではない。

2-2b　答論：解脱のプロセス。

2-3a　反論：解脱は最後の苦の滅である。

2-3b　答論：真理知から苦の滅がある。

2-4a　反論：苦が生じなければ苦の滅もない。

2-4b　答論：輪廻があれば苦がある。

2-5a　反論：苦は因中無果である。

2-5b　答論：苦の滅は真理知による。

2-6a　反論：滅には対象が必要である。

2-6b　答論：未来の苦の滅のために苦の生起因に対して活動がある。

2-7a　反論：最後の苦の滅は努力なしで成立する。

2-7b　答論：真理知は努力によって成立する。

3

対論者の定義(1)，(2)，(3)

3-1a　主張：対論者の定義(1)：解脱は苦と滅との結合である。

3-1b　答論：解脱は苦の滅である。

3-2a　対論者の定義(2)：解脱は享受による苦の滅である。対論者の定義(3)：解脱は直接経験による苦の滅である。

3-2b　答論：人間の目的は苦の滅のみであり，享受や直接経験ではない。

4

人間の目的(2)：反論「解脱は苦の未生起である」と答論「解脱は苦の生起因の滅である」

4-1　対論者の定義(4)：解脱は苦の生起因の滅である。

4-2a　反論：苦の未生起が人間の目的である。

4-2b　答論：苦の未生起は成立しない。

4-3a　反論：嫌悪に基づいて努力する。

4-3b　答論：意欲に基づいて努力する。

4-4a　反論：嫌悪に目的の知識は必要ない。

4-4b　答論：嫌悪にも目的の知識は必要である。

5

人間の目的(3)：反論「解脱は苦の生起因の滅である」と答論「解脱は苦の未生起である」

5-1　主張：苦の未生起が人間の目的である。

5-2a　反論：過去の非存在に努力は必要ない。

5-2b 答論：過去の非存在に努力は必然である。
5-3a 反論：滅罪は役立たない。
5-3b 答論：滅罪は無益ではない。
5-4 定説：苦の過去の非存在は必ずある。
5-5a 反論：悪がなければ苦の過去の非存在はない。
5-5b 答論：苦の未生起が人間の目的である。

6

対論者の定義(5)，(6)
6-1 定義(5)：解脱は誤知の滅である。
6-2 定義(6)：解脱は業の滅である。

7

対論者の定義(7)：反論「解脱は苦の絶対的非存在である」と答論「解脱は苦の滅である」
7-1a 主張：ヴァッラバ：解脱はアートマンと苦の非存在としての関係（絶対的非存在）である。
7-1b 答論：苦の生起因の滅は解脱の手段ではない。苦と絶対的非存在とは過去・現在・未来に結合しない。絶対的非存在は努力なしで成立している。苦の生起因の滅と絶対的非存在とは結合しない。
7-2a 反論：解脱は生起因が滅している苦の絶対的非存在である。
7-2b 答論：「苦の絶対的非存在」は「苦の生起因の滅」と同じである。
7-3a 反論：解脱はすべての苦の過去の非存在と関係する非存在である。
7-3b 答論：解脱は苦の滅である。

8

対論者の定義(8)：反論「解脱は絶対的な苦の過去の非存在である」と答論「解脱は苦の滅である」

8-1a　主張：プラバーカラ：解脱は絶対的な「苦の過去の非存在」である。

8-1b　答論：過去の非存在は反存在の生起因である。

8-2a　反論：苦の生起因がなければ苦もない。

8-2b　答論：無終の過去の非存在は絶対的非存在である。

8-3a　反論：過去の非存在は絶対的非存在ではない。

8-3b　答論：苦の過去の非存在の反存在は輪廻と無関係の苦である。

9

人間の目的(4)：反論「楽が人間の目的である」と答論「苦の滅が人間の目的である」

9-1a　主張：非存在は人間の目的ではない。

9-1b　答論：苦に対して活動はある。

9-2a　反論：賢者は非存在に対して活動しない。

9-2b　答論：苦の非存在が人間の目的である。

9-3a　反論：賢者は非存在に対して活動しない。

9-3b　答論：苦の滅が解脱である。

9-4　苦滅論者：認識手段（推理と聖言）は解脱の存在を証明する。

9-5a　反論：苦楽は否定できない。

9-5b　答論：苦楽は否定できる。

9-6a　反論：解脱の兆候は天啓聖典による。

9-6b　答論：輪廻者性が解脱の潜在能力である。

10

対論者の定義⑼：反論「解脱は常住の楽の顕現である」と答論「解脱は苦の滅である」

10-1　主張：解脱は常住の楽の顕現ではない。

10-2a　反論：常住の楽の顕現に身体は必要ない。

10-2b　答論：解脱と身体は共存しない。

10-3a　反論：天啓聖典が認識手段である。

10-3b　答論：天啓聖典（知識）は知覚（経験）によって否定される。

10-4a　反論：「常住の楽」の知識の後で「楽はブラフマン」の知識が生じる。

10-4b　答論：常住の楽は常に経験されている。

10-5a　反論：常住の楽はアートマンとして経験される。

10-5b　答論：人間の目的には努力が必要である。

10-6a　反論：無知の滅が人間の目的である。

10-6b　答論：苦の滅が人間の目的である。

11

対論者の定義⑽：トゥリダンディン「解脱はアートマンの没入である」と答論「解脱は苦の滅である」

11a　主張：解脱はアートマンの没入である。

11b　答論：微細身の滅は人間の目的ではない。

12

対論者（仏教徒）の定義⑾，⑿

12-1　定義⑾：解脱は心相続である。

12-2　定義⑿：解脱はアートマンの滅である。

13

対論者の定義⒀：ヴェーダーンタ学派「現生解脱は可能である」と答論「すべての住期で解脱できる」

13a　主張：現生解脱は可能である。

13b　答論：すべての住期で解脱できる。

14

解脱の階梯

定説：⑴天啓聖典，⑵推理，⑶ヨーガ，⑷ダルマ，⑸真理知，⑹誤知の滅，⑺過失（煩悩）の滅，⑻活動（業）の滅，⑼出生の滅，⑽苦の滅＝解脱。

15

知行併合論⑴：反論「知識論」と答論「知行併合論」

15-1　主張：知識と祭式行為との併合が解脱の手段である。

15-2a　反論：知識のみが解脱の手段である。

15-2b　答論：知識と行為とは同等に主要である。

16

知行併合論⑵：ウダヤナ「行為はアダルマの滅のためにある」と答論「行為は新得力の生起因である」

16a　主張：行為はアダルマの滅のためにある。

16b　答論：行為は新得力の生起因である。朝夕の薄明の礼拝＝定められた行為は必要である。

17

知行併合論(3)：ヴァイシェーシカ学派「解脱にとってはダルマが主要である」と答論「解脱にダルマは必要ない」

17a　主張：ヴァイシェーシカ学派：解脱にとってはダルマが主要である。

17b　答論：知識があればダルマを想定する余地はない。

18

知行併合論(4)：古典ニヤーヤ学派：知識のみが解脱の手段である。

19

知行併合論(5)：「行為によって解脱する」と答論「知識によって解脱する」

19-1a　主張：行為論者：行為は真理知に依存せずに解脱の原因である。

19-1b　知識論者：行為は解脱を導き出さない。

19-2a　行為論者：矛盾する属性の理論により誤知は滅する。

19-2b　知識論者：苦の滅は個別的である。

19-3a　行為論者：解脱は規定行為による。

19-3b　答論：知識論者：知識と行為は選択的である。

20

知行併合論(6)：定説：知識が業を滅する。

21

享受(1)：反論「知識によって業は滅する」と答論：「享受によって業は滅する」

21-1　主張：享受以外でも業は滅する。

21-2a　反論：享受を通して知識は業を滅する。

21-2b　答論：享受によって業が滅するとき，知識は業を滅しない。

21-3a　反論：伝承文学は天啓聖典によって否定される。

21-3b　答論：伝承文学は否定されない。

21-4a　反論：享受を手段とする真理知によって業は滅する。

21-4b　答論：真理知は必要ない。

22

享受(2)：反論「享受によって業は滅する」と答論「知識によって業は滅する」

22-1a　反論：享受によって業は滅する。

22-1b　答論：知識によって業は滅する。

22-2a　反論：滅罪によって業は滅する。

22-2b　答論：滅罪から果報はない。

22-3a　反論：真理知があっても享受のみが業を滅する。

22-3b　答論：真理知の次の瞬間に解脱はある。

22-4a　反論：伝承文学の意図は新得力である。

22-4b　答論：伝承文学は制限されない。

22-5a　反論：知識は常に結果を生じさせるわけではない。

22-5b　答論：知識は業を滅する。

23

結論：ガンゲーシャ：解脱の手段は天啓聖典に基づく推理である。

享受(3)：享受は真理知のはたらきである。

第3章 『タットヴァ・チンターマニ』「解脱論」和訳

解脱論

[1]

【主張：ガンゲーシャ：推理の究極の目的は解脱である】

【1-1 天啓聖典】 推理の究極の目的は解脱である。「おお，アートマン（ātman 魂）は聞かれるべきであり，考えられるべきであり，瞑想されるべきであり，直接経験されるべきである[1]」と天啓聖典のなかで説かれているから[2]。

【1-2 ガンゲーシャの究極的定義：苦の滅が人間の目的（解脱）である】 またそれ（解脱）は，同じ基体（人間）の苦の「過去の非存在[3]」と共存しない「苦の滅」（苦の未来の非存在）である[4]。

[2]

【人間の目的(1)：反論「苦の滅は人間の目的ではない」と答論「苦の滅が人間の目的である」】

【2-1a 反論：苦の滅は人間の目的ではない】 それ（苦の滅）は人間の目的（解脱）ではない。過去の苦の滅は〔いますでに〕成立しているから。未来の苦は〔いま〕滅することができないから。現在の〔苦〕は，人間の努力なしで矛盾する属性[5]によって滅せられるから。過去の苦と同様である。〔苦の〕原因[6]の滅に対して，人間のはたらき（vyāpāra）が〔必要で〕ある。滅罪（prāyaścitta[7]）のように[8]。

【2-1b 答論：「苦の未生起」か「苦の生起因の滅」か，どちらかが人間の目的である】 そうではない。〔あなたの意図は〕以下のどちらかであるとしよう。

〔苦の〕原因の滅は，楽や「苦の非存在」と異なっているので，それ自体で人間の目的ではないから。さらに未来に生起しないもの（苦）を目的として，現在なされているから。たとえば，ここでは「苦の未生起」（duḥkhānutpāda）が人間の目的であるように，そのように（解脱は「苦の未生起」であると）ここでもまた意図されているのか。(9)

もしくは未生起は「過去の非存在」（prāgabhāva）という理由で，成立しないから。(10)さらに〔過去の非存在以外の〕別の結果（未来の非存在）はないから。(11)棘（苦の生起因）の滅のように目的が異なることなく，「苦の生起因の滅」（duḥkhasādhananāśa）(12)こそが，それ自体で人間の目的である。そのように（解脱は「苦の生起因の滅」であると）ここでも〔意図されているのか〕。(13)

【2-2a 反論：両方とも人間の目的ではない】どちらの場合も「苦の滅」は人間の目的では決してないし，(14)またこれら二つとも人間の目的ではないことは，後に述べられるであろう。(15)

【2-2b 答論：解脱のプロセス】そうではない。別（解脱と無関係）(16)の「苦の滅」が，〔人間の〕努力なしで成立するとしても，そのような（解脱としての）「苦の滅」は，誤知の排除を通して，人間の努力に基づく真理知によって成立するから。(17)つまり，真理知（tattvajñāna）から，潜在印象をともなう誤知（savāsanamithyājñāna）がなくなり，過失（doṣa）が生起せず，活動（pravṛtti）がなくなり，不可見力（adṛṣṭa）が生起せず，〔アートマンが身体を持って再び〕生まれ（janman）ないときに，そのような（解脱としての）「苦の滅」がある。(18)

【2-3a 反論：解脱は最後の苦の滅である】最後の苦が生起するとき，それ（最後の苦）の滅は，それの知識からだけで生じるだろう。(19)そして，それ（最後の苦）が生起しなければ，真理知からでさえ〔苦の滅＝解脱は〕ないだろう。

【2-3b 答論：真理知から苦の滅がある】そうではない。反存在（非存在の対象＝苦）と同様に真理知もまた，それ（苦の滅）の原因であるから。(20)等しく両方（苦と真理知）とも〔苦の滅の〕原因であるから。それ（苦と真理知）なしで，それ（苦の滅）は生じないから。それゆえ「シュカ(21)に真理知が生じた」という場合，彼（シュカ）にはそれ（苦）の滅が生じているのであり，われわれなどにではない。(22)

【2-4a 反論：苦が生じなければ苦の滅もない】 この（シュカに真理知が生じた）場合，苦が生じていない。それゆえ，その（シュカの苦の滅という）滅はわれわれなどにはない。[23]

【2-4b 答論：輪廻があれば苦がある】 始まりのない輪廻に，それ（苦）はどういう理由で生じていないのか（苦は必ず生起する）。

【2-5a 反論：苦は因中無果である】〔苦には〕それ自体の〔生起〕原因がないから。

【2-5b 答論：苦の滅は真理知による】 そうではない。〔苦の滅と〕肯定的・否定的（anvayavyatireka）[24]に随伴している真理知と別のものは求められないから。解脱があるとき，それ（苦の滅）という滅は必ずある。それ（苦の滅）があるとき，解脱は必ずある。[25]「それ（苦の滅）は解脱の生起因（真理知）によって生起する」ということは，すべての人に認められている。解脱はこれ（真理知によって生じたもの）か他のもの（苦が滅したもの）かのどちらかである。[26]

【2-6a 反論：滅には対象が必要である】 そうであるとして，滅のために苦が取り上げられるべきである。それ（苦）によってまだ引き起こされていない滅は，まだ生じていないから。[27]

【2-6b 答論：未来の苦の滅のために苦の生起因に対して活動がある】 それは正しい。世俗世界では，人間の目的（苦の滅）の原因であるという理由で，苦とその生起因に対してもまた〔それを排除しようとする人間の〕努力が見られるから。[28] 瓶の未来の滅のために，金槌などに活動が見られるから，未来の苦の滅のためにもまた〔苦の生起因に対して〕活動がある。

【2-7a 反論：最後の苦の滅は努力なしで成立する】 最後の苦の滅は，苦の滅であるということによって説明されるべきでない。〔人間の〕努力なしで成立する別（解脱と無関係）の苦の滅のように，人間の目的ではないから。[29]

【2-7b 答論：真理知は努力によって成立する】 そうではない。「同じ基体の苦の過去の非存在と共存しない苦の滅」ということによって，それ（解脱）は説明されるから。[30] 苦が混合していない楽のように[31]，それ（真理知）は人間の努力によって必ず成立すると〔ウダヤナによって〕言われる。[32] それゆえ，以下は否定される。

[3]

【対論者の定義(1), (2), (3)】

【3-1a 主張：対論者の定義(1)：解脱は苦と滅との結合である】 解脱は苦の滅すべてである[(33)]。しかし，個々の人間（アートマン）におけるすべての苦と滅との結合（saṃvalana）状態に対して，そのような（解脱という）名称が用いられる。個々の人間に，苦と滅との集合（stoma）が個別に存在しうるから。光と非存在とが結合した（saṃvalita）ときに，「暗闇」ということばが使われるように，そのような二つのものが結合したときにのみ，知識と名称とがある[(34)]。〔したがって解脱を求める〕活動（努力）もまた，〔苦と滅との〕結合を目的とする。

【3-1b 答論：解脱は苦の滅である】 諸々（すべて）の〔苦と滅と〕の結合したもの（苦の滅）は成立しないから[(35)]。結合するもの（滅）が〔結合したもの（苦の滅）と〕同じ場合，過大適用になるから。生じた（結合した）もの（苦の滅）が〔結合するもの（滅）と〕異なる場合，滅がないから。

〔苦が滅して〕生じたもの（苦の滅）でないもの（苦と滅との結合）は人間の目的ではないから。〔苦と滅とが〕結合するときに成立するものとして，享受は必然であるから〔しかしあなたは享受の必然性を言っていない〕。〔光と非存在が結合して〕「暗闇」などの〔ことばが用いられる〕ように，〔苦と滅が〕結合するときにのみ，〔解脱ということばが〕用いられるから〔しかし，苦と滅との結合のみならず，苦が滅しても解脱と言われる〕。それゆえ〔以下は否定される〕。

【3-2a 対論者の定義(2)：解脱は享受による苦の滅である。対論者の定義(3)：解脱は直接経験による苦の滅である】 解脱は，潜在印象を生起させない享受（bhoga）の対象である苦の滅か[(36)]，潜在印象を生起させない直接経験（anubhava）による〔苦の〕滅か[(37)]，どちらかである。過遍充（ativyāpti）はない[(38)]。生起因であることは，〔結果を〕生起させなくても，可能であるから[(39)]。

【3-2b 答論：人間の目的は苦の滅のみであり，享受や直接経験ではない】 以上は否定される。〔享受も直接経験の滅も〕人間の目的ではないから。

［4］

【人間の目的⑵：反論「解脱は苦の未生起である」と答論「解脱は苦の生起因の滅である」】

しかしながら，他の者（「苦の生起因の滅」論者）は〔次のように言う〕。

【4-1 対論者の定義⑷：解脱は苦の生起因の滅である】解脱は，苦の過去の非存在と共存しない苦の生起因の滅である。世俗世界における蛇や棘などの滅とヴェーダ（宗教）世界における滅罪などによる悪の滅とは，目的が異なることなく，「苦の生起因の滅」であるという理由で，人間の目的（puruṣārtha）であるから。(40)

【4-2a 反論：「苦の未生起」が人間の目的である】〔世俗世界における〕蛇や棘など，もしくは〔宗教世界における〕悪は滅せられるべきである。それゆえ，〔蛇，棘や悪が滅せられれば，〕それ（蛇，棘や悪）によって生起する苦はないから，「苦の未生起」を目的として活動（努力）がある。それゆえ「苦の未生起」こそが〔人間の〕目的（prayojana）であり，「苦の生起因の非存在」ではない。楽や「苦の非存在」と異なるから。(41)

【4-2b 答論：「苦の未生起」は成立しない】そうではない。「苦の未生起」は，始まりのない過去の非存在（prāgabhāva）なので，成立しないから。(42) さらにそれ（過去の非存在としての苦の未生起）の継続（pālana）も成立しない。実に継続は，それ（過去の非存在）の特徴（svarūpa）ではない。それ（過去の非存在）が〔元々〕成立していないから。〔過去の非存在は〕未来の時間と結合していない。(43) 非存在〔という関係〕の場合，関係を持つ一対のもの（基体〈過去の時間〉と反存在〈苦〉）以外のものは信頼できないから。さらに誰も〔そんなことは〕認めていないから。また関係（非存在）を持つ一対のもの（過去の苦）それ自体（svarūpa）が成立するのでもない。(44) 過去の非存在でさえ成立していないから。また時間（苦の過去の非存在の基体）とその限定的属性（苦の過去の非存在）との二つは，〔人間の〕努力なしで成立しているから。

【4-3a 反論：嫌悪に基づいて努力する】たとえば，苦に対する嫌悪から，それ（苦）の非存在に対する意欲（icchā）があるように，苦の生起因に対する

嫌悪から，それ（苦の生起因）の非存在に対しても意欲がある。そのように（嫌悪から），それ（苦）の生起因に対して〔滅の〕活動（努力）がある。[(45)]

【4-3b 答論：意欲に基づいて努力する】そうではない。あるもの（苦の非存在）に対する意欲をともなって，あるもの（苦）の生起因に対して，ある人に活動（努力）がある。それこそが，彼（人間）の目的である。苦の生起因の非存在こそが〔人間の〕目的であるから。[(46)]

【4-4a 反論：嫌悪に目的の知識は必要ない】意欲（cikīrṣā）に基づく努力（prayatna）に対しては，目的（prayojana）の知識が必要である。それ（目的の知識）なしでは，手段（upāya）に対して意欲が出ないから。しかし，嫌悪（dveṣa）に基づく努力に対しては，〔目的の知識は必要〕ない。〔蛇や棘は〕望まれないもの（苦）の生起因であるという知識があるから，蛇や棘などに対する嫌悪があるときに，嫌悪からその滅に役立つ（anukūla）努力が生じる。これこそが，まさに嫌悪の本質であり，何の障害もなく，それ自体（嫌悪）の滅せられるべき対象（蛇や棘）の滅に役立つ努力を生じさせる。さもなければ，努力が二種類であることが生じないから。それゆえ，結果（目的，解脱）なしでも，過度の怒りによって盲目となった（煩悩にまみれた）人たちには，自殺に対して活動（努力）がある。[(47)]

【4-4b 答論：嫌悪にも目的の知識は必要である】そうではない。賢者には，目的なしでは，苦という一つの結果に対して，嫌悪だけから〔で苦を滅しようとする〕努力は生じないから。〔自殺する〕怒りによって盲目となった人たちでさえ，その（怒っている）間〔自殺には〕結果（目的，解脱）があると思い込んでいる。過度に欲望に目がくらんだ（煩悩にまみれた）人たちのように〔苦の滅という結果，目的があると思い込んで〕他人の妻などに対してもまた活動（努力）があるから。[(48)]

[5]

【人間の目的(3)：反論「解脱は苦の生起因の滅である」と答論「解脱は苦の未生起である」】

【5-1 主張：苦の未生起が人間の目的である】 そうではない。「私に苦が生じませんようにに」という目的での滅罪（prāyaścitta）などに対する活動（pravṛtti）は[49]，「苦の未生起」こそが目的であるから[50]。

【過去の非存在は努力によって成立する】 また「過去の非存在」が成立しないということもない。苦の生起因を滅する（vighaṭana）方法で，それ（過去の非存在）もまた努力（kṛti）によって成立するから[51]。〔まず〕苦の生起因が生じている状態に対して努力があり，〔次に〕苦の生起因が滅し，〔その次の〕最初（agrima）の瞬間に，〔苦の〕「過去の非存在」そのものがあり[52]，それ（努力）なしでは〔苦の「過去の非存在」は〕存在しないがゆえに，肯定的・否定的随伴[53]がここでは存在するから。

瓶の場合でも，努力があれば〔次の〕最初の瞬間にそれ（瓶）が存在する[54]。それ（努力）なしで〔瓶は〕ないからこそ，〔瓶は〕努力によって成立する。〔努力が〕過去にないのに，〔その次の〕最初の瞬間に〔瓶が〕存在する，つまり生起することはない。煩瑣（gaurava）であるから[55]。

【5-2a 反論：過去の非存在に努力は必要ない】 努力なしでは，〔努力によって成立する〕特徴を持つものは努力によって成立しない。しかし，過去の非存在の特徴（無始，有終）はそうではない[56]。

【5-2b 答論：過去の非存在に努力は必然である】 そうではない。〔努力の次の〕最初の瞬間に努力が滅していても，瓶が存在するので，〔努力は〕必然であるから。それゆえ「ヨーガのように安楽（kṣema）もまた，未生起の未来の望まれないもの（苦）の生起因であり，考察者の活動（努力）の対象である」ということが新得力（apūrva）が否定されるのに適切なところで言われるだろう[57]。

【5-3a 反論：滅罪は役立たない】 滅罪によって滅せられるべき悪（pāpa）により生じる苦の過去の非存在がもしあるとすれば，そのとき苦は必然である。

それ（過去の非存在）は反存在（未来の存在）の生起因であることが必然であるから。[58]

もしないとすれば，それ（過去の非存在）がないという理由だけで，苦は生起しない。それゆえ，両方の場合とも（あってもなくても）滅罪は役に立たない。それゆえ「苦の生起因の滅」を通して，「過去の非存在」も成立するから，この場合にのみ〔「過去の非存在」は〕努力（滅罪による悪の滅）によって成立することが結論である。したがって「苦の生起因の滅」こそが人間の目的であり，「苦の未生起」が〔人間の〕目的ではない。それゆえ，ここでは〔滅罪云々の〕「過去の非存在」があるとかないとかを考えることは，カラスの歯を吟味するようなもの（無駄）である。それでも〔滅罪云々の〕「過去の非存在」がない場合，それ（悪）がないから，悪は苦の生起因ではない。それゆえ〔滅罪は〕それ（悪）を滅するためにはたらかない。

またそれ（滅罪云々の「過去の非存在」）がある場合，悪をともなってこそ，それ（過去の非存在）は苦の生起因であることが決まっているから，滅罪があっても，喉には四分の一の悪が残るから，そこ（滅罪）から悪が滅するのではない。[59]

【5-3b 答論：滅罪は無益ではない】そうではない。「過去の非存在」（苦の生起因）がなくても，苦の生起因と同種類の滅（苦の未生起）は，人間の目的であるから。[60]〔過去の非存在が〕あっても，別の悪をともなってまた，それ（過去の非存在）は苦の生起因である可能性があるから。〔「過去の非存在」があってもそれとは関係なく〕滅罪から悪の滅が必ずあるだろう。したがって〔悪によって生じる苦の〕「過去の非存在」が存在するかしないかという疑いが滅罪などにあっても，活動は阻害されないと〔吉祥論で言われている〕。[61]

【5-4 定説：苦の過去の非存在は必ずある】〔定説が〕言われる。この（滅罪から悪の滅がある）場合，苦の過去の非存在は必ずある。それ（苦の過去の非存在）こそが「苦の未生起」を特徴としているので，人間の目的であるから。またそれ（苦の過去の非存在）は，悪の滅を通して滅罪によって成立するから，「過去の非存在」があっても，滅罪が無益であるということはない。それゆえ「苦は過去の非存在によって必ず生じる」と〔あなたが言うならば，それ〕は

正しい。ただし，別の悪をともなってである。

【苦の未生起を通して滅罪は結果を持つ】同様に滅罪は無益であるということはない。「苦の未生起」によって，それ（滅罪）は結果を持つから。また「苦の未生起」の結果は，別の「苦の未生起」では決してない。さらにそれ（別の「苦の未生起」）は，ここでは存在しないから結果ではない。それ（苦の未生起）はそれ自体であり[62]，人間の目的であるから。しかも〔「苦の未生起」の結果が別の「苦の未生起」であれば「苦の未生起」が永遠に続き〕無限遡及になるから。

【苦の未生起を目的として滅罪に対する活動がある】したがって「私にこの悪による苦が生じませんように」という現在存在する悪を滅するために，滅罪に対する活動がある〔以上，定説〕。

それゆえ，以下は否定される。

【5-5a 反論：悪がなければ苦の過去の非存在はない】滅罪が実行された後で〔悪である苦の生起因は滅しているから〕苦の「過去の非存在」（苦の生起因）は決してない。さもなければ，それ（過去の非存在）は，反存在（苦）によって滅せられるべき〔ものであり，苦が存在することになるの〕であるので，解脱がないことになってしまうから[63]。

【悪の滅を通して滅罪は結果を持つ】また滅罪が無益であるということもない。神（bhagavat）が苦から成る祭式行為（滅罪）の教説者であるから，信頼できる者でないということはない。それ（滅罪）は，悪（苦の生起因）を滅することを通してのみ結果を持つから。

【苦の未生起に関係なく滅罪に対する活動がある】過去の非存在が確立していなくても，奈落（地獄）を成立させる悪は確立しているから，それ（奈落の原因である悪）の滅のために〔滅罪に対して〕活動がある。

【5-5b 答論：苦の未生起が人間の目的である】「苦の生起因の滅」は，それ自体では人間の目的ではないから。悪なしで，それ（苦の滅）の反存在（苦）が生じるとき，それ（苦の生起因である悪）は〔努力なしで〕消滅しているから。

したがって「私に苦が生じませんように」（苦の未生起）という目的で，それ

（苦）の生起因を滅するために活動があるから，「苦の未生起」こそが人間の目的であり「苦の生起因の滅」ではないということが確立した。[64]

［6］

【対論者の定義(5)，(6)】

【6-1 定義(5)：解脱は誤知の滅である】さらにまず，解脱は苦から成る輪廻の種子である誤知の滅ではない。真理知からそれ（誤知）が滅しても，身体や善業（dharma）などが存在する状態で，解脱があるという過失に陥るから。

【6-2 定義(6)：解脱は業の滅である】〔解脱は〕身体や感覚器官や知識などとそれらの原因である善業や悪業（adharma）の滅でもない。未完成の滅罪によって生じる業は，享受によってのみ滅せられるべきものであるので，真理知によって滅せられないから。さらに，享受によるそれ（業）の滅は，人間の目的ではないから。

［7］

【対論者の定義(7)：反論「解脱は苦の絶対的非存在である」と答論「解脱は苦の滅である」】

【7-1a 主張：ヴァッラバ：解脱はアートマンと苦の非存在としての関係（絶対的非存在）である】他の者（ヴァッラバ）は，解脱は苦の絶対的非存在である〔と言う〕。[65]

【苦の生起因の滅は成立する】もし，他人の苦の絶対的非存在がそれ自体で成立し，そして自分の苦の絶対的非存在が自分のアートマンにおいて〔成立する〕可能性がなく，瓶などに過度に結びついたもの（絶対的非存在）が成立しないとしても，[66]それでもやはり自分に存在する苦と絶対的非存在との関係が，苦の生起因の滅に他ならない。そして，それ（苦の生起因の滅）は必ず成立する。

【苦の生起因の滅は人間の目的ではない】〔苦は〕必然であるという理由で，

それ（苦の生起因の滅）だけでは解脱ではない。それ（苦の生起因の滅）は，それ自体では「人間の目的」ではないという理由で，苦の非存在を目的として，これ（苦の生起因の滅）に対して活動（努力）があるから。

【天啓聖典】「苦から完全（過去・現在・未来）に解放された者は〔ブラフマンの世界に〕行く」というなかに，絶対的非存在として解脱が述べられているから。[(67)]

【限定被限定関係によって絶対的非存在は成立する】またもし「苦の生起因の滅」がそれ自体で「人間の目的」でなく，そして〔苦の〕絶対的非存在が成立しないとしても，それでもやはり限定されるもの（苦の絶対的非存在）が人間の目的であり，限定するもの（苦の生起因の滅）によって成立するので，限定されるもの（苦の絶対的非存在）によってもまた〔人間の目的が〕成立する。蛇や棘など（苦の生起因）の滅（限定するもの）もまた，個々のものによって引き起こされる苦の絶対的非存在を目的として，それ（限定されるものである「苦の絶対的非存在」）との結合によってのみ成立する。[(68)]

【7-1b 答論】そうではない。

【苦の生起因の滅は解脱の手段ではない】「悪業（adharma アダルマ）など苦の生起因の滅は，解脱を成立させるものではない」と言われているから。

【苦と絶対的非存在とは過去・現在・未来に結合しない】さらに，自分に存在する未来の苦と絶対的非存在との結合は成立しない。解脱した人が自分に存在する未来の苦を持つことは，認められていないから。もしくは，認められるとすれば〔解脱者に苦があるので〕非解脱者性（苦）が出現してしまうから。さらに〔未来の存在と〕絶対的非存在との結合は矛盾しているから。自分に生じた〔現在の〕苦〔と絶対的非存在との結合〕も〔成立し〕ない。それ（自分の現在の苦）の存在と絶対的非存在は，それ（結合）に対して，矛盾するから。さらにその（絶対的）非存在は，それ自体で（努力なしですでに）成立しているから。また過去に苦のないことは説明できないから。[(69)]

【絶対的非存在は努力なしで成立している】また他人の苦と絶対的非存在との結合はない。それ（絶対的非存在）は，それ自体（努力なし）で成立しているから。

【苦の生起因の滅と絶対的非存在とは結合しない】 さらに「苦の生起因の滅」が，絶対的非存在との結合である場合，認識手段がない。

【7-2a 反論：解脱は生起因が滅している苦の絶対的非存在である】「苦の生起因の滅などがあるときに，その苦の絶対的非存在がある」という知識と〔それに対する〕名称とが存在する(70)。

【7-2b 答論：「苦の絶対的非存在」は「苦の生起因の滅」と同じである】 そうではない。それ（苦の絶対的非存在）が，同じ基体の苦と異なる時間に存在する苦の非存在(71)の対象によってもまた成立するとすれば，〔苦の生起因の滅と〕別の関係の対象ではない（同じである）から。それゆえ，以下〔の反論〕は否定される。

【7-3a 反論：解脱はすべての苦の過去の非存在と関係する非存在である】 解脱は「すべての苦の過去の非存在」と関係する非存在である(72)。また，瓶などには解脱者性がない(73)。「苦の生起因の滅」に限定されたそれ（すべての苦の過去の非存在と関係する非存在）との結合を持つ者が，解脱者（mukta）ということばの意味であるから。同様に慣用から，ヨーガ（語源的な意味 avayavaśakti）とルーディ（慣用的な意味 samudayaśakti）とに基づいて「パンカ・ジャ(74)」などのことばによって表示される。

【7-3b 答論：解脱は苦の滅である】 過去の非存在と関係する非存在は，それ自体で表現不能である（名称がない）から。反対に，絶対的非存在が滅という特徴を持つとすれば成立しないので，それ（過去の非存在）は〔未来の〕苦という特徴を持つので，捨て去るべきであるから。

[8]

【対論者の定義(8)：反論「解脱は絶対的な苦の過去の非存在である」と答論「解脱は苦の滅である」】

一方，プラバーカラ派は〔次のように言う〕。

【8-1a 主張：プラバーカラ：解脱は「絶対的な苦の過去の非存在である」】 解脱は，「絶対的な苦の過去の非存在」である(75)。またそれは，始まりなく成立

しているからといって人間の目的ではないということはない。ある場合には，努力（kṛti）に依存しなくても〔成立するが〕「反存在（pratiyogin）の生起因」であるアダルマ（悪業）の滅によって，それ（絶対的な苦の過去の非存在）は努力によって成立するから。努力に依存する真理知からアダルマの滅があるとき，最初の瞬間に「苦の過去の非存在」自体がある。それ（努力）なしでは，アダルマによって苦が生じるから，それ（苦）の過去の非存在自体はない。〔苦の「過去の非存在」は〕瓶のように努力によって成立するから。[76][77][78]

【過去の非存在は努力によって成立する】 さらに，蛇や棘など（苦の生起因）の滅や滅罪による安楽（kṣema）を目的とするはたらき（努力）を論じる場所で，それ（努力による成立）を〔つまり〕過去の非存在が努力によって成立することをあなたは認めている。[79][80]

【苦の生起因の滅は苦の未生起を通して人間の目的である】 また同様に「解脱はアダルマ（悪業，苦の生起因）の滅と同時にある。過去の非存在は，意図された区別によれば始まりがないので，その（アダルマの滅がある）ときにのみ，努力によって成立するという結論があるから」と言うべきではない。アダルマの滅は，それ自体では人間の目的ではないから。それ（アダルマの滅）は「苦の未生起」の原因であるときにのみ〔人間の〕目的である（prayojanatā）と言われるべきである。

【過去の非存在は成立する】 また過去の非存在が成立しないとすれば，それ（人間の目的）がどうしてあると言えるだろうか。まさにその（過去の非存在は成立するという）理由で「苦，生まれ，活動，過失」云々という『〔ニヤーヤ・〕スートラ』（正理経）もまた適切なのである。さも（過去の非存在が成立し）なければ，誤知などの未生起が「苦の未生起」の原因でないという理由で〔「苦，生まれ，活動，過失」云々というスートラは〕不適切になるだろう。[81][82][83]

【8-1b 答論：過去の非存在は反存在の生起因である】 以上が，あなた方（プラバーカラ派）の立場である。それは愚か過ぎる。たとえば，過去の非存在が成立するとしよう。それでもやはり，それ（過去の非存在）は反存在（苦）の生起因であることが決まっているから，解脱（過去の非存在を持つ）者にもまた苦の生起があることになってしまう。[84]

【8-2a 反論：苦の生起因がなければ苦もない】アダルマや身体などともにはたらくもの（苦の生起因）がないから，苦の生起もない。

【8-2b 答論：無終の過去の非存在は絶対的非存在である】その場合，未来に限界がなく，始まりがないという絶対的非存在になってしまうと，過去の非存在と矛盾する[(85)]。〔過去の非存在は〕反存在（苦）の生起因（アダルマ）によって滅する種類のものであるから[(86)]，これに対して「過去の非存在」という名称があり，それは実際には常住〔の非存在〕である[(87)]。

【8-3a 反論：過去の非存在は絶対的非存在ではない】そうではない。常住であり，絶対的非存在の特徴を持ち，過去の非存在と異なるがゆえに，滅する種類のものでないから。しかも，反存在（苦）の生起因（アダルマ）の滅という手段で，それ（絶対的非存在）が成立するということもない〔手段なしですでに成立している〕から。

【8-3b 答論：苦の過去の非存在の反存在は輪廻と無関係の苦である】さらに，解脱が「過去の非存在」であるとしても，同じ基体の未来の苦は〔過去の非存在の〕反存在ではない[(88)]。それ（過去の非存在）は〔未来に〕存在しないから。もしくは〔過去の非存在が未来に〕存在すれば，非解脱者性（苦）が出現してしまうから[(89)]。

【過去と現在の苦ではない】さらに，同じ基体の過去と現在〔の苦〕も〔過去の非存在の反存在では〕ない。それ（苦）の過去の非存在は〔すでに〕滅しているから。

【異なる基体の苦ではない】さらに，異なる基体〔の苦が過去の非存在の反存在〕でもない。他〔人〕に存在する苦は，他の場所（他人）にある絶対的非存在であるという理由で，過去の非存在（苦の滅＝解脱）が〔自分に〕ないから。それ（過去の非存在）は反存在（滅せられるべき苦）と同じ場所である〔べきだ〕から。

【すべての苦ではない】またすべての苦が〔苦の過去の非存在の〕反存在なのではない。自分と他人とに存在するすべての苦は，認識手段を持たないから。それ（すべての苦）の絶対的非存在は，常に排除されているがゆえに，それ（すべての苦）を排除するために賢者の活動はありえないから。

【輪廻と無関係の苦が反存在である】蛇や棘など（苦の生起因）の滅によって〔もしくは〕滅罪（苦の生起因の滅）などによって成立する苦の「過去の非存在」と動物の肉の食事（苦の生起因）の「過去の非存在」との反存在は，〔それぞれ〕同じ基体の未来の苦と〔肉の〕食事とである(90)。

[9]

【人間の目的(4)：反論「楽が人間の目的である」と答論「苦の滅が人間の目的である」】

【9-1a 主張：非存在は人間の目的ではない】苦の非存在は人間の目的ではない。楽もまた排除されれば，〔楽もまた〕同じ（非存在）になってしまうから(91)。多くの苦をともなっているという理由で，楽もまた英知と同様に捨て去られることはない(92)。必然のゆえに，苦のみが排除されるべきであるから。楽は限定のない（nirupādhi）意欲の対象であるから(93)。さもなければ（苦をともなっている楽もまた排除されれば），苦をともなわないそのような状態（楽も苦もない）なので，人間の目的（楽）と矛盾するから(94)。

【9-1b 答論：苦に対して活動はある】そうではない。楽を目的としなくても，苦を恐れる人々には苦を排除するために活動が見られるから。苦の非存在はそれ自体で人間の目的であるから。「苦の非存在があるときに，楽があるだろう」を目的として，苦を排除するために人が活動することはない。もし反対（「楽があるときに，苦の非存在があるだろう」）が可能であっても，楽もまた人間の目的でないという過失を招くから(95)。そえゆえ「苦の非存在があるときに，楽はない」という知識（解脱の内容）は，苦の非存在を求める（人間の目的の）活動を妨害しない。

それゆえ，愚者たちは楽なら何でも（sukhamātra）得たいのであり，多くの苦をともなっていても，楽を目的として「もし私の頭が飛べるなら，飛んで行くであろう」と言って，他人の妻などに対してさえも行動し「私はヴリンダーの森でもっと楽しむ(96)」などと語る。彼らはここでは資格（adhikāra）がない。

しかし，賢者（識別知を持つ者）たち(97)は「この輪廻の森で，どれぐらい苦しい困難な日々が続くのだろうか。どれぐらい楽が現れるのだろうか。それは怒ったコブラの頭部の円状の影のようだ」と考える。彼らは楽もまた捨てたいと願う。彼らはここでは資格がある[(98)]。

また，享楽（bhoga）を求める人に活動（努力）がなくても，人間の目的（苦の滅）であることは損なわれない。ある人に活動がなくても，薬（苦を滅するもの）などが人間の目的であるから。

【9-2a 反論：賢者は非存在に対して活動しない】

知ることのできない苦の非存在はまた，人間の目的として認められない。

失神などの状態の対象に，賢者の活動は見られないから。

人間の目的であるということに対しては，楽のように現在認識されるものであることが決まっているから，解脱の知識（苦の非存在）は〔現在認識〕不可能である。

【9-2b 答論：苦の非存在が人間の目的である】「私は苦の非存在を知りたい」を目的とする活動（努力）はない。そうではなくて「私に苦が生じませんように」を目的とする〔活動が〕あるから，それゆえ「苦の非存在」のみが人間の目的である。またその知識（苦の非存在）は，それ自体（知識）の原因（認識手段）に依存しており，人間の目的であることを助けるものではない[(99)]。「私は楽になりたい」を目的とする活動があり，「私は楽を知りたい」にはないから，楽のみでそうで（活動が）あり，それ（楽）の知識はそう（活動）ではない。それ（知識）は必然なので，別の因で成立する（anyathāsiddha）から。しかも煩瑣であるから[(100)]。さらに，多くの苦によって老衰した身体を持つ者たちには，苦の非存在に対して，死ぬときでさえ活動が見られれる。また死ぬときに〔彼らには〕その知識（苦の非存在＝解脱）はない。

【9-3a 反論：賢者は非存在に対して活動しない】彼らは賢者（識別知を持つ者）ではない。

【9-3b 答論：苦の滅が解脱である】そうではない。人間の目的であるということ対して，識別知は役に立たないから[(101)]。さらに最後の苦を経験するとき，未来の苦の滅もまた〔その経験の〕対象である。同様に〔解脱の〕最初の瞬間に[(102)]，それ（最後の苦）の滅とそれを対象とするもの（解脱）が，滅という状態

の知識（苦の滅）としてあるから，現在〔の苦の滅〕もまた遅れなく経験される。知識の時間（解脱の最初の瞬間）に解脱の特徴（苦の滅）があるから，知識（苦の滅）は解脱と矛盾しない。

【9-4 苦滅論者：認識手段（推理と聖言）は解脱の存在を証明する】しかし〔以下のような解脱の存在を証明する〕認識手段がある。

【認識手段１：推理】

〈主張〉〔すべての人の〕苦性（滅性），もしくはデーヴァダッタの苦性（滅性）は，同じ基体（人間）に〔苦と〕同時に存在しない〔苦の〕滅の反存在（苦）に存在する。

〈理由〉作られたものすべてに存在する属性（滅性），もしくは連続性のゆえに。

〈喩例〉その（滅性，もしくは連続性を持つ）灯明のように[103]。

また連続性は，さまざまな時間[104]の結果一般に存在する属性である。同様に〔連続性は〕楽などの場合でも成立する。それ（苦の連続性）とともに，〔輪廻の〕根本的なもの（誤知）をともなう滅があるときに解脱がある。また〔誤知の滅が解脱の〕間接因（prayojaka）[105]でないということはない。根本的なもの（誤知）の滅は，〔苦の〕連続性の滅に対する間接因であるから[106]。またすでに述べたように，輪廻の根本〔原因〕である誤知の止滅は，聴聞などの順序によって生じた真理知から必ず可能である[107]。

【認識手段２：聖言】

アートマンは知られるべきである。再び彼（アートマンを知った者＝解脱者）は戻らない[108]。

という天啓聖典がこれ（解脱の存在証明）に対する認識手段である。ラートリ・サトラの規則（rātrisatranyāya）[109]によって釈義（arthavāda）[110]を得て，再び戻らないことは有資格者（adhikārin）を限定するものであるから。「彼」とはアートマンを知る者であり，「再び戻らない」とは再び身体を持たないという意味である。「おお，アートマンは聞かれるべきであり，考えられるべきであり，瞑想されるべきである[111]」と始まるもの（天啓聖典）と「苦から完全に解放された者は〔ブラフマンの世界に〕行く[112]」という天啓聖典が認識手段である。

師（ウダヤナ）は次のように言う。

身体（苦と楽の生起因）を持たずに常に存在するもの（アートマン）に，快と不快（連続するもの）は接触しない。[(113)]

という天啓聖典がこれ（解脱）に対する認識手段である。「常に存在するものに」〔という語〕は，強意活用の接尾辞である-ya が省略（-luk）されている場合である。[(114)] それゆえ，輪廻の状態で一瞬だけでも身体がなければ，別の因で〔苦楽は〕成立しない。

【9–5a 反論：苦楽は否定できない】 並列複合語の本質（dvaṃdvasvarasa）によって，結合した（milita）[(115)] 楽と苦との両方の否定が知られるが，それは決まっているかのように（nityavat）見える（慣習的に使っている）だけである。しかも〔楽と苦とが〕一つずつ（ekaika）[(116)] 否定されれば，[(117)] 文章の分裂（vākyabheda）[(118)] に陥る。さらに〔その天啓聖典は〕解脱に対する認識手段ではない。

【9–5b 答論：苦楽は否定できる】 そうではない。対のものが，単数形で二つ現れる場合，[(119)] それぞれに否定が適用されても，文章の分裂はないから。「ダヴァとカディ[(120)]ラ[(121)]を切れ[(122)]」の場合〔ダヴァの木（単数）とカディラの木（単数)〕それぞれに切断が適用される場合のように。この場合〔ダヴァとカディラが〕結合したものを切断するのではない。さらにまた「快と不快〔の両方〕の特徴を持つもの[(123)]はまったく存在しない」という場合〔快と不快が〕結合したものの否定もまた〔快と不快〕一つずつに〔否定を〕適用すれば，もしくは〔快と不快〕それぞれの非存在があれば可能である。この場合〔快と不快〕一つずつ〔の否定〕の適用は，身体なしでは不可能であるから，それぞれの非存在こそが結論である。[(124)] それゆえ，すべての人もまた解脱する。「すべての人の連続する苦」を〔推理の〕主題にするとき，[(125)] それ（推理）は成立するから。[(126)] さもなければ（すべての人でなければ）解脱も不可能である。[(127)] それに対してこそ雑乱（vyabhicāra）[(128)] があるから。

またもし，ある人たちのアートマンが塩の大地のようであるとすれば，[(129)] それ（解脱の可能性）を疑うから，解脱のために誰も行動することはないだろう。[(130)]

【9–6a 反論：解脱の兆候は天啓聖典による】 寂静，自己制御，享受，無執着など解脱の兆候が，天啓聖典によって成立するから，[(131)]〔解脱できるかどうか

の〕疑いは否定される。[132]

【9-6b 答論：輪廻者性が解脱の潜在能力である】 そうではない。輪廻者であることによって〔その人には〕解脱の可能性（yogyatva）があるからであって，それ（解脱）の形容詞である寂静などを〔その人が〕持つことによってではない。〔輪廻者に〕共通に存在する妨害因（身体）がある（輪廻している）ときにのみ〔解脱の〕潜在能力（yogyatā）は個別に存在するから。さらに寂静などは解脱に対する共働因（sahakārin）として天啓聖典によって理解されるが，潜在能力として〔理解されるの〕ではない。その（潜在能力がある）場合にも輪廻者であるという理由で，それら（寂静など）もまた成立する。寂静などは結果であるから。この場合もまた輪廻者であることによって（身体があるときに）のみ〔解脱の〕潜在能力がある。〔輪廻者〕共通に存在する妨害因（身体）は〔解脱者には〕ないから。[133]

［10］

【対論者の定義(9)：反論「解脱は常住の楽の顕現である」と答論「解脱は苦の滅である」】

【10-1 主張：解脱は常住の楽の顕現ではない】 また解脱は「常住の楽の顕現」[134]ではない。それ（楽の顕現）は常住ではない。解脱者（楽の所有者）と輪廻者（楽の所有者）との区別がない過失に陥るから。[135]〔解脱は〕生じさせられるもの（楽）でもない〔むしろ苦滅である〕。〔解脱者には〕それ（苦楽）の原因である身体などがないから。〔解脱が〕知識一般（私は楽を知りたい），もしくは楽一般（私は楽しい）の場合，〔身体は〕それ（知識もしくは楽）の原因と定まっているから。輪廻者の状態では〔身体は〕それ（常住の楽＝解脱）の原因ではない。〔解脱者には輪廻者〕共通に存在する妨害因（身体）はないから。

それゆえ，〔解脱が常住の楽の顕現であるとすれば〕天などにおいて〔常住の楽の原因である〕身体が想定される。さらに，それ（常住の楽）の生起因は何か。まずアートマンとマナスの結合ではない。それ（アートマンとマナスの結合）は不可見力（adṛṣṭa）などに依存しなければ〔身体の〕生起因にはならないから。[136] しかし〔アートマンとマナスの結合が不可見力に依存せず〕対象（楽）のみに依存するなら，輪廻者の状態でも，それ（常住の楽）が顕現する過失に陥る。[137] またヨーガから生じる〔純粋な〕ダルマ[138]は〔解脱の〕共働因でもない。それ（ダルマ）が生じるものであるということは，〔いずれは〕滅する〔から，その〕ときに，解脱が止まってしまうから。またそれ（生起するダルマ）によって生じるもの（常住の楽）の顕現に終わりがないということはない。それ（常住の楽）もまた，まさに同じ理由（生じるものは必ず滅する）で〔ダルマが滅すれば〕滅するから。[139]

【10-2a 反論：常住の楽の顕現に身体は必要ない】 真理知から潜在印象をともなう誤知が滅し，過失（煩悩）がないことによって，活動（業）などもないから，善業（dharma）と悪業（adharma）とが生じることなく，古い善業と悪業との滅があるから，苦の生起因である身体などの滅こそが，それ（解脱＝常住の楽）に対する原因である。[140] それゆえ，それ（常住の楽）は永遠であるから顕現の連続もまた終わりがない。

【10-2b 答論：解脱と身体は共存しない】 そうではない。身体なしでそれ（常住の楽）は生じないから。またそれ（常住の楽）がそれ（解脱）の原因であることに対する認識手段（知覚，推理，聖言など）がないから。また解脱を求める人の活動（pravṛtti 楽の獲得）こそが，これ（常住の楽の顕現）に対する認識手段なのではない。苦の排除を求める人であることによってもまた，それ（常住の楽の顕現）が成立してしまうから。さらに，楽が常住である場合，認識手段はない。[141]

【10-3a 反論：天啓聖典が認識手段である】「ブラフマンは常住であり，知であり，歓喜（楽）である」[142]，「歓喜（楽）はブラフマンの本質であり，またそれ（歓喜）は解脱があるときに存在（顕現）する」[143] などという天啓聖典が認識手段である。[144]

【10-3b 答論：天啓聖典（知識）は知覚（経験）によって否定される】 そうではない。生起と消滅を持つ知識と楽とが，「私は知っている」（知識），「私は楽しい」（楽）というように異なるものとして経験されている間は，〔楽が〕ブラフマンと異ならないという認識を，知覚が否定するから。

【10-4a 反論：「常住の楽」の知識の後で「楽はブラフマン」の知識が生じる】 楽はブラフマンと異ならないと認識（原因）されるからこそ，潜在能力のない無常な楽が排除された後で，文章の意味によって，天界のような常住の楽が成立（結果）する。[(145)] 常住の楽が成立（原因）すれば，それ（楽）〔はブラフマン〕と異ならないという認識（結果）が成立するのではない。それ（経験が認識を成立させること）によって相互依存になってしまうから。[(146)] むしろ常住の楽を認識（原因）した後で，それ（楽）と異ならないブラフマンが認識（結果）される。また〔天啓聖典に〕文章の分裂はない。文章の一つの文章性のゆえに。[(147)]

【10-4b 答論：常住の楽は常に経験されている】 そうではない。アートマンは〔常に〕経験されているという理由で，それ（アートマン）と異ならない常住の楽（nityasukha）もまた〔解脱していなくても〕経験される過失に陥るから。一方〔常住でない〕楽一般（sukhamātra）は，自らの対象の直接経験の生起因であることが決まっているから，それ（常住の楽）が経験されないとき，アートマンもまた経験されることはないだろう。

【10-5a 反論：常住の楽はアートマンとして経験される】 常住の楽は，必ずアートマンと異ならないものとして経験される。しかし，ここ（解脱）では，楽であることは経験されない。[(148)]

【10-5b 答論：人間の目的には努力が必要である】 そうではない。楽の経験の原因総体によってのみ，楽という属性の経験がもたらされるから。それゆえ「ブラフマンは歓喜である」（ānandaṃ brahma）は，所有（matU）に適当なアチュ（ac）接尾辞で終わるので，[(149)]〔ブラフマンに〕歓喜を持つ（ānandavat）という属性が理解される。[(150)] それゆえ〔ブラフマン（中性名詞）と歓喜に〕相違はない。さもなければ，〔歓喜に〕中性が得られないから。したがって「ブラフマンの〔アートマンとの〕不二一元（梵我一如）という真理の直接経験から無知が排除されるとき，知識と楽を本質とする純粋なアートマン（kevalātman）が解脱するときに存在する」というヴェーダーンタ学派の考えは否定される。[(151)] 自らを照らし出す楽を本質とするブラフマンは，常住であるので，解脱者と輪廻者との区別ができない過失に陥るから。そして人間の努力なしで，それ（ブラフマン）は存在するから，しかも人間の目的ではないから。

【10-6a 反論：無知の滅が人間の目的である】無知の排除は，努力によって成立する。

【10-6b 答論：苦の滅が人間の目的である】〔そうではない。〕もし無知が誤知もしくは他の何かであっても，いずれにしても楽や「苦の非存在」とそれ（無知の排除）の手段は異なるので，それ（無知）の排除は人間の目的ではないから。

[11]

【対論者の定義⑽：トゥリダンディン「解脱はアートマンの没入である」と答論「解脱は苦の滅である」】

【11a 主張：トゥリダンディン：解脱はアートマンの没入である】しかし，トゥリダンディンたち[152]は〔次のように言う〕。解脱は，歓喜（楽）から成る最高のアートマン（ブラフマン）のなかに人のアートマン（jīvātman[153]）が没入（laya）することである[154]。また没入は微細身の消滅（apagama）である。さらに微細身は十一の感覚器官[155]，五大要素[156]，微細な量（mātrā）で現れて存続するもの，人のアートマンにおける楽と苦とを制限するもの（avacchedaka）である[157]。

【11b 答論：微細身の滅は人間の目的ではない】そうではない。微細身の滅は，それ自体では苦の生起因の非存在なので，人間の目的ではないから[158]。また〔人のアートマンの〕属性（upādhi）である〔微細〕身が滅するときに，属性を持つ人〔のアートマン〕の滅が，つまり没入（laya）があるのではない[159]。自身の滅は人間の目的ではないから[160]。ブラフマンは常住なので，それ（常住なブラフマン）と異ならないもの（人のアートマン）が滅することは不適切であるから。また異かつ不異[161]は，矛盾しているので，存在しないから。

[12]

【対論者（仏教徒）の定義⑾，⑿】

【12-1 解脱は心相続である】また，解脱は障害のない心の連続（cittasantati）

でもない[(162)]。必然的に障害のないものが，つまり苦の非存在が人間の目的なので，心の連続性は人間の目的ではないから。また身体など原因なしで，心の連続は生じないから[(163)]。心だけが，それ（解脱）の原因総体なのではない。身体などが無駄になるから[(164)]。

【12-2 解脱はアートマンの滅である】また，〔アートマンは〕苦の原因なので，解脱はアートマンの滅（ātmahāna）である，ということもない[(165)]。「楽」や「苦の非存在」と異なるので，人間の目的ではないから。知識を本質とするアートマン（阿頼耶識）の滅は努力なしで成立するから[(166)]。別のもの（魂としてのアートマン）の滅は不可能であるから[(167)]。

［13］

【対論者の定義⒀：ヴェーダーンタ学派「現生解脱は可能である」と答論「すべての住期で解脱できる」】

【13a 主張：現生解脱は可能である】しかし，ヨーガの完成によって成立する最上の歓喜から成る現生（身体を持ったままの）解脱を目的とする活動（人間の努力）の原因から，絶対的な苦の非存在という特徴を持つ解脱を得る，という考えがある。

【13b 答論：すべての住期で解脱できる】それは正しくない。究極の解脱が人間の目的でない過失に陥るから[(168)]。また，離欲者（virakta）には解脱に対する資格があるので，〔離欲者は〕楽の教示によって，活動（努力）しないから[(169)]。

また，すべての住期にいる人々に解脱に対する資格がある。四住期[(170)]を順番に経験した後で「ブラフマンの状態にしっかりと留まっている者は，不死を得る[(171)]」という天啓聖典を制限（saṃkoca）する理由がないから。〔各住期で〕望まれているもの（解脱）に違いはないので，〔住期の〕連続性が〔解脱の〕要因（prayojaka）ではないから[(172)]。それでは，どうして「実に，解脱のための住期は四番目であり，比丘のためと言われる」と遊行期を解脱住期と彼らは言うのか。家長は子どもや妻との結びつきを制限するのは難しいと，特別にそのように示されたのであるから，そして「真理知に住している者は，家長であっても解脱する[173]」とアーガマで言われているから〔すべての住期で解脱できる〕。

[14]

【解脱の階梯】

【定説】 そうである（すべての住期で解脱できる）としよう。解脱に対して「おお，アートマン（ātman）は聞かれるべきであり[174]，考えられるべきであり[175]，瞑想されるべきであり[176]，直接経験されるべきである[177]」という天啓聖典がある[178]。

そして，天啓聖典から「アートマンは身体などと異なる」と確定して，〔ニヤーヤの〕論書[179]によって句義を理解して，それによって生じた適切な理解（upapatti）[180]によって，彼は確認というあり方の思惟（推理 manana）[181]をなす。

また聖言の適切な理解によって生じた真理知（間接知）から，直接的な輪廻の種子である潜在印象をともなう誤知の排除はない。方角の混乱（diṅmoha）[182]などにおいて，そのような認識はないから[183]。

それゆえ，天啓聖典（śruti）や伝承文学（smṛti）で言われているヨーガの規定（vidhi）によって，長時間絶え間なく，注意深く実践した瞑想（nididhyāsana）によって生じたヨーガから生じるダルマ[184]によるアートマンに関する真理〔知〕の直接経験（sākṣātkāra）は，輪廻の種子である潜在印象をともなう誤知の根絶を可能にし，過失（doṣa）[185]がなくなるので，活動（pravṛtti）[186]などがなくなり，未来のダルマ（善業）とアダルマ（悪業）が生起しなくなり，無始以来の〔輪廻している〕生存に蓄積された業（karman）の享受（bhoga）による滅から，彼は解脱する[187]。

教説（upadeśa）だけから「アートマンは身体と異なる」と理解したとしても，あれかこれかという疑いのために〔考えが〕ばらばらな者の，不信心の汚れの浄化はないから，思惟（推理）は必然である[188]。同様に，「また考えられるべきもの（アートマン）は，適切な理解によって〔成立する〕」という天啓聖典こそが，適切な理解の生起因である論書は解脱の原因であると〔われわれに〕教えてくれる。思惟（推理）はそれ（天啓聖典）によってのみ成立するから。

［15］

【知行併合論(1)：反論「知識論」と答論「知行併合論」[189]】

【15-1 主張：知行併合論者：知識と祭式行為との併合が解脱の手段である】 同様に，寂静や自己制御や梵行などをともなう[190]，常住行為（nitya）や臨時行為（naimittika）に限られる朝夕の薄明（saṃdhyā）の礼拝（upāsana）などの行為[191]をともなう真理知から解脱がある。

【15-2a 反論：知識論者：知識のみが解脱の手段である】 次のようであるとしよう。知識と行為は，同等に主要な因同士の併合ではない[192]。〔あなた方〕自らの文章[193]で，行為は〔解脱と〕別の結果（天界）を目的としていると教示されており，「解脱を目的とする」という想定と矛盾しているから。さらに真理知は，行為に依存することなく，解脱の原因であることが理解されるから[194]。

【主従関係】 支分と本体との関係（aṅgāṅgibhāva）[195]によって〔行為と知識との併合が成立しているの〕でもない。つまり，行為は直接補助因（saṃnipatyopakāraka）[196]ではない。真理知は身体を成立させるものではないから[197]。また先駆祭（prayāja）などのような間接補助因（ārādupakāraka）[198]でもない[199]。行為は，まさに自らの文章[200]から目的（生天）を得るので，果報（生天）を持つもの（文章）が近接（saṃnidhi）[201]している場合，果報がないということはないから。知行併合は，適切な理解（upapatti）と矛盾する。〔四住期の規定では〕選択行為[202]と禁止規定[203]とを捨てるから[204]。

【遊行期】 また〔知行併合は〕多くの結果を期待しない選択行為との併合でもない。〔そのような祭式行為は〕四番目の住期（苦行，遊行期）の規定と矛盾するから。同じ理由で〔知行併合は知識と〕常住行為や臨時行為とに限られた併合でもない[205]。

【家住期】 また〔知行併合は知識と〕苦行期に規定される行為〔との併合〕なのでもない。真理知があれば，家長でさえ解脱するから[206]。

　正しく得た富を持つ者，真理知に住している者，客をもてなす者，
　信心深い者，そして真実を話す者は，家長であっても解脱する[207]。

と伝承文学に説かれているから。

【導き出すもの】また〔行為（原因）が解脱（結果）を〕導き出さないとすれば[208]，〔行為は解脱の〕生起因ではない。解脱には天界のような種類の区別はないから[209]。

【伝承文学】また解脱を目指す人によってなされるべき規定の行為と〔知識と〕の併合は，あってはならない。「すべての行為を捨てて[210]」という伝承文学から，すべての行為を捨てる人には知識のみからも解脱があるから。

【15-2b 答論：知行併合論者：知識と行為とは同等に主要である】そうではない。知識はそれぞれの住期で規定される行為と同等に主要なものとして併合するから。知識と行為は，等しく解脱を目的としていると言われているから。

聖なる『バガヴァッド・ギーター』は〔次のように言う〕。

　自分のすべての行為に従事する者は，解脱を得る[211]。人は自分の行為によって彼（ヴィシュヌ神）を崇拝して，解脱を見つける[212]。

聖なる『ヴィシュヌ・プラーナ』において〔次のように言われる〕。

　それゆえ，それ（解脱）を得るために賢者は努力すべきである。それ（解脱）を得る原因は知識と行為であると言われる，マハーマティ（高尚な人）よ[213]。

ハーリータは〔次のように言う〕。

　両翼によってこそ鳥が空を飛ぶように，まさにそのように知識と行為とによって，永遠のブラフマンが得られる[214]。

また天啓聖典は〔次のように言う〕。

　実に，そのアートマンは真実によって，苦行によって，正しい知識によって，梵行によって，得られるべきである[215]。

以上が，まさにこれ（知行併合）に基づいている。

　完全な知識から解脱は生じるだろう。それ（祭式行為）は怠惰のしるしである。身体や煩悩[216]を恐れて[217]，賢者は祭式行為を求めない[218]。知識は主要なものである。しかし行為なしではない。行為は主要なものである。しかし知識なしではない。それゆえ，両方（知識と行為）によってのみ完成（解脱）があるだろう。一翼の鳥が飛ぶことはない[219]。

さらに「天啓聖典での祭式行為は，別の結果（天界に生まれること）を目的とするから，別の結果（解脱）を目的とすることは適当でない」ということはない。たとえば，吟味した自らの文章[220]から，知識と同じだということは理解されるから。行為が，それぞれの結果（生天，解脱）の生起因であっても，聖言（天啓聖典）のみが認識手段である。別の場合（知識が生起因）でも同様（聖言のみが認識手段）である。

【主従関係】もしくは，〔行為は〕間接補助因であるという支分と本体との関係（aṅgāṅgibhāva）[221]によって，〔知識と行為との〕併合がある。またそれは先駆祭（prayāja）などのように新得力（apūrva）[222]によってのみ〔成立する〕。しかしジャダ（愚かな）バラタの挿話のなかで，次のように言われる。

> 入門式に参加していた私は，導師の唱えた天啓聖典を唱えなかった。さらに祭式行為を見ず，論書を理解しなかった[223]。

それゆえ，ヨーガ行者のダルマ（宗教的義務）に対する執着を捨てるために，教えを受ける必要はない。〔ヨーガ行者には〕前生の記憶があるから。以上は同様に他でもまた，次のように言われている。

> 前生の記憶がある再生族として[224]，すべての知識を備えた者として，すべての教えの真実の意味を知る者として，彼は生まれた[225]。

[16]

【知行併合論(2)：ウダヤナ「行為はアダルマの滅のためにある」と答論「行為は新得力の生起因である」】

ある者（ウダヤナ）は次のように言う。

【16a 主張：ウダヤナ：行為はアダルマの滅のためにある】知識を求める人に真理知が生起していないとしても，それ（真理知）の妨害因であるアダルマの排除によって，滅罪のように行為は〔解脱の〕間接補助因である。しかし，真理知は直接補助因である[226]。

一方，真理知の生じている人は〔祭式行為の〕途中で雨（果報）が得られても降雨祭（kārīrī）を完成させなければならないように，世間の繁栄（loka-saṃgraha）[227]のために始められた住期を完成させねばならない[228]。またもし，楽や苦の非存在（人間の目的＝解脱）とそれ（世間の繁栄）の生起因が異なるから[229]，世間の繁栄は〔人間の〕目的ではないとしても，それでもやはり実行されないと世間の人々の非難によって批判されるから，それ（真理知の生起している人）の知識はそれ（批判）の回避のためと，それ（真理知が生起していない人）の行為によって成立する〔アダルマの滅〕，苦の生起をともなうアダルマの滅のためにある[230]。

【16b 答論：行為は新得力の生起因である】そうではない。行為は，真理知に対して従属的であるという主題のとき，新得力（apūrva）を手段とする〔真理知の〕生起因である[231]。悪（durita）の[232]滅の想定よりも簡略であるから。

【朝夕の薄明の礼拝＝定められた行為】それゆえ，朝夕の薄明（saṃdhyā）の礼拝（upāsana）などという行為は，入門[233]式の学生全員によってなされるべき規定行為（vihita）であり，解脱を求める者たちによっても必ずなされるべきである[234]。それ（定められた行為）の排除は正反対（解脱ではなく悪）の原因なので，学説に背くから。〔さらに行為に対する〕制限（saṃkoca）には認識手段がないから。禁止規定（niṣiddha）と選択行為（kāmya）とは，束縛（輪廻）の原因なので解脱を妨げるものであるから，捨てられる。富を原因とするものは〔その原因である〕富の放棄からのみ，放棄される。まさにそれが「すべての行為を捨てて（サンニャスヤ）[235]」というこの〔言葉の〕意味である。これこそが実に「遊行期（サンニャーサ，放棄）」という言葉の意味である。同様に『バガヴァッド・ギーター』において次のように言われる。

> 聖仙たちは，放棄を選択行為を捨てることだと知っている[236]。しかし定められた行為（niyata）[237]の放棄は適当ではない。無知ゆえのその放棄は暗質的と言われる[238]。

[17]

【知行併合論(3)：ヴァイシェーシカ学派「解脱にとってはダルマが主要である」と答論「解脱にダルマは必要ない」】

ある者（ヴァイシェーシカ学派）は次のように言う[239]。

【17a 主張：ヴァイシェーシカ学派：解脱にとってはダルマが主要である】真理知はダルマを手段とする解脱の生起因である。規定によって，ダルマが生起因であることが決まっているから。(240) それゆえ，ダルマこそが主要なものである。(241) またそのダルマは，結果である解脱によってのみ滅せられる。(242)

【17b 答論：知識があればダルマを想定する余地はない】そうではない。誤知の滅が見えるもの（真理知）だけで可能な場合，見えないもの（ダルマ）を想定する余地はないから。(243) さもなければ，薬（見えるもの）などの場合でさえも，そのように〔薬で病気が治れば，規定は必要なく〕なるだろう。(244) 同様にこの（薬で病気がすでに治っている）場合も必ず，規定の雑乱(245)になるだろう。

[18]

【知行併合論(4)：古典ニヤーヤ学派：知識のみが解脱の手段である】

これに対して彼ら（古典ニヤーヤ学派）は次のように言う。

輪廻の原因を滅する順番に従う結果（輪廻）の滅から解脱がある。(246) 同様に，まさに真理知のみによる誤知の滅から解脱がある。(247) この場合，それ（真理知）は行為の共働因（sahakārin）ではない。誤知が根絶するとき，行為なしで生じたそれ（真理知）のみが，方角の混乱（diṅmoha）(248) などの場合〔のよう〕に，〔解脱の〕原因であることが確定しているから。また行為は解脱の原因であるという天啓聖典は，真理知によってまた〔真意を〕理解すべきである。それ（行為）は天啓聖典で直接言われていないから。(249) また真理知を持つ者が〔祭式行為の〕資格（adhikāra）を与えられたときに，常住行為を実行しなくても過失（doṣa）はないので，正反対のもの（pratyavāya 悪）は発生しないから。さもなければ，享受（bhoga）を目的とする規定行為や禁止規定の実行によってダルマ（善業）やアダルマ（悪業）が生起して，解脱できないことになってしまう。

[19]

【知行併合論(5)：「行為によって解脱する」と答論「知識によって解脱する」】

【19-1a 主張：行為論者：行為は真理知に依存せずに解脱の原因である】 あれこれの巡礼，大きな布施（mahādāna）[250]，沐浴，カーシー（Kāśī）[251] で死ぬことなどの行為は，真理知に依存することなく解脱の原因である，と天啓聖典で言われている[252]。したがって，どうして真理知のみがそれ（解脱）の原因であろうか。またそれら（行為）のはたらき（vyāpāra 手段）が，真理知に他ならないということもない。それぞれの段階で真理知が生起しないから，〔行為は〕見えないもの（adṛṣṭa）[253] を通して，それ（解脱）の原因であると言われる。また同様に，見えないものが解脱の生起因に他ならないと想定すべきである。簡略であるから。またそれら（行為）のはたらきは，真理知の妨害因であるアダルマ（悪業）を滅するだけではない。〔行為は真理知の〕妨害因である悪（durita）の滅〔の手段〕よりも，新得力（見えないもの）の〔手段と考える〕方が簡略であるから[254]。

【19-1b 知識論者：行為は解脱を導き出さない】 それぞれの行為が〔解脱を〕導き出さないのに，どうして解脱が導き出されるのか。苦の滅には，種類がないから[255]。

【19-2a 行為論者：矛盾する属性の理論により誤知は滅する】 そうではない。属性（誤知）の滅に対して，内属しているもの（真理知）によって内属していないもの（誤知）が滅するときの矛盾する属性（真理知）が滅因と定まっているから[256]。

【19-2b 知識論者：苦の滅は個別的である】 しかし，それぞれ特定の滅に対して，それぞれ原因がある。

【19-3a 行為論者：解脱は規定行為による】 もしそうであれば，それぞれの苦の滅に対して，それぞれの行為もまたそのよう（原因）であるべきだ。あなたの〔考える〕真理知とその妨害因である悪の滅との場合，それぞれの行為は，〔結果を〕導き出さないけれども生起因であるか，もしくは解脱の願望者に対

する規定行為（vihita）であるから，導き出されるもの（結果，解脱）はある。

【19-3b 答論：知識論者：知識と行為は選択的である】そうではない。知識と行為は独立した原因であると聖典に言われているから。米か大麦か〔どちらか一つ〕の選択（vikalpa）と同じである。「〔どちらか〕一つの独立した原因が妨害される場合，選択なしでは，もう一方の原因との肯定的随伴（anvaya）[257]は不可能である。期待（ākāṅkṣā）[258]がないから」という規則があるから。もしくは「併合した認識がなく，一つ〔の結果〕に対して複数の原因が聖言によって知られる場合，選択によって随伴がある。たとえば米と大麦の場合のように」と分析（vyutpatti）されるから。

[20]

【知行併合論(6)：定説：知識が業を滅する】しかし実際に，固く地面に根ざす潜在印象をともなう誤知の根絶なしに解脱はない，という考えは両者（行為論者と知識論者）において確立している[259]。また，そのような誤知の滅に対して，肯定的随伴と否定的随伴とによって[260]，真理知が生起因であることは〔この章のなかですでに〕確立している[261]。それゆえ，それ（真理知）なしではそれ（誤知の排除）はないから，ここでもまた，真理知は必然である。またもし，誤知の滅に対して，〔真理知が誤知の〕矛盾する属性〔であるということ〕のみがそれ（誤知の滅）の原因であるとしても，それでもやはり，誤知の過去の非存在[262]と共存しない誤知の〔未来の〕非存在が[263]，それ（真理知）のみによって成立する。「アートマンは知られるべきである。彼（アートマンを知った者）は再び戻ることはない[264]」などという天啓聖典から，解脱に対して真理知が原因であることが確定しているから。「それ（真理）のみを知って，彼（真理＝アートマンを知った者）は死を超える。行くべき別の道はない[265]」という天啓聖典によれば，真理知なしで解脱はないだけでなく，しかも「それ（真理知）があるときにのみ〔解脱はある〕」と説明されているから。

さもなければ[266]，天界などにおいて，身体などが想定できなくなるだろう。行為は，真理知の手段としても，解脱の生起因である可能性があるから[267]。

さらに，〔行為は〕認識手段を持つ人にとって煩瑣であるが，過失ではない。行為は，特定の真理知に対してのみ生起因である[(268)]。それゆえ，ここでは〔行為が結果を常に〕導き出さないことは過失にならない。ヴァーラーナシーで死ぬこと（行為）は，結果である真理知の生起因であり，聖典（āgama）からのみ理解される[(269)]。結果がまだ現れていない（adatta）[(270)]業（karman）[(271)]だけは，滅罪からのように真理知から消滅する。誤謬なく成立することば（天啓聖典）のゆえに。

【滅罪行為】 さらに滅罪行為は，〔行為（karman）であるから業（karman）を生み出すので〕悪（durita）の生起因であるということはない。悪（pāpa）の滅が結果であると聖典で言われているから。それゆえ，婆羅門殺しなどの結果は，滅罪の苦しみのみであるということはない。〔婆羅門殺しなどについては〕地獄が結果であるという天啓聖典と矛盾するから。また滅罪の規定[(272)]が役に立たなくなるから。苦しみだけが結果であれば，これ（滅罪）に対して，〔誰も〕努力しないから。

【資格】 また，〔滅罪行為の〕結果（悪の滅）は，別の祭式行為に対する資格（adhikāra）[(273)]であるということもない。大罪[(274)]以外で，無資格[(275)]になることはないから[(276)]。さもなければ，少ししか悪のない人は滅罪を行わないので，無資格になってしまうから。さらに人生が終わる（解脱する）ときに，それ（祭式行為）は〔必要〕ないから[(277)]。

【天啓聖典と伝承文学】 実に天啓聖典は言う。

　こころを縛るもの（潜在印象をともなう誤知）は切られる。すべての疑いは絶たれる。そして彼が最高のアートマンを見るとき，彼の業は滅する[(278)]。

また伝承文学は次のように言う。

　アルジュナよ，知識の火はすべての業を完全に灰にする[(279)]。

[21]

【享受(1)：反論「知識によって業は滅する」と答論「享受によって業は滅する」】

【21-1 主張：享受以外でも業は滅する】「享受のない業は滅しない」〔という

伝承文学[280]に対してまた，滅罪云々という伝承文学からの制限は必然であるから[281]，〔制限は〕聖言によって知られた〔業を〕滅するもの（享受）によって滅したのではない〔滅罪や知識によって滅する〕業を目的としている。簡略であるから。〔制限は〕それぞれ別の業を目的としているのではない。煩瑣であるから。悪（pāpa）や善（puṇya）を滅する原因は多すぎるから[282]。

【21-2a 反論：享受を通して知識は業を滅する】「知識は〔業の〕滅因であり，聖言によって知られる」と言われる。「完全に灰に」ということばは比喩的な意味を持つから，火からの間接的な灰のように，そのように「知識から業の滅がある」という意味である。同様に「享受のない業は滅しない」という伝承文学は，一般的には「〔業は〕享受によってのみ滅する」と言われる。それ（「享受のない業は滅しない」という伝承文学）は，誤謬なく成立する滅罪の規定によって否定される。さらに「〔業は〕また享受を通して知識によって滅する可能性がある」〔という考え〕が否定されていないのに，否定（bādha[283]）されていると考えることはできない。

【21-2b 答論：享受によって業が滅するとき，知識は業を滅しない】そうではない。業が享受によって滅するとき，知識は〔業の〕滅因ではないから。実に享受は真理知のはたらきではない。そのような聴聞（天啓聖典）はないから。またそれ（知識）なしでも，業に限ればそれ（享受による滅）はあり得るから。業が享受によって滅するとき，真理知は役に立たないから[284]。

【21-3a 反論：伝承文学は天啓聖典によって否定される】「享受のない……ない」（業は享受によって滅する）という伝承文学[285]は，「滅する云々」（業は知識によって滅する）という天啓聖典[286]と矛盾するから，正しい説明ではない。

【21-3b 答論：伝承文学は否定されない】そうではない。伝承文学（享受業滅論）は，ヴェーダ（知識業滅論の天啓聖典）の知覚によって否定されるので，それ（ヴェーダの知覚）と矛盾する意味を持つヴェーダを推理させるものではない。

【21-4a 反論：享受を手段とする真理知によって業は滅する】ヴァーマデーヴァ（Vāmadeva[287]）やサウバリ（Saubhari[288]）をはじめとする者の身体の配列（kāyavyūha[289]）の聴聞（天啓聖典）から，真理知によって身体の配列を生じさせた後

に，享受によって業が滅する。

【21-4b 答論：真理知は必要ない】そうではない。苦行の力からだけで，真理知が生起していないときでも身体の配列は可能であるから。また享受を生じさせるためには，必ず業によってそれぞれの身体が完成する。それゆえ，この場合に真理知は必要ない。また諸々の身体が同時であることは，それを生起させる業の本質から，もしくは苦行の力から〔可能であるから〕。また「知識は享受によって，業を滅するものではない」と言われる[(290)]。

[22]

【享受(2)：反論「享受によって業は滅する」と答論「知識によって業は滅する」】

それゆえ，以下〔の推理〕は否定される。

【22-1a 反論：享受によって業は滅する】二つの聖典がお互いに対立するから[(291)]，〔どちらか一方に〕決定できないとき，以下の推理に基づいて意見の異なることばは解決する。

〈主張〉業は，滅罪などによって滅することなく，かつ享受によって滅する。

〈理由〉業の性質のゆえに。

〈喩例〉すでに享受した，いま享受しつつある業のように。

【22-1b 答論：知識によって業は滅する】知識は滅罪行為（prāyaścitta）と等しいので[(292)]，〔上記の推論では知識が業滅の〕生起因になっていないから。さらに〔上記の推理は〕天啓聖典によって否定される（bādhita）から。また，聖言によって知られた〔業を〕滅するもの（滅罪など）によって滅せられないことが[(293)]，〔上記の推論では業の〕属性（upādhi）[(294)]になっているから[(295)]。主要なもの（祭式）がまだ執行されていなくても，主要なもの（祭式）がすでに執行されていても，従属的なもの（滅罪）による新得力（apūrva）によって，雑乱（vyabhicāra）[(296)]になるから。それ（業）は〔享受ではなく〕主要なものである祭式（yāga）などによって滅するから。

【22-2a 反論：滅罪によって業は滅する】それ（従属的な滅罪）は，また〔主要な〕祭式のように，天界を果報として持つものであるから，それ（従属的な滅罪など）によって〔業は〕必ず滅する。最初の資格（従属的な滅罪）もまた，天界を望む人の資格であるから。さもなければ，果報がないものに対して，〔誰も〕活動しないから。

【22-2b 答論：滅罪から果報はない】以上のように言うべきではない。従属的であることは天界が果報であることと矛盾（virodha）するから[297]。さらに〔人が〕果報（天界）を持つ祭式を求めるから，〔人間の〕活動（努力）がある。次のように言われる。「〔主要な〕祭式の場合には願望から〔活動がある〕。従属的なもの（滅罪）の場合には規定がある〔だけであり果報はない〕」と。

【22-3a 反論：真理知があっても享受のみが業を滅する】「〔解脱を求める人が業から〕解放されるまで，その人には時間がかかる。その後で，彼は独存（解脱）を得るだろう」と天啓聖典のなかで言われているから[298]。「その人には」とは「真理知が生起した人には」である。「時間がかかる」（cira）とは「ゆっくり」（vilamba）である。「されるまで」とは「すでに生じている業から解放〔されるまで〕」である。「その後で，彼は独存を得るだろう」に対しては，「享受によって〔業を〕滅した後で」というのが補足である。また，補足に認識手段がないということはない。知識（vijñāna）があるときでさえ，業の依処に対して能力を発揮する享受のみが，〔業の〕滅因なので，〔原因が〕暗示されているから。

【22-3b 答論：真理知の次の瞬間に解脱はある】そうではない。真理知があっても，真理知がある状態では解脱はない。そうではなくて，「それの最初の瞬間に[299]」という意味なので，また理に適う（upapatti）から。

【22-4a 反論：伝承文学の意図は新得力である】しかし，この「知識の火はすべての業を〔完全に灰にする〕」云々は[300]，主要なもの（祭式）が未執行のときの従属するもの〔知識〕による新得力が意図されている。それらの作られたもの（すべての業）には，〔知識と〕別の滅因（享受）が〔言及されてい〕ないから[301]。

【22-4b 答論：伝承文学は制限されない】そうではない。主要なもの（祭式）

の執行が求められるので，それがない（祭式が未執行の）とき，それ（新得力）の原因総体（sāmagrī）は成立しないから。それ（祭式が執行されて新得力）があっても，別の業をも含む「すべての業」ということばの制限[(302)]に対する認識手段（聖言）がないから〔知識による業滅論の天啓聖典を否定できない〕。

【22-5a 反論：知識は常に結果を生じさせるわけではない】また〔知識はすべての業を〕完全に灰にするなどと言われているけれども，〔知識は常に〕結果の生起因なのではないと言われる。真理知から行為の規定が実行されても，〔常に〕結果を導くわけではないから。「まさに青蓮華の花弁に水が付着しないように」云々という天啓聖典も同様である[(303)]。

【22-5b 答論：知識は業を滅する】これもまたそうではない。「〔すべての業を〕完全に灰にする」と「滅」とは，〔常に業を滅する〕生産力がないと言われていないから。さらに二義的な意味（lakṣaṇā）はない。一義的な意味（mukhya）に対する妨害因がないから[(304)]。

[23]

【結論：ガンゲーシャ：解脱の手段は天啓聖典に基づく推理である】

【享受(3)：享受は真理知のはたらきである】〔定説が〕言われる。業（karman）は享受（bhoga）によって滅するとしても，知識は業の滅因である。享受は真理知（tattvajñāna）のはたらき（vyāpāra）であるから。また，まさに享受一般の能力から，業が滅するとき，真理知に雑乱[(305)]はない。業の過去の非存在と共存しない業が滅するとき，もしくは〔知識と享受とが〕同時に業を享受（滅）するとき，〔真理知に〕雑乱はないから。それゆえ，推理（anumāna）は聖典（āgama）を否定するものではないので，天啓聖典の文章の補足[(306)]に対する認識手段はない。すでに生起した真理知を持つ人の解脱に時間がかかるのを説明するために，言われた方法で[(307)]，享受のみが〔業滅の生起因として〕暗示されているから。それゆえ，究極の人間の目的（paramapuruṣārtha）であるこの解脱の手段は，天啓聖典（śruti）に基づいて成立する推理のみである[(308)]。

以上，聖なる偉大な師であるガンゲーシャ作『真理の如意宝』

第二章推理論「自在神の推理」

第二章「推理論」完結

註

(1) BĀU 2.4.5: ātmā vā are draṣṭavyaḥ śrotavyo mantavyo nididhyāsitavyo maitreyi |「マイトレーイーよ，おお，アートマンは見られるべきであり，聞かれるべきであり，考えられるべきであり，瞑想されるべきである」。NV: 23^{12-15} *ad* NS 1.1.2: yadā hy ayam āgamānumānayoḥ pratisaṃhitayor viṣayaṃ bhāvayati samāhito 'nanyamanāś cintayati tato 'sya vipacyamāne dhyāne viviktāyāṃ dhyānabhāvanāyāṃ tasminn arthe tattvapratibodhijñānaṃ pratyakṣam utpadyata iti | so 'yam āgamānumānapratyakṣāṇāṃ viṣayaṃ pratipadyamāṇas tattvam etad iti pratipadyate |「聖言と推理とが連続しているとき，彼は対象を観想し，精神統一し，専念し，熟考した後で，彼の禅定の修習がよくなされ，禅定が完成したとき，その対象に対する真理を覚醒させる知識の知覚が生じる。まさに彼は聖言と推理と知覚との対象を理解しつつ『真理はそのようなものである』と理解する」参照。松尾（1948: 296）参照。

(2) 解脱は推理によって成立するという主張は，最後（Text 23）にもなされる。

(3) 無始，有終の非存在。過去に非存在があり，未来に非存在がない。苦の「過去の非存在」は，苦が過去になく未来にあるので，未来の苦の生起因でもある。「過去の非存在」（生起以前の非存在）などニヤーヤ学派のテクニカルな非存在については，山本（1994）参照。

(4) ガンゲーシャ・ウパーディヤーヤ（Gaṅgeśa Upādhyāya, c. 1320）による解脱の定義。解脱とは苦の滅であり，過去に苦があり，未来に苦が生じないことである。この定義は解脱の論証式の主張部分と同内容である。本書第1部第5章第4節参照。

(5)「矛盾する属性」とは知識，楽，苦，欲，嫌悪，努力，触，潤，流動性，業，潜在印象，声の十二の属性のこと。アートマンの特殊な属性であり，一つの実体中に同時には一つしか存在できない。アタルエ・ボーダス（Athalye and Bodas 1897: 87）参照。

(6) 苦の生起因は誤知（mithyājñāna），過失（doṣa），活動（pravṛtti），出生（janman）。過失は無知（moha），欲望（rāga），嫌悪（dveṣa）。活動は業（karman）であり，善業（dharma）と悪業（adharma）から成る。NS 1.1.2; 本書第1部第2章註53参照。

(7) 滅罪（prāyaścitta）は悪業（adharma）の滅のために行われる。たとえばサダーナンダ（Sadānanda, c. 1500）の『ヴェーダーンタ・サーラ』（Vedāntasāra）では次のように言われる。Vedāntasāra 9: prāyaścittāni pāpakṣayamātrasādhanāni cāndrāyaṇādī-

ni |「滅罪とは，悪の滅だけを成立させるチャーンドラーヤナなど〔という苦行〕である」。カネー（Kane 1953: 57–86）；中村（1996b: 224）；渡瀬（1990: 166–199）参照。

（8）この文章は，ウダヤナ・アーチャールヤ（Udayana Ācārya, c. 1025–1100）の『キラナーヴァリー』（Kiraṇāvalī 光の連なり）からの引用である。『キラナーヴァリー』では，対論者は苦の滅は人間の目的ではないと言う。それに対してウダヤナは苦の原因の滅が人間の目的であると言う。しかし，ガンゲーシャは，『キラナーヴァリー』の対論者とウダヤナとの両者を，苦の滅が人間の目的であるという主張の否定論者として登場させている。しかし，ポッター・バッタチャルヤ（Potter and Bhattacharyya 1993: 235–238）は，ウダヤナからの引用箇所を対論者に対する反論と見るが，そうではない。これはガンゲーシャのウダヤナ（苦の生起因の滅）批判と見るべきであろう。Kir: 27^{14}–28^{6}: nanv apuruṣārtho 'yaṃ sukhasyāpi hāner iti cen na | bahutaraduḥkhānuviddhatayā sukhasyāpi prekṣāvad dheyatvān madhuviṣasaṃpṛktānnabhojanajanyasukhavat | tathāpi duḥkhocchittir apuruṣārthaḥ | anāgatasya nivartayitum aśakyatvād vartamānasya ca puruṣaprayatnam antareṇaiva virodhiguṇāntaropanipātanivartanīyatvād atītasyātītatvād iti cen na | hetūcchede puruṣavyāpārāt prāyaścittavat |「【反論】これ（苦の滅）は，人間の目的（解脱）ではない。楽もまた捨てられてしまうから。【答論】そうではない。多くの苦と混ざっているので，楽でさえ英知と同様に捨て去るべきものであるから。蜜と毒の混ざった食べ物の享受によって生じる楽のように。【反論】それでもやはり，苦の滅は人間の目的ではない。未来のものを否定することはできないから。さらに現在のものは，人間の努力なしで，別の矛盾する属性によって予期せずに滅するから。過去のものは，すでに滅しているから。【答論】そうではない。原因の滅に対して，人間のはたらき（努力）があるから。滅罪のように」。NSD: 37^{5}: śāstre hetūcchede puruṣavyāpārād ity āhuḥ |「論書のなかで『原因の滅に対して，人間のはたらきがあるから』と〔ウダヤナは〕言う」参照。

（9）「苦の未生起」とは苦がまだ生じていない状態。「苦の未生起」論者は後に「苦の生起因の非存在」論者に勝利するが，「苦の未生起」は人間の目的ではない。「苦の未生起」論者はガダーダラ（Gadādhara, c.1660）によれば，プラバーカラ（Prabhākara）派である。MV: 16^{1}–17^{3}: yat tu duḥkhānutpāda eva mokṣaḥ sa ca prāgabhāvarūpatayā janyāpi tattvajñānasādhyaḥ ... tatsādhyatvaṃ duḥkhaprāgabhāvasyeti prābhākarāṇāṃ matam |「しかし，解脱は苦の未生起である。またそれは，過去の非存在の特徴をともない生じるが，真理知によって成立する。……苦の過去の非存在はそれ（真理知）によって成立する。以上は，プラバーカラ派の考えである」参照。苦の未生起（duḥkhānutpāda）は無始（anādi）有終（ananta）の非存在であり，苦の過去の非存在（duḥkhaprāgabhāva）と同じ特徴を持つ。

(10) あるものの過去の非存在の場合，そのあるものは過去にのみ存在しない。それは現在と未来とには存在する。人間が基体の場合，苦の過去の非存在は成立しない。人間に苦が無始以来存在しないということはあり得ない。苦の過去の非存在が成立しないという問題は，後に再び議論される。

(11) TCDG: 2059[10] = Text 4-2b: nottarasamayasaṃbandho ... |「〔過去の非存在は〕未来の時間と結合していない」参照。

(12) 「苦の生起因」とは，苦を生じさせるものであり，悪や業（カルマン）などである。「苦の生起因の滅」論者は，ウッディヨータカラ（Uddyotakara, c.610）やウダヤナなどの古典論理学派である。

(13) 人間の目的は苦の滅である。苦の生起因の滅は苦の滅を目的とする。したがって，苦の生起因の滅が人間の目的である。

(14) 「苦の未生起」と「苦の生起因の滅」とが成立しても「苦の滅」が人間の目的だという理由にはならない。

(15) ここでの議論は「苦の滅」が人間の目的かどうかということであり「苦の未生起」と「苦の生起因の滅」との二つとも人間の目的ではない。

(16) 反論からの文脈では，過去と現在の苦の滅は努力なしで成立する。そして未来の苦の滅は，人間の努力に基づいて成立する。しかし，答論では過去と現在の苦の滅は解脱に無関係であり，解脱は未来の苦の滅であるという議論になっているように思われる。ガンゲーシャは，二重の意味を持たせているようである。

(17) NSD: 37[1f.]; 本書第1部第4章註6参照。人間の努力とはヨーガの実修のことである。

(18) NS 1.1.2; 本書第1部第2章註53参照。

(19) 最後の苦であれば，それが滅した後，苦は再び生起しない。それは解脱状態である。対論者（反論）は，真理知ではなく，最後の苦の滅から解脱は生じると言う。ここでは「苦の滅」が知識であり，「解脱」はその名称である。知識と名称については，Text 3-1a, 7-2a 参照。

(20) 苦がなければ「苦の滅」はない。真理知がなければ「苦の滅」はない。

(21) シュカは生まれながら解脱している頓悟者（sadyomukta）であり，現生解脱者（jīvanmukta）である。聖仙ヴィヤーサ（Vyāsa）の息子であり，『バーガヴァタ・プラーナ』（Bhāgavatapurāṇa, c. 10 CE）の語り手。Varāha Upaniṣad 4.34: śuko mukto vāmadevo 'pi muktas tābhyāṃ vinā muktibhājo na santi | śukamārgaṃ ye 'nusaranti dhīrāḥ sadyomuktās te bhavantīha loke ||「シュカは解脱者であり，ヴァーマデーヴァもまた解脱者である。彼ら二人以外〔の方法〕では，解脱を得る者はいない。シュカの道に従う賢明な者は，この世で頓悟者となる」参照。伊藤（1990）参照。

(22) 苦の滅が生じない理由は，基体が異なるからである。

(23) 苦の滅が生じない理由は，滅すべき苦がないからである。

(24) TC, Pratyakṣakhaṇḍa (1): 7^1–9^1: tatra yady api maṅgalasya kāraṇatā nānvayavyatirekagamyā maṅgalaṃ vināpi pramattānuṣṭhitasamāpteḥ |「もし吉祥（マンガラ）が〔書物完成の〕原因であることが肯定的・否定的随伴によって理解できないとすれば，吉祥なしでも雑乱（原因なしで結果があること）に従って〔書物が〕完成するから」参照。肯定的随伴：吉祥があれば書物が完成する。否定的随伴：吉祥がなければ書物は完成しない。この因果関係に従わなければ，吉祥なしでも書物は完成することになる。これは因果関係の雑乱（過失）である。Nyāyakośa: $46^{3f.}$: kāraṇādhikaraṇe kāryasya sattvam | yathā yatsattve (kāraṇasattve) yatsattvam (kāryasattvam) ity anvayaḥ |「原因の基体において結果が存在すること。たとえば，X（原因）が存在するところに，Y（結果）が存在するというのが肯定的随伴である」参照。Nyāyakośa: $817^{21f.}$: kāraṇābhāvādhikaraṇe kāryāsattvam | yathā yadabhāve yadabhāva iti |「原因のない基体に結果がないこと。たとえば，X がないところに，Y がないこと〔が否定的随伴〕である」参照。宇野（1996: 310–334）参照。

(25) ここでは，人間（厳密にはアートマン）が基体であり，「ある人に真理知があれば，その人に『誤知の滅』がある」というのが肯定的随伴（anvaya）であり，「ある人に真理知がなければ，その人に『誤知の滅』はない」というのが否定的随伴（vyatireka）である。真理知と誤知とは矛盾する属性（virodhiguṇa）であり，同時には存在できない。したがって真理知があれば，誤知は決してない。つまり真理知があれば，誤知の滅が必ずある。誤知の滅から苦の滅に至るプロセスは NS 1.1.2 において確立しているので，真理知と苦の滅との肯定的・否定的随伴，つまり「真理知があれば苦の滅がある」という肯定的随伴と「真理知がなければ苦の滅もない」という否定的随伴も成立する。真理知と「苦の滅」との肯定的・否定的随伴が成立し，「苦の滅」と解脱とが等価であれば，「苦の滅」と解脱とは交換可能となる。そうなれば，真理知と解脱との肯定的・否定的随伴，「真理知があれば解脱がある」「真理知がなければ解脱もない」も成立する。したがって真理知は解脱の生起因であり，真理知によって「苦の滅」は成立する。ここでの真理知と解脱との肯定的・否定的随伴（anvayavyatirekānuvidhāya）は，真理知が原因，解脱が結果という因果関係である。NVTP: 103^{10} *ad* NS 1.1.2: tattvajñānaniḥśreyasayoḥ kāryakāraṇabhāvaḥ |「真理知と至福（解脱）とには因果関係がある」。宇野（1996: 310–334）；片岡（2004: 182–184）参照。

(26) 「真理知によって生じたもの」は，真理知→誤知の滅→過失の滅→活動の滅→出生の滅→苦の滅＝解脱という解脱のプロセスによって生じた解脱のことを言っている。「苦が滅したもの」は，「それ（解脱）は，同じ基体の苦の『過去の非存在』と共存しない『苦の滅』」というガンゲーシャの解脱定義の解脱のことを言っている。

(27) 生起していない苦を滅することはできない。

(28) 苦の生起因がなければ苦はない。苦がなければ苦の滅はない。したがって，苦や苦の生起因は苦の滅という解脱の原因でもある。「世俗世界では」(loke) と言われているので，蛇 (ahi) や棘 (kaṇṭaka) という苦の生起因が想定されていると思われる。TCDG: 2059[2] = Text 4-1: loke 'hikaṇṭakādināśasya ... |「世俗世界における蛇や棘などの滅は……」参照。金槌は瓶の滅因。苦の生起因の滅は苦の滅因。

(29) 最後の苦の滅 (caramaduḥkhadhvaṃsa) は，新論理学派にとっては苦の滅であり，人間の目的であるが，対論者は努力なしで成立するから人間の目的ではないと言う。MV: 78[13]: navīnās tu caramaduḥkhadhvaṃsa eva mokṣaḥ |「しかし新論理学派は，解脱は最後の苦の滅である〔と考える〕」参照。

(30) TCDG: 2055[3f.] = Text 1-2. ガンゲーシャの解脱定義。

(31) Kir: 27[14f.]: bahutaraduḥkhānuviddhatayā sukhasyāpi prekṣāvad dheyatvān madhuviṣasaṃpṛktānnabhojanajanyasukhavat |「多くの苦と混ざっているので，楽でさえ英知と同様に捨てるべきものであるから。蜜と毒の混ざった食べ物によって生じる楽のように」参照。

(32) Kir: 28[16f.]: tac ca tattvajñānaṃ puruṣaprayatnasādhyam iti |「さらにその真理知は，人間の努力によって成立する」。

(33) TCDG: 2068[2] = Text 9-4: duḥkhatvam ... |「〔すべての人の〕苦性……」参照。NSD: 36[19]: nāpi duḥkhadhvaṃsamātram |「また苦の滅すべてでもない」参照。

(34) 光と非存在との結合という知識の名称は暗闇であり，苦と滅との結合という知識の名称は解脱である。

(35) NSD: 36[18f.]: militapratiyogikadhvaṃsasyāsiddheḥ |「結合したもの (苦の滅) の反存在 (苦) を持つもの (アートマン) の滅は成立しないから」参照。

(36) NSD: 36[11]: saṃskārājanakasākṣātkāraviṣayaduḥkhadhvaṃsatvam |「潜在印象を生起させない直接経験の対象である苦の滅」。

(37) NSD: 36[13f.]: ata eva saṃskārājanakānubhavadhvaṃsatvādṛṣṭanāśanāśyaduḥkhadhvaṃsatve niraste |「それゆえ潜在印象を生起させない直接経験による〔苦の〕滅，つまり見えない滅せられるもの (経験) に滅せられる苦の滅は否定される」。

(38) 解脱があるときに苦の滅がなければ，苦の滅は解脱の全体を遍充しておらず，不遍充 (avyāpti) である。解脱があるときに苦の滅以外があれば，苦の滅は解脱以外のものまで過度に遍充しており，過遍充 (ativyāpti) である。解脱があるときに苦の滅が必ずあれば，苦の滅は解脱を遍充しており，解脱 (所遍) と苦の滅 (能遍) とには遍充関係 (vyāpti) がある。

(39) 享受や直接経験は結果を生起させるものではないけれども，苦を滅することで解脱の生起因になる。

(40) この議論は既出。TCDG: 2056[26-28] = Text 2-1b: athānutpādasya prāgabhāvatvenā-

sādhyatvāt phalāntarasyābhāvāc cānanyagatikatayā kaṇṭakanāśavad duḥkhasādhananāśa eva svataḥ puruṣārthas ... |「もしくは未生起は『過去の非存在』という理由で，成立しないから。さらに別の結果（未来の非存在）はないから。棘（苦の生起因）の滅のように目的が異なることなく，『苦の生起因の滅』こそがそれ自体で人間の目的である……」。

(41)　この議論は既出。TCDG: 2056^{23-25} = Text 2-1b : hetūcchedasya sukhaduḥkhābhāvetaratvena svato 'puruṣārthatvād anāgatānutpādam uddiśya kriyamāṇatvāc ca yathā tatra duḥkhānutpādaḥ puruṣārthas ... |「〔苦の〕原因の滅は，楽や『苦の非存在』と異なっているので，それ自体で人間の目的ではないから。さらに未来に生起しないもの（苦）を目的として，現在なされているから，たとえばここでは『苦の未生起』が人間の目的である……」。

(42)　この議論は既出。TCDG: 2056^{26} = Text 2-1b.

(43)　NSD: $35^{15f.}$: na ca prāgabhāva evottarasamayasaṃbandhitvena sādhyata iti vācyam |「また過去の非存在は，未来の時間との結合によって成立するからと言うべきではない」。

(44)「苦の過去の非存在」の反存在（pratiyogin）は苦である。基体（anuyogin）は過去の時間である。過去の時間と苦との間に非存在という関係がある。「苦の過去の非存在」に過去の苦は成立しない。

(45)　苦の生起因はアダルマや悪である。悪に対する嫌悪に基づいて，それを滅する活動がある。苦の生起因の滅という手段によって，苦の未生起が成立する。

(46)　苦の生起因の非存在に対する手段とは，苦の生起因である悪を滅する手段としての滅罪（prāyaścitta）などである。滅罪に対する意欲に基づいて活動がある。意欲に基づく活動には「苦の生起因の非存在」という目的がある。

(47)　生きること（輪廻）に対する嫌悪から，自殺に対して努力がある。自殺する人には解脱に関する正しい知識である目的の知識がない。したがって，嫌悪に基づく努力に目的は必要ない。しかし，自殺は人間の目的ではないので，自殺しても解脱しない。

(48)　苦の生起因である他人の妻に対して努力する人には，思い込みで苦の滅（人間の目的）という目的の知識がある。したがって，目的は必要である。

(49)　苦の生起因の滅なしでも，滅罪によって苦は生起しない。したがって，苦の生起因の滅は人間の目的ではない。

(50)　TCPrakāśa, Pratyakṣakhaṇḍa (2) : $93^{3f.}$: ata eva duḥkhaṃ me mā bhūd iti kāmanayā kriyamāṇasya prāyaścittasya duḥkhānutpāda eva phalam ity āhuḥ |「それゆえ『私に苦が生じませんように』という願望によって，いま実行している滅罪の結果が苦の未生起であると彼らは言う」参照。

(51)　TC, Pratyakṣakhaṇḍa (1) : 73^{3}: vighnakāraṇavināśadvārā prāgabhāvasya sādhyatvam |

「妨害因の生起因を滅する方法で，過去の非存在は成立する」参照。

(52) 苦の生起因を滅する努力がある限り，苦は発生しない。努力が続く限り，苦の「過去の非存在」は継続する。

(53) 肯定的随伴：努力があれば苦の「過去の非存在」がある。否定的随伴：努力がなければ苦の「過去の非存在」もない。

(54) 瓶の「過去の非存在」は，人間の努力によって瓶が作られる以前の瓶の非存在。無始，有終の非存在。

(55) TC, Pratyakṣakhaṇḍa (1): 74[1f.]: yasmin saty agrimakṣaṇe yasya sattvaṃ yadvyatireke cāsattvaṃ tad eva tasya tajjanyatvaṃ na tv asataḥ sattvaṃ gauravāt |「あるもの（努力）があれば，〔その次の〕最初の瞬間にあるもの（結果）が存在する。あるもの（努力）がないとき，それ（結果）は決して存在しない。それ（結果）はそれ（努力）によって生じる。ないものから存在するのではない。煩瑣であるから」参照。肯定的随伴：努力があれば瓶は存在する。否定的随伴：努力がなければ瓶は存在しない。したがって，努力がないのに瓶が存在することはない。

(56) 無始なので，努力なしですでに過去の非存在は成立している。

(57) TC, Śabdakhaṇḍa (9): 94[2]–95[3]: kṛtisādhyatvaṃ ca kṛtau satyām agrimakṣaṇe svarūpaṃ na kṛtiṃ vinā, kṣemasādhāraṇaṃ caitat | kṛtisādhyatvaṃ ca na kṛteḥ pūrvam |「努力によって成立するものは，努力がある〔次の〕最初の瞬間にそれ自体が成立する。努力なしでは成立しない。またそれは解脱と同様である。努力によって成立するものは，努力以前に成立しない」参照。

(58) NSD: 35[10f.]: prāgabhāvasya pratiyogyutpattiniyatatvena mokṣānantaraṃ duḥkhotpattiprasaṅgāt |「過去の非存在が，反存在を生起させることは決まっているので，解脱の直後に苦が生じる過失に陥るから」。

(59)「過去の非存在」は反存在（苦）の生起因なので，過去の非存在があれば，苦は未来に必然である。「過去の非存在」は，過去の苦の非存在かつ未来の苦の存在であるから。苦があるのは苦の生起因の悪があるからである。したがって，苦の過去の非存在には，滅罪があっても悪はある。それゆえ滅罪は無益である。

(60) 苦の生起因が滅すれば，それによって生じる苦がない（苦の未生起）から，苦の未生起に活動があり，苦の未生起が人間の目的である。

(61) 前掲註50，51，55参照。

(62) 苦の未生起の結果は苦が生じないだけであり，別の何か（悪の滅や別の「苦の未生起」）ではない。

(63) もし，苦の過去の非存在が存在すれば，それは苦の生起因なので，苦が生じることになる。苦の過去の非存在は，苦が生じると苦が存在するので，苦の非存在は終了する。苦の非存在は苦の存在によって滅する。

(64)　苦が生起しないことが目的であり，苦の生起因の滅はその手段である。したがって「苦の未生起」が人間の目的である。

(65)　NL: 580^{1}: tatra duḥkhātyantābhāvo 'pavargaḥ |「ここでは，解脱は苦の絶対的非存在である」。ĀTV: $915^{1f.}$; Kir: 15^{1}; 本書第1部第3章註35参照。NSD: 37^{23}: prāñcas tu duḥkhātyantābhāva eva muktir ... |「しかし古典論理学者たちは，解脱は苦の絶対的非存在であると〔言う〕……」参照。NL: $573^{1f.}$: pūrvottarāvadhirahitas tu saṃsargapratiyogiko 'bhāvo 'tyantābhāvaḥ | pratiyogin＝duḥkha, anuyogin＝ātman, saṃsarga＝abhāva |「過去から未来に限界のない〔非存在であり〕，関係の反存在（否定されるべき対象）を持つ非存在が絶対的非存在（否定されるべき対象が過去から未来に存在しないこと）である。反存在とは苦であり，依処とはアートマンであり，関係とは非存在である」参照。

(66)　瓶に苦はないので，瓶における苦と絶対的非存在との結合関係はない。

(67)　出典不明。シャシャダラもこの文章を引用している。NSD: $38^{2f.}$: na cāvaśyakatvena sa eva muktir iti vācyam, "duḥkhenātyantavimuktaś carati" iti śrutyā muktidaśāyām ātmano duḥkhātyantābhāvasya bodhanāt |「また，〔苦は〕必然であるので，それ（苦の生起因の滅）だけで解脱だと言うべきではない。『苦から完全に解放された者は行く』という天啓聖典によって解脱したときに，アートマンが苦の絶対的非存在を持つことが理解できるから」。NSD: 34^{18}; 本書第1部第4章註19参照。

(68)　「苦の絶対的非存在」は，人間の目的であるが成立しない。「苦の生起因の滅」は成立するが，人間の目的ではない。しかし，苦の絶対的非存在と苦の生起因の滅との間に限定・被限定関係があれば，限定するもの（viśeṣaṇa）である苦の生起因の滅が成立すれば，限定されるもの（viśiṣṭa）である苦の絶対的非存在も，間接的にではあるが成立することになる。

(69)　苦は無始以来存在している。苦の滅しない人が輪廻してまた生まれてくる。苦のない人に苦が生じるのではない。したがって，輪廻者に苦が過去に存在しないことはあり得ない。つまり「苦の過去の非存在」は成立しない。

(70)　ここでは「苦の生起因が滅している場合の苦の絶対的非存在」が知識であり，「解脱」がその名称であると考えられるが，Text 7-3a で具体的に論じられる。「『苦の生起因の滅』に限定されたそれ（すべての苦の過去の非存在と関係する非存在）との結合を持つ者が，解脱者ということばの意味であるから」。つまり「苦の滅を持つ者」が知識であり，「解脱者」がその名称である。

(71)　NSD: $36^{8f.}$; 本書第1部第4章註40参照。

(72)　テクニカルな用法の「関係的非存在」（saṃsargābhāva）は，無始・有終の「過去の非存在」（prāgabhāva），有始・無終の「消滅以後の非存在」（pradhvaṃsābhāva），無始・無終の「絶対的非存在」（atyantābhāva）であるが，ここでは一般的な意味の

「関係」や「結合」という意味で用いられている。宇野（1996: 240）参照。過去の非存在と関係する非存在とは，現在と未来の非存在である。つまり，過去・現在・未来の非存在であり，絶対的非存在のことである。

(73)　解脱者性とは解脱者の属性であり，苦の滅である。瓶には苦が無始以来ないので苦の滅もない。

(74)　「泥（paṅka）から生まれたもの（ja）」は語源的な意味であり，「蓮（paṅkaja）」は慣用的な意味である。

(75)　NSD: 33[7]: duḥkhaprāgabhāvaparipālanam iti mīmāṃsakāḥ |「〔解脱は〕苦の過去の非存在の保持とミーマーンサー学派は〔言う〕」。Prakaraṇapañcikā: 341[1f.]: ātyantikas tu dehocchedo niḥśeṣadharmādharmaparikṣayanibandhano mokṣa iti yuktam |「しかし，解脱は身体の絶対的な断滅であり，すべてのダルマとアダルマとの滅によって生起する，ということは正しい」参照。ジャー（Jha 1911: 84）参照。

(76)　「過去の非存在」は始まりがなく（無始），終わりがある（有終）の非存在。ここでの絶対的な（ātyantika）とは，無終の意味であると思われる。終わりのない絶対的な（ātyantika）過去の非存在とは無始・無終の非存在，つまり過去・現在・未来の非存在である絶対的非存在（atyantābhāva）ということになる。

(77)　反存在は非存在の対象。「苦の非存在」の反存在は苦。

(78)　瓶を作る以前には瓶は非存在であり，人間の努力によって瓶が作られて以後に，瓶は存在する。無始・有終という特徴を持つ瓶の過去の非存在は，人間の努力によって成立する。この議論は Text 5 に既出。

(79)　蛇や棘の滅や滅罪によっても解脱は得られない。したがって，ここではクシェーマ（kṣema）を解脱ではなく安楽と訳した。

(80)　TCDG: 2060[3f.] = Text 5-1 参照。

(81)　過去の非存在は努力によって成立する。この議論は Text 5 に既出。

(82)　NS 1.1.2. 本書第１部第２章註53参照。

(83)　「苦の未生起」の原因は，アダルマ（悪）の滅。

(84)　過去の非存在は，過去にないものが未来にあることが前提となっている。したがって，解脱者に苦の過去の非存在があり，未来に苦が生じることになる。この議論は既出。TCDG: 2060[15-17] = Text 5-3a 参照。

(85)　絶対的非存在は無始（anādi）無終（ananta）であり，過去・現在・未来にわたる非存在だが，過去の非存在は無始・有終であり，未来にはない。

(86)　アダルマは苦の生起因であり，苦の過去の非存在を滅するものである。

(87)　知識と名称の議論は既出。Text 7-2a 参照。

(88)　苦の過去の非存在の反存在（否定対象）は過去の苦であり，未来の苦ではない。

(89)　過去の非存在は有終であるが，解脱である苦の滅は無終である。

(90) 蛇や棘は苦の生起因であるが，これらを滅しても解脱するわけではない。さらに滅罪による苦の生起因の滅も解脱に至るわけではない。ここでの苦の過去の非存在の反存在が未来の苦であるとしても，この苦の滅によって解脱できるわけではない。動物の肉（牛）はヒンドゥー教徒にとっては食べることが禁止されているものであり，アダルマ生起の原因，つまり苦の生起因となる。肉食の過去の非存在の反存在（否定される対象）は肉食である。肉食は苦の生起因であるが，これを滅しても解脱するわけではないので，解脱とは関係のない苦の生起因の滅である。蛇や棘の議論は既出 Text 4-1 参照。

(91) NSD: $36^{4f.}$; 本書第1部第4章註27参照。苦と楽とが混合している場合，苦を排除するとき楽も一緒に排除されてしまう。常住の楽の顕現が人間の目的であるという立場では，楽のない苦の非存在を解脱とは認められない。

(92) 楽を人間の目的と考える立場では，楽のない「苦の非存在」が人間の目的であることはない。しかし，苦の滅を人間の目的と考える立場では，楽も排除されるべきである。NBh: $8^{2f.}$ *ad* NS 1.1.2: tad yathā madhuviṣasaṃpṛktānnam anādeyam iti, evaṃ sukhaṃ duḥkhānuṣaktam anādeyam iti ‖「たとえば蜜と毒の混合した食べ物をとるべきでないように，同様に苦の混在する楽をとるべきでない」参照。Kir: $27^{14f.}$: nanv apuruṣārtho 'yaṃ sukhasyāpi hāner iti cen na | bahutaraduḥkhānuviddhatayā sukhasyāpi prekṣāvad dheyatvān ... |「【反論】これ（滅）は人間の目的ではない。楽もまた排除されるから。【答論】そうではない。多くの苦をともなうので，楽もまた英知と同様に捨て去るべきであるから……」参照。

(93) SPA 87 : sukhatvasāmānyavan nirupādhyanukūlavedyaṃ sukham ‖「楽とは，楽性という普遍を持ち，限定のない快適さとして感受されるべきものである」参照。菱田（1993: 303）参照。Nyāyakośa: 1023^{27}: sukhaṃ cātmadharma iti naiyāyikā āhuḥ |「『また楽はアートマンの属性である』とニヤーヤ学徒たちは言う」参照。快適な楽が排除される必然性がない。

(94) 非存在を対象として人間は活動を始めることはない。苦の非存在が人間の目的になるためには，楽をともなう必要がある。したがって，人間の目的は「苦の非存在」+「楽」であり，実質的には楽が人間の目的である。

(95) 苦の排除を目的として活動があるので，楽は目的ではない。

(96) ヴリンダーの森は，クリシュナとゴーピーたちが戯れたヤムナー河畔の森。美莉亜（2009: 137-155, 648）参照。

(97) vivekin: viveka（識別知）を持つもの。識別知とは，アートマンを身体と区別（viveka）する知識（jñāna）。KirR: 38^{27}: viveko mananākhyaṃ śarīrādibhinnatvenātmānumānam ‖「識別知とは思惟と呼ばれ，アートマンは身体などと異なるという推理である」参照。TSNīlakaṇṭhaprakāśikā: 425^{6-8}: yuktibhir anucintanaṃ mananam | tac ca

ātmana itarabhinnatvenānumānam |「道理によって熟考することが思惟である。またそれはアートマンは他のもの（身体など）と異なるという推理である」参照。『ヨーガ・スートラ』（Yogasūtra）での識別知（vivekakhyāti）とガンゲーシャの真理知（tattvajñāna）とは，ともにヨーガの実修から発生する知である。YS 2.25-28; 本書第１部第５章註52参照。

(98)　有資格者（adhikārin）については『ヴェーダーンタ・サーラ』（Vedāntasāra, c. 1500）で次のように言われている。Vedāntasāra 4: adhikārī tu vidhivadadhītavedavedāṅgatvenāpātato 'dhigatākhilavedārtho 'smiṃ janmani janmāntare vā kāmyaniṣiddhavarjanapuraḥsaraṃ nityanaimittikaprāyaścittopāsanānuṣṭhānena nirgatanikhilakalmaṣatayā nitāntanirmalasvāntaḥ sādhanacatuṣṭayasaṃpannaḥ pramātā |「有資格者とは，ヴェーダとヴェーダ補助学とを聖典命令に従って読誦することによって，ヴェーダの意味を完全に証得する者であり，現生もしくは他の生において，選択行為と禁止規定を避けることによって，常住行為と臨時行為と滅罪と礼拝とを行うことによって，すべての悪業が滅したことによって，とても無垢な心を持ち，四種類の手段を完備する，正しい認識者である」。中村（1996b: 223）参照。

(99)　人間の目的は努力に基づいて成立する。したがって，苦の非存在は努力に基づいており，知識に基づいているのではない。

(100)　知識は努力ではなく認識手段によって成立する。認識手段によって成立する知識により成立する苦の非存在は，煩瑣である。努力によって成立する苦の非存在でよい。「別の因での成立」（anyathāsiddha）については，松尾（1948: 256）参照。

(101)　人間の目的には，知識（viveka）ではなく努力（prayatna）が必要である。

(102)　最後の苦が経験された次の瞬間。

(103)　Vyom: 2^{6-9} = NK: $17^{2f.}$ = Kir: $29^{17f.}$–31^{6-10} = NSD: $37^{11f.}$ = TCDG: $2068.^{2-5}$ この推論式については，本書第１部第５章第４節参照。

(104)　TCPrakāśa: 420^{14}: nānākālaḥ pūrvotarakālaḥ |「さまざまな時間とは，過去と未来の時間である」。

(105)　Nyāyakośa: 571^{1}: prayojakatvam - paraṃparā (na tu sākṣāt) kāryajanakatvam |「間接因。間接的な（直接的でなく）結果の生起因である」。

(106)　Kir: $33^{17f.}$: mūlocchedānuvṛttyoḥ prayojakatvāt | mūlocchedād dhi santater ucchedo mūlānuvṛttau cānuvṛttiḥ |「根本（誤知）の滅と〔苦の〕連続性とが間接因であるから。実に根本（誤知）の滅から，連続性の滅がある。また根本（誤知）の連続性があるとき，連続性がある」。

(107)　TCDG: 2057^{3-5} = Text 2-2b. ĀTV: $819^{15f.}$: mithyājñānaṃ ca tattvajñānān nivartate, tac ca śravaṇamananādikrameṇotpadyate ... |「また誤知は真理知から排除される。またそれ（真理知）は聴聞，思惟をはじめとする順序で生じる……」参照。

(108)　ChU 8.15.1: na ca punarāvartate na ca punarāvartate ||「また再び彼は戻らない。また再び彼は戻らない」。

(109)　祭式行為の命令である規定（vidhi）に果報が述べられていない場合，釈義（arthavāda）に述べられていれば，それを果報と見なす規則。MS 4.3.17–19; カネー（Kane 1953: 63）；黒田（1988: 247）；針貝（1990: 461f.）参照。

(110)　祭式の説明の文章。

(111)　BĀU 2.4.5 = Text 1–1.

(112)　NSD: $38^{2f.}$ = NSD: 34^{18}. Text 7–1a.

(113)　ChU 8.12.1: aśarīraṃ vāva santaṃ na priyāpriye sparśataḥ |「身体を持たずに常に存在するもの（アートマン）に，快と不快は接触しない」。Vyom: 1^{10} = NK: 17^{4} = ĀTV: 823^{14} = Kir: $33^{21f.}$ 参照。

(114)　ガンゲーシャが引用する『チャーンドーギヤ・ウパニシャッド』の文章は「常に存在するものに」（vāva santam）となっており，「常に」（強調を示す不変化辞 vāva）「存在するものに」（動詞語根√as「存在する」の現在分詞 sat の男性，単数，対格 santam）と解釈するのが通例である。しかし，ガンゲーシャは vāva santam ではなく vāvasantam と読む。つまり，動詞語根√vas「住む」の強意活用（行為の反復・強調）の現在分詞 vāvasat の男性，単数，対格 vāvasantam と解釈する。強意活用では反射態（ātmanepada, middle voice）の場合には接尾辞 -ya を挿入するが，能動態（parasmaipada, active voice）の場合には挿入しない。この強意活用の接尾辞 -ya の省略を yaṅluk と言う。通例の解釈（√as「存在する」）でも，ガンゲーシャの解釈（√vas「住む」）でも，存在しているものに対する強調なので，意味は同じである。Aṣṭādhyāyī 1.1.61, 2.4.74, 3.1.22; アビヤンカル・シュクラ（Abhyankar and Shukla 1961: 311f, 334）参照。

(115)　sukhaduḥkham: 集合並列複合語（samāhāradvaṃdva）は中性，単数形を取る。

(116)　sukhaduḥkau: 相互並列複合語（itaretaradvaṃdva）は両数形を取る。

(117)　「楽と苦」（sukhaduḥkha）は慣習的に集合並列複合語の形（sukhaduḥkham）を取る。さらに相互並列複合語の形（sukhaduḥkhau）を取れば，一つの文章が二つの形を持つことになる。

(118)　一つの規定（vidhi）に二つの意味（artha）があること。カネー（Kane 1962: 1299–1304）；針貝（1990: 39）参照。適切な解釈のために，一つの文章が二つに分裂してしまうこと。アビヤンカル・シュクラ（Abhyankar and Shukla 1961: 346）参照。

(119)　相互並列複合語（itaretaradvaṃdva）: 両数形。

(120)　カディラ（khadira）はクシャトリヤ用の杖の材料。渡瀬（1990: 69）参照。

(121)　dhavakhadirau: 相互並列複合語（itaretaradvaṃdva）: 両数形。

(122)　TC, Śabdakhaṇḍa (9) $791^{3f.}$: itaretaradvaṃdve ca dhavakhadirau cchindhītyādau ... |

「また『ダヴァとカディラを切れ』などという相互並列複合語の場合……」参照。

(123) priyāpriyarūpam: 集合並列複合語（samāhāradvaṃdva）: 単数形。

(124) 身体は快と不快の基体であり，身体なしで快と不快は存在できない。解脱者には身体がない。したがって解脱者には快と不快はない。つまり解脱者には快と不快それぞれの非存在（pratyekābhāva）がある。しかし解脱者には快と不快がないので，それらを否定（niṣedha）することはできない。

(125) Text 9-4 に既出。主題（pakṣa）は，主張命題の主辞であり，推理の場所である。山に火がある例で示せば，「山は火を持つ」という主張命題の主辞であり，「山に火がある」という推理の場所である「山」が主題である。

(126) この議論の説明については，本書第1部第5章第4節参照。

(127) 『キラナーヴァリー』（Kir: 29^{17}–32^{6}）にも同じ議論がある。立川（Tachikawa 2001: 289 註 17f.）参照。

(128) NS 1.2.5: anaikāntikaḥ savyabhicāraḥ |「有雑乱因（savyabhicāra）とは，不定因（anaikāntika）である」。NBh: $42^{13f.}$ *ad* NS 1.2.5: vyabhicāra ekatrāvyavasthitiḥ | saha vyabhicāreṇa vartata iti savyabhicāraḥ |「雑乱とは，一つの場所で確定しないことである。雑乱をともなって存在するから，有雑乱因である」。TS 53: savyabhicāro 'naikāntikaḥ | sa trividhaḥ | sādhāraṇāsādhāraṇānupasaṃhāribhedāt | tatra sādhyābhāvavadvṛttiḥ sādhāraṇaḥ | yathā parvato vahnimān prameyatvāt | atra prameyatvasya vahnyabhāvavati hrade vidyamānatvāt | sarvasapakṣavipakṣavyāvṛtto 'sādhāraṇaḥ | yathā śabdo nityaḥ śabdatvāt | atra śabdatvaṃ sarvebhyo nityebhyo 'nityebhyo vyāvṛttaṃ śabdamātravṛttiḥ | anvayavyatirekadṛṣṭāntarahito 'nupasaṃhārī | yathā sarvam anityaṃ prameyatvāt | atra sarvasyāpi pakṣatvād dṛṣṭānto nāsti |「有雑乱因とは不定因である。それは三種類ある。共因（sādhāraṇa），不共因（asādhāraṇa），不排除因（anupasaṃhārin）という区別があるから。このうち，所証が存在しない場所（異類例）に〔理由が〕存在することが共因である。たとえば『〈主張〉山は火を持つ。〈理由〉認識対象性のゆえに』。この場合，認識対象性（理由）は，火のない場所である湖にも存在しているから。すべての同類例と異類例から排除されるものが，不共因である。たとえば『声は常住である。声性のゆえに』。この場合，声性（理由）はすべての常住なもの（同類例）と無常なもの（異類例）から排除されており，声（主題）にのみに存在する。肯定的・否定的随伴の喩例が欠如したものが，不排除因である。たとえば『すべては無常である。認識対象性のゆえに』。この場合『すべて』が主題であるから，喩例がない」。savyabhicāra（有雑乱因）と anaikāntika（不定因）とは同義。有雑乱因，不定因は，論理的過失である似因（hetvābhāsa）の一つである。ヴィドヤーブーシャナ（Vidyabhusana 1921: 438f.）；松尾（1948: 260–263）；宇野（1996: 199–201）参照。

(129)　塩を含んだ不毛の地には何も育たない＝解脱できない。TCPT: 422[22]: ūṣarabhūmivat kecid ātmāno muktiṃ praty ayogyāḥ |「塩の大地のように，〔そのような〕アートマンのある人々は，解脱に対する可能性がない」参照。

(130)　Kir: 32[1–6]: nanu sarvamuktir ity eva neṣyata iti cet tarhi ya eva nāpavṛjyate tasyaiva duḥkhasantāne 'naikāntikam idaṃ kim udāharaṇāntaragaveṣaṇayā | evam astu | na codāharaṇam ādaraṇīyam iti cen na | asiddheḥ | siddhau vā saṃsāryekasvabhāvā eva kecid ātmāna iti sthite | aham eva yadi tathā syāṃ tadā mama viparītaprayojanaṃ pārivrājakam iti śaṅkayā na kaścit tadarthaṃ brahmacaryādiduḥkham anubhavet |【反論】すべての人が解脱するということは認められない。【答論：ウダヤナ】〔この世界で〕解脱できない人がいるという〔推理〕は，苦の連続の場合〔異類にも因が存在するから〕これは不定因である。なぜ別の喩例を求めるのか。【反論】そうであるとしよう。〔別の〕喩例（異類例）に注意を払う必要はない。【答論】そうではない。〔すべての人が解脱するわけではないという推理は〕成立しないから。もしくは成立する（すべての人が解脱するわけではない）とすれば，ある人々のアートマンは，常に輪廻するだけの本質を持っていることになる。『もし私がそのよう（解脱できないの）であるなら，私の遊行者としての人生は矛盾した目的を持つことになる』〔解脱できないのではないか〕という疑いがあれば，その目的（解脱）のために誰も梵行などの苦行を行わないであろう」。

(131)　BhG 18.42: śamo damas tapaḥ śaucaṃ kṣāntir ārjavam eva ca | jñānaṃ vijñānam āstikyaṃ brahmakarma svabhāvajam ‖「寂静，自己制御，苦行，清浄，忍耐，正直，知識，実践知，信仰は，本質的に生じる婆羅門の行為である」参照。

(132)　NL: 598[2–4]: na caivaṃ sati tattvaśaṅkāyāṃ sarveṣāṃ mokṣānanuṣṭhānaprasaṅgaḥ, śamadamabhogānabhiṣvaṅgādicihnena śrutisiddhena saṃdehanivṛtteḥ |「同様に真理を疑うとき，すべての人の解脱が成立しないことになってしまうことはない。寂静，自己制御，享受，無執着など〔解脱〕の兆候が，天啓聖典によって成立するので，疑いは否定されるから」。

(133)　解脱の形容詞である寂静などは，身体のない状態で成立する。身体のある輪廻者には，寂静は成立しない。したがって寂静は輪廻を成立させるものではない。

(134)　NBh: 22[4f.] *ad* NS 1.1.22: nityaṃ sukham ātmano mahattvavat tat tu mokṣe abhivyajyate | tenābhivyaktenātyantaṃ vimuktaḥ sukhī bhavatīti kecin manyante |「『解脱においては，アートマンの偉大さと同じように，アートマンの常住の楽が顕現する。それ（楽）の顕現によって絶対的に解脱した人は楽の所有者になる』とある者たちは考える」。ジャー（Jha 1915）はチツカ（Citsukha, c. 1295）の説に従うヴェーダーンタ学徒の説と言う。多くの註釈者たちは Bhaṭṭa の説と言うが，クマーリラ（c. 660）以前のヴァーツヤーヤナ（c. 410）も引用しているので，クマーリラ・バッタの説で

はない。註釈者ダルマラージャはヴェーダーンタ学派というが出典不明。Vyom: 5[15]: atha nityaṃ tat sukham iti cet |「常住の楽がそれである」。NK: 16[5]: nityaniratiśayasukhābhivyaktir muktir ity apare |「解脱は常住の最高の楽の顕現である，と他の者たちが言う」。NL: 584[1]: nityasukhābhivyaktir muktir ity apare |「解脱は常住の楽の顕現である，と他の者たちが言う」。NSD: 33[3f.]; 本書第1部第4章註11参照。Muktilakṣmī: 36[30−32]: tautātitabhaṭṭāḥ |「トゥターティタ・バッタ学徒」。Nyāyakandalīpañjikā: 16[20]: jaiminīyāḥ |「ジャイミニ学徒」。タウターティタ（Tautātita）はトゥターティタ（Tutātita）の形容詞。トゥターティタは，クマーリラ（Kumārila Bhaṭṭa, c. 660）の別名。アプテ『梵英辞典』（V. S. Apte, *The Practical Sanskrit-English Dictionary*, Poona, 1957: 787）参照。なお，ミーマーンサー学派の解脱論については，カネー（Kane 1962: 1215-1217）；湯田（1979: 225−227）；倉田（1985a, b）；中村（1995: 14−18）参照。

(135)　NBh 22[10−12] *ad* NS 1.1.22: sukhavan nityam iti cet? saṃsārasthasya muktenāviśeṣaḥ | yathā muktaḥ sukhena tatsaṃvedanena ca sannityenopapannaḥ, tathā saṃsārastho 'pīty aviśeṣaḥ prasajyata ubhayasya nityatvāt |「『〔解脱者は〕楽を持ち，常住である』と言うならば，輪廻の状態の人と解脱者との区別がなくなる。たとえば，解脱者は楽とそれ〔楽〕の自覚を備えていて，常住性を備えた人である。輪廻の状態の人もまたそのようになってしまうから区別がなくなる。両方〔楽と楽の自覚〕とも常住であるから」参照。この部分の『ニヤーヤ・バーシュヤ』の現代語訳は訳者によって異なる。ジャー（Jha 1915）；パニブーシャナ（Phaṇibhūṣana 1967）；服部（1969）；中村（1996a）参照。NV: 82[9f.] *ad* NS 1.1.23: yathā muktasya nityaṃ sukhaṃ kalpyate, evaṃ śarīrādayo 'pi nityāḥ kalpayitavyāḥ |「たとえば解脱者に常住の楽が考えられるとすれば，同様に身体などもまた常住と考えねばならなくなる」参照。Vyom: 5[15f.]: ajñātasaṃvedanaṃ tu yadi nityaṃ muktāvasthāyām iva saṃsārāvasthāyām api bhāvād aviśeṣaprasaṅgaḥ |「しかし，もし〔楽が〕常に知られていないとすれば，解脱者の状態と同じく輪廻の状態でもまた〔楽の無知が〕あるから，区別がないという過失に陥る」参照。MV: 36[4f.]: nityatayā saṃsāradaśāyām api tatsattvenāvidyānivṛttiprasaṅga iti parāstam |「常住であるので，輪廻の状態でさえ，それ（楽）が存在するから，無明が排除されてしまう過失に陥るという考えを否定する」参照。楽が常住であれば，解脱者も輪廻者にも楽（解脱）が存在することになる。

(136)　VS 5.2.20; 本書第1部第3章註8参照。不可見力によってアートマンとマナスが結合し，身体が生まれる。身体は楽の基体である。したがって，楽が出現する原因として，身体，アートマンとマナスの結合，不可見力が必要である。

(137)　常住の楽が顕現するとすれば，常住であるので輪廻者にも顕現することになる。NV: 81[16−18] *ad* NS 1.1.22: yathāyam ātmamanaḥsaṃyogo viṣayamātram apekṣamāṇo 'nyanimittanirapekṣaḥ sukhajñānaṃ karoti, evaṃ rūpādīn api viṣayāpekṣamāṇas* tadviṣayāṇi jñānāni kuryāt | *テキストは -anapekṣa-（依存しない）であるが，ジャー（Jha 1915）の英訳に従って，-apekṣa-（依存する）と読む。「この（あなたの考える）アートマンとマナスとの結合が，他の原因に依存せず，対象（楽）のみに依存するという手段であり，楽の知識を生むように，そのように色などに対してもまた，対象に依存するという手段が，その対象の知識を生むだろう」参照。

(138)「純粋なダルマ」(kevaladharma）は，悪業（アダルマ）をともなわず，自己消滅する。

(139)『ニヤーヤ・バーシュヤ』での議論が下敷きになっている。NBh: 22^{17}–23^{2} *ad* NS 1.1.22: ātmamanaḥsaṃyogasya nimittāntarasahitasya hetutvam | tasya sahakārinimittāntaravacanam | ātmamanaḥsaṃyogo hetur iti cet? evam api tasya sahakārinimittāntaraṃ vacanīyam iti | dharmasya kāraṇavacanam | yadi dharmo nimittāntaram? tasya hetur vācyo yata utpadyata iti | yogasamādhijasya kāryāvasāyavirodhāt prakṣaye saṃvedana-nivṛttiḥ | yadi yogasamādhijo dharmo hetuḥ? tasya kāryāvasyavirodhāt prakṣaye saṃvedanam atyantaṃ nivartate |「【ヴァーツヤーヤナ】他の動力因をともなうアートマンとマナスとの結合が，原因である。それは別の共働因であると言われる。もしアートマンとマナスとの結合が原因であるとすれば，そうであるとしても，その別の共働因が述べられるべきであるから。【反論】ダルマが原因であると言われる。【答論】もしダルマが別の動力因であるなら，そこから〔ダルマが〕生じる原因が言われるべきである。ヨーガの精神統一から生じるものは，結果の消滅と矛盾するから，滅したときに自覚も滅している。もしヨーガの精神統一から生じたダルマが原因であるとすれば，それは結果の消滅と矛盾するから，滅したときに自覚は絶対にない」参照。

(140) NS 1.1.2; 本書第1部第2章註53参照。

(141) NBh: 22^{5-7} *ad* NS 1.1.22: teṣāṃ pramāṇābhāvād anupapattiḥ | na pratyakṣaṃ nānumānaṃ nāgamo vā vidyate, nityaṃ sukham ātmano mahattvavat, mokṣe 'bhivya-jyata iti |「これ（解脱は常住の楽の顕現）は認識手段がないから正しくない。『解脱においては，アートマンの偉大さと同じように，アートマンの常住の楽が顕現する』〔を成立させる認識手段〕は，知覚でも推理でも聖言でもない」参照。

(142) BĀU 3.9.28: vijñānam ānandaṃ brahma rātir dātuḥ parāyaṇaṃ tiṣṭhamānasya tad-vida iti ||「ブラフマンは知であり歓喜であり，惜しみなき施与者であるそれ（ブラフマン）を知って安住している者の最終目的地である」。NSD: 33^{9-11}；本書第1部第4章註14f.参照。

(143) Taittirīya Upaniṣad 2.4: ānandaṃ brahmaṇo vidvān na bibheti kadācana ||「ブラフマンが歓喜であると知る者は，決して恐れない」Nyāyasāra: $595^{6f.}$: ānandaṃ brahmaṇo rūpaṃ tac ca mokṣe 'bhivyajyate |「ブラフマンの本質は歓喜であり，それは解脱のと

きに顕現する」。

(144) NSD: 34^{15-18}: evam “ānandaṃ brahmaṇo rūpaṃ tac ca mokṣe pratiṣṭhitam” ity atrāpy ānandasya brahmadharmatvenaiva pratīter mokṣapadena jīvanmuktir eva vivakṣitā ity anyathāsiddhau na sukhasvarūpe tasmin pramāṇaṃ śrutiḥ |「また『歓喜はブラフマンの本質であり，それは解脱のときにある』という場合でもまた，認識と歓喜とはブラフマンの属性であるので，解脱ということばによって，現生解脱こそが意図されるから，別の因で成立する場合に，楽自体がそれ（ブラフマン）であるとき，天啓聖典が認識手段なのではない」。

(145) 二種類の楽については，丸井（1989）参照。

(146) 認識が楽を成立させるのであり，楽が認識を成立させるのではない。もしそうであれば，原因と結果が相互依存してしまう。むしろ認識が他の認識を生むことは可能である。

(147) 「ブラフマンは常住であり，知であり，歓喜（楽）である」という一つの文章に「ブラフマンは常住である」「ブラフマンは知である」「ブラフマンは歓喜（楽）である」という複数の意味があるわけではない。ブラフマンと常住と知識と歓喜（楽）とは同一の（異ならない）ものであるから，一つの意味しかない。

(148) 解脱は単なる楽ではない。アートマンと異ならない楽である。

(149) ānanda という語は，動詞語根 √nand（喜ぶ）と接頭辞 ā- と ac 接尾辞 -a とによって作られた動作名詞（喜び）。アビヤンカル・シュクラ（Abhyankar and Shukla 1961: 8）参照。

(150) KirR: 22^{2-4}: tatra “ānanda”padasya matvarthīyācpratyayāntatvenānandavadarthakatvāt |「ここ（ブラフマンは歓喜である）での『アーナンダ』（歓喜）という単語は，所有に適当な ac 接尾辞で終わるので，アーナンダを持つという意味を持っているから」参照。

(151) Kir: $20^{26f.}$: vedāntinām api avidyāyāṃ nivṛttāyāṃ kevalātmaivāpavarge vartata iti mate na vivādaḥ |「ヴェーダーンタ学派でさえ『無知が滅し，純粋なアートマンのみが解脱するときに存在する』という考えに相違はない」。NL: 580^{1-3}: nanu cādvaitatattvasākṣātkārād avidyopanītaprapañcapratyayabādhe jāgarādyapratyayāt* svapratyayavadadvaitānandasākṣātkārā muktir iti manyante |「また解脱とは，不二の真理（梵我一如の真理知）の直接経験から，無知によって導かれた戯論の認識が滅するときの，最初の目覚めの認識による，自己認識を持つ不二のもの（ブラフマン）の歓喜の直接経験であると彼ら（ヴェーダーンタ学派の人々）は考える」。* テキストは jagara- であるが jāgara- と読む。

(152) 三杖思想支持者たち。トゥリダンディン（Tridaṇḍin）は「三（tri）杖（daṇḍa）を持つ者（-in）」という意味であり，ヴェーダーンタ学派のバースカラ（Bhāskara, c.

750）がこの説を支持していた。三杖とは言葉，心，身体という三つの痛棒を指す。インゴールズ（Ingalls 1967）；金倉（1976）；正信（1992）参照。

(153)　人のアートマン（jīvātman）は個々の人間に存在する魂であり，梵我一如の最高のアートマン（paramātman）とは異なる。

(154)　NL: 583[1f.]: jīvānām avidyādisamastopādhināśe cidānandabrahmasvarūpatvāpattir muktir ity anye |「『解脱は，人間の無知などすべての属性が滅したとき，知や歓喜というブラフマンの本質が生じることである』と他の者たち（バースカラ，トゥリダンディン）は言う」。

(155)　眼，耳，鼻，舌，身，意，手，足，喉，生殖器官，排泄器官。

(156)　地，水，火，風，虚空。

(157)　NSD: 33[4]: jīvasya liṅgaśarīrāpagama iti bhāskarīyāḥ |「『〔解脱とは〕人間の微細身の消滅』とバースカラ学徒たちは言う」。NSD: 34[22f.]: liṅgaśarīrasya ekādaśendriya-pañcabhūtarūpasya jīvātmany apagamo viśleṣaḥ | sa eva parabrahmaṇi laya ity ucyate |「微細身は十一の感覚器官や五大要素という特徴を持っているけれども，人のアートマンにおいて分離し，滅する。それはまさに最高のブラフマンの中に没入すると言われる」。

(158)　人間の目的は「苦の滅」（duḥkhadhvaṃsa）であり，「苦の生起因の滅」ではない。

(159)　人のアートマン（jīvātman）は基体（dharmin, aupādhika）であり，微細身（liṅga-śarīra）はその属性（dharma, upādhi）である。属性が滅するときに，その基体も滅するわけではない。

(160)　人間の目的（puruṣārtha）は，アートマンの滅ではない。

(161)　異なるもの（最高のアートマンと人のアートマン）が同一（不異）であること。

(162)　Kir: 19[9]: ye tv anupaplavāṃ cittasantatim anantam apavargam āhus |「しかし，解脱を障害のない終わりのない心の連続と言う者たちもいる」。KirR: 19[13]: cittasantatim ālayavijñānasantatim |「心の連続とは，阿頼耶識の連続である」。NSD: 33[5f.]: nirupa-plavā cittasantatir ity anye |「『〔解脱は〕障害のない心の連続』と他の者たちは〔言う〕」。

(163)　Kir: 19[17f.]: nimittasya śarīrāder apāye naimittikasya cittasyopādayitum aśakyatvāt |「原因である身体などが滅しているとき，結果である心が生じることはできないから」。

(164)　身体は苦の基体であり，解脱は苦の滅である。身体がなければ，輪廻者が解脱者になるという解脱のプロセスが成立しない。

(165)　NSD: 33[7]: ātmahānam ity eke |「『〔解脱は〕アートマンの滅』とある者たちは〔言う〕」。

(166)　魂としてのアートマンは滅することはない。しかし仏教徒の考える阿頼耶識（ālayavijñāna）がアートマンであるとして，それが滅すると考えるのであれば，その滅には人間の努力は必要ない。身体と阿頼耶識には基体（dharmin）と属性（dharma）の関係があり，基体である身体が滅すれば属性である阿頼耶識も滅するからである。努力のないものは人間の目的ではない。

(167) Kir: 17[3–6, 13–15]: kevalam ātmāpi duḥkhahetutvān nivartayitavyaḥ śarīrādivad iti ye vadanti teṣāṃ yady ātmā nāstīti satyaṃ kiṃ nivartayitavyam | atyantāsato nityanivṛttatvāt | athāsti tathāpi kiṃ nivartanīyam | nityatvena tannivṛtter aśakyatvāt | atha jñānasvabhāva evāsau nivartanīya iti matam | anumatam etat | dagdhendhanānalavad upaśamo mokṣa iti vakṣyamāṇatvāt | tasmād atirikta ātmani pramāṇaṃ vaktavyam ity avaśiṣyate |「ある者（仏教徒）たちは次のように言う。〈主張〉アートマンのみがまた滅すべきである。〈理由〉苦の原因であるから。〈喩例〉身体などのように。【ウダヤナ】もしアートマンがないとすれば，滅すべき何が存在するのか。常に存在しないものは，常に滅しているから。もし，〔アートマンが〕あるとしても，何が滅すべきなのか。常住なので，それ（アートマン）の滅は不可能であるから。もしそれ（アートマン，つまり阿頼耶識）が知識を本質としており，滅すると考えるなら，それは正しい。『解脱は火が燃料を消費するような滅』であるとわれわれは後に述べるから。それゆえ，別の（魂としての）アートマンの認識手段が語られるべきであるということが残っている」。

(168) 究極の解脱は最上の歓喜によって成立するので，苦の滅という人間の目的がない。

(169) NSD: 36[6f.]: paramamukter apuruṣārthatvaprasaṅgāt | rāgābhāvena sukhasyoddeśyatvānabhyupagamāc ca |「究極の解脱は人間の目的ではないという過失に陥るから。また欲望がないので，楽の説明が認められないから」。

(170) 学習生活を行う梵行期（brahmacarya），家庭と仕事を持つ家住期（gṛhastha），出家して祭祀，瞑想する林住期（vānaprastha），乞食，苦行，瞑想，遊行の遊行期（saṃnyāsa）という四生活期。遊行期には祭祀も放棄する。

(171) ChU 2.23.1: trayo dharmaskandhāḥ | yajño ’dhyayanaṃ dānam iti prathamaḥ | tapa eva dvitīyaḥ | brahmacāryācāryakulavāsī tṛtīyo ’tyantam ātmānam ācāryakule ’vasādayan | sarva ete puṇyalokā bhavanti | brahmasaṃstho ’mṛtatvam eti ||「ダルマは三種類ある。第一は，祭祀，ヴェーダの読誦，布施である。第二は，苦行のみである。第三は，師の家に住み込む梵行である。彼は生涯一人で，師の家に住む。彼らには，これらすべての福徳の世界がある。ブラフマンに安住する者は，不死を得る」。佐保田（1979: 18）参照。

(172) それぞれの住期の目的は解脱であるので，すべての住期を経験する必要はない。どれか一つでも解脱できる。

(173) Yājñavalkyasmṛti 3.205 = Kir: 40[11f.]: nyāyāgatadhanas tattvajñānaniṣṭho ’tithipriyaḥ | śrāddhakṛt satyavādī ca gṛhastho ’pi hi mucyate ||「正しく得た富を持つ者，真理知に

住している者，客をもてなす者，信心深い者，そして真実を話す者は，家長であっても解脱する」。井狩・渡瀬（2002: 171）では，この箇所は Yājñavalkyasmṛti 3.206。

(174)　聖言（śruti）に対応している。

(175)　推理（anumāna, upapatti）に対応している。

(176)　純粋なダルマ（kevaladharma）を生むヨーガ（yoga）に対応している。

(177)　真理知（tattvajñāna, tattvasākṣātkāra, ātmasākṣātkāra）に対応している。

(178)　BĀU 2.4.5. 前掲註 1 参照。

(179)　TCPT: 429[16f.]: nyāyaśāstrajanyapadārthabodhasyopayoga ity āha |「ニヤーヤの論書によって生じた句義の知識の適用と言われる」。ニヤーヤの論書もしくはその内容であるニヤーヤの知識体系。

(180)　KirR: 35[18f.]: upapattyeti | anumānenety arthaḥ |「『適切な理解で』とは『推理によって』という意味である」参照。

(181)　KirR: 38[27]: viveko mananākhyaṃ śarīrādibhinnatvenātmānumānam ‖「『識別知』とは思惟と呼ばれ，アートマンは身体などと異なるという推理である」参照。TSNīlakaṇṭhaprakāśikā: 425[6–8]: yuktibhir anucintanaṃ mananam | tac ca ātmana itarabhinnatvenānumānam |「道理によって熟考することが思惟である。またそれはアートマンは他のもの（身体など）と異なるという推理である」参照。アートマンの存在証明は NBh: 16[1]–17[1] *ad* NS 1.1.10 においてなされている。NS 1.1.10: icchādveṣaprayatnasukhaduḥkhajñānāny ātmano liṅgam ‖「欲求，嫌悪，努力，楽，苦，知識は，アートマンの証相である」参照。証相によって推理知が生じる。服部（1966）参照。

(182)　夜（推理知や言語知などの間接知）の方角は，昼（知覚＝直接知）の方角に否定される。

(183)　Kir: 34[26f.]: na copapattyā śabdena vā janitam idaṃ parokṣam aparokṣaṃ mithyājñānaṃ nivartayitum utsahate | diṅmohādau tathānupalabdheḥ |「適切な理解（推理）やことば（聖言）によって間接的に生じるこれ（知識）は，直接に誤知を滅すことはできない。たとえば，方角の混乱などの場合，〔そのような直接的な〕認識がないから」。間接的な認識（言説，推理知）が直接的な認識（知覚）を排除することはない。立川（Tachikawa 2001: 286, 290）参照。

(184)　純粋なダルマ（kevaladharma）。ヨーガから生じるダルマは宗教的義務や祭式行為ではなく，アートマンの属性としてのダルマであるが，アダルマ（悪業）と対のダルマではなく，自己消滅する純粋なダルマである。本書第 1 部第 3 章第 4 節参照。

(185)　貪欲（rāga），嫌悪（dveṣa），無知（moha）の三種類の煩悩（kleśa）。

(186)　言葉（vāc），知識（buddhi），身体（śarīra）という行為とその結果（業）。

(187)　Kir: 34[30]–35[1]; 本書第 1 部第 3 章註37参照。

(188)　NS 4.2.46: tadarthaṃ yamaniyamābhyām ātmasaṃskāro yogāc cādhyātmavidhyupāyaiḥ ‖「それ（解脱）のためには，禁戒や制戒などによって，またヨーガに基づくアートマンに関する規定の方法によって，アートマンを浄化するのである」。Kir: 35²: na ca vivecanaṃ vinopadeśamātreṇāśraddhāmalakṣālanam |「また識別知なしでは，教示（論書，聖言）だけでは，不信心の汚れを浄化することはできない」。NSD: 32⁷⁻⁸: teṣāṃ ca karmaṇāṃ tattvajñāne janayitavye sattvaśuddhir evāvāntaravyāpāra iti na tadartham apūrvakalpanā |「それら諸行為は，真理知が生じるべきときに，介在するはたらきとしてサットヴァ（アートマン）を浄化するから，そのために新得力が想定されることはない」。ヴェーダーンタ（Vedānta）学派のシャンカラ（Śaṅkara, c. 710）は，心の浄化は毎日行うべき義務的な常住行為（nityakarma）としての祭式行為（dharma）によると言う。島（2002: 176-204）参照。

(189) jñānakarmasamuccayavāda：知識（jñāna）と祭式行為（karman）との併合（samuccaya）論（vāda）。

(190) BhG 18.42. 前掲註131参照。

(191) 夜と昼とが結合（サンディヤー）した薄明のときの礼拝。朝の薄明を崇めることによって夜の罪が除去され，夕方の薄明を崇めることによって昼の罪が除去される。渡瀬（1990：71f.）参照。ウパーサナはここでは礼拝だが，ウパニシャッドでは自然現象を最高原理ブラフマンであると念想することである。服部（1979：44-51）参照。saṃdhyopāsana という複合語は，『マヌ法典』（Manusmṛti 2.69）においても見い出される。

(192) この知行併合論批判はバースカラに対するものと思われる。Brahmasūtrabhāṣya of Bhāskara: 2^{17-19}: atra brūmaḥ | yat tāvad uktaṃ dharmajijñāsāyāḥ prāg api brahmajijñāsopapatter iti | tad ayuktam | atra hi jñānakarmasamuccayān mokṣaprāptiḥ sūtrakārasyābhipretā |「ここでわれわれ（ヴェーダーンタ・バースカラ学徒）は言う。『ダルマの研究以前でも，ブラフマンの研究は可能であるから』と言われることは正しくないと。なぜなら，ここでは知識と行為との併合から解脱が得られるというのが，スートラ作者の意図であるから」。金倉（1976）参照。Kir: 40.² 本書第1部第3章註46参照。NSD: 32^{11}: na tu tulyakakṣatayā samuccaya iti |「しかし，併合は同等ではない」。

(193) svargakāmo yajeta |「天界を望む者は祭祀すべし」。針貝（1990: 117）；片岡（1995, 2004: 112）参照。出典は Āpastambaśrautasūtra 10.2.1: svargakāmo jyotiṣṭomena yajeta |「天界を望む者はジュヨーティシュトーマ（光の讃美）を祀るべし」。

(194) Kir: 40^{14}: tasmāt tattvajñānam eva niḥśreyasahetuḥ |「それゆえ，真理知のみが至福（解脱）の原因である」。

(195) 構成要素と構成主体もしくは，従属要素と主要素との関係。従属要素が主要素を，主要素が果報を生じさせる関係。片岡（2004: 143f.）参照。

(196) 主要素。結果を直接成立させるもの。

(197)　ここでは，祭式行為（従属要素）→知識（主要素）→解脱（果報）を前提として，祭式行為（主要素）→解脱（果報）が否定されている。Mīmāṃsākośa: 4130: saṃnipatyopakārakaṃ ārādupakārakād balīyaḥ |「間接補助因（従属要素）よりも直接補助因（主要素）の方が力がある」。

(198)　従属要素。直接補助因（主要素）を成立させることによって，間接的に結果を成立させるもの。

(199)　ここでは，先駆祭（従属要素）→知識（主要素）→解脱（果報）が否定されている。針貝（1990: 176）参照。

(200)　svargakāmo yajeta |「天界を望む者は祭祀すべし」。先駆祭（従属要素）→祭式行為（主要素）→生天（果報）。

(201)　Tarkadīpikā: 53[4f.] *ad* TS 60: avilambena padārthopasthitiḥ saṃnidhiḥ |「遅延のない，ことばの意味の想起が近接である」。近接（saṃnidhi）についてはクンジュンニ（Kunjunni 1963: 166–169）参照。

(202)　kāmya 選択的な祭式行為。

(203)　niṣiddha 行為を禁止する規定。

(204)　NSD: 31[9f.]: nanu samuccaya upapattivirodhaḥ, tathā hi kāmyanaimittikābhyāṃ karmabhyāṃ na samuccayas tayos tyāgāt |「【対論者】〔知識と行為との〕併合は適切な理解と矛盾する。たとえば，選択行為と臨時行為とは捨てられるから，〔知識と行為との〕併合はない」参照。

(205)　遊行（saṃnyāsa）期の規定では祭式行為を放棄することになっている。

(206)　Kir: 40.[4–9] 本書第1部第3章註49参照。NSD: 31[11]: nāpi yatyāśramavihitena gṛhasthasyāpi mokṣaśravaṇād iti |「また〔知行併合は知識と〕苦行期の規定行為〔との併合〕なのでもない。家長でさえ解脱するという天啓聖典があるからと〔言われる〕」。

(207)　Yājñavalkyasmṛti 3.205＝Kir: 40.[11f.] 前掲註173参照。

(208)　原因である祭式行為は複数であるのに対して，結果である解脱は単数であり，数が一致しないので因果関係が成立せず，行為は解脱を導き出さないので生起因ではない。anugama については，グハ（Guha 1979: 209–217）；マティラル（Matilal 1968: 82–86）参照。

(209)　Kir: 40[13f.]: na ca svargavad apavarge 'pi prakārabhedaḥ saṃbhavati |「天界（複数）のように，解脱（単数）においてもまた，種類が異なるという可能性はない」。結果としての解脱は単数であるが，手段としての祭式行為は複数ある。複数の手段があっても特定の結果が生まれるとは限らないから，行為は解脱の手段とはならない。

(210)　Manusmṛti 6.95f.: saṃnyasya sarvakarmāṇi karmadoṣānapānudan | niyato vedam abhyasya putraiśvarye sukhaṃ vaset ‖ evaṃ saṃnyasya karmāṇi svakāryaparamo 'spṛhaḥ | saṃnyāsenāpahatyainaḥ prāpnoti paramāṃ gatim ‖「すべての行為を棄て，行

為による過失を除去し，〔感官を〕制御し，ヴェーダ聖典を復唱し，息子に支配され，安楽に住みなさい。このように，行為を棄て，自分の最高の結果を持ち，欲望のない者は，放棄によって悪を滅し，最高の境地を得る」。渡瀬（1991: 199）；BhG 3.30, 5.13, 12.6, 18.57 参照。

(211) BhG 18.45: sve sve karmaṇy abhirataḥ saṃsiddhiṃ labhate naraḥ | svakarmanirataḥ siddhiṃ yathā vindati tac chṛṇu ‖「自分のすべての行為に従事する者は，解脱を得る。自分の行為に熱心に従事する者がどのように解脱を知るのか，それをあなた（アルジュナ）は聞きなさい」。

(212) BhG 18.46: yataḥ pravṛttir bhūtānāṃ yena sarvam idaṃ tatam | svakarmaṇā tam abhyarcya siddhiṃ vindati mānavaḥ ‖「その人から万物の活動があり，その人によってこのすべてが満たされている。人は自分の行為によって彼（ヴィシュヌ神）を崇拝して，解脱を見つける」。

(213) Viṣṇupurāṇa 6.5.60: tasmāt tatprāptaye yatnaḥ kartavyaḥ paṇḍitair naraiḥ ‖ tatprāptihetur jñānaṃ ca karma coktaṃ mahāmune ‖ = Brahmapurāṇa 234.57cd, 58ab: tasmāt tatprāptaye yatnaḥ kartavyaḥ paṇḍitair naraiḥ ‖ tatprāptihetur jñānaṃ ca karma coktaṃ dvijottamāḥ ‖ 呼びかけだけが異なる。『タットヴァ・チンターマニ』では「高尚な人よ」(mahāmate) であるが，『ヴィシュヌ・プラーナ』では「大聖者よ」(mahāmune)，『ブラフマ・プラーナ』では「再生族の長（ブラーフマナ）たちよ」(dvijottamāḥ)。

(214) Yogavāsiṣṭha 1.1.7: ubhābhyām eva pakṣābhyāṃ yathā khe pakṣiṇo gatiḥ | tathaiva jñānakarmabhyāṃ jāyate paramaṃ padam ‖「両翼によってこそ鳥が空を飛ぶように，まさにそのように知識と行為とによって，最高の境地（解脱）が生まれる」。

(215) Muṇḍaka Upaniṣad 3.1.5: satyena labhyas tapasā hy eṣa ātmā samyagjñānena brahmacaryeṇa nityam | antaḥśarīre jyotirmayo hi śubhro yaṃ paśyanti yatayaḥ kṣīṇadoṣāḥ ‖「実に，そのアートマンは真実によって，苦行によって，正しい知識によって，梵行によって常に得られるべきである。実に，それは身体の内部にあり，光から成り，輝いている。過失の滅した苦行者はそれ（アートマン）を見る」。

(216) 煩悩 (kleśa) は過失 (doṣa) と同義。過失は欲望 (rāga)，嫌悪 (dveṣa)，無知 (moha) から成る。

(217) 行為によって煩悩，業，身体が発生すると輪廻する。

(218) Bṛhadyogiyājñavalkyasmṛti 9.34: parijñānād bhaven muktir etad ālasyalakṣaṇam | kāyakleśabhayāc caiva karma necchanty apaṇḍitāḥ ‖「完全な知識から解脱は生じるだろう。それ（祭式行為）は怠惰のしるしである。しかし，身体と煩悩とを恐れて，愚者は祭式行為を求めない」。

(219) Bṛhadyogiyājñavalkyasmṛti 9.29: jñānaṃ pradhānaṃ na tu karmahīnaṃ karma pradhānaṃ na tu buddhihīnam | tasmād dvayor eva bhavet prasiddhir na hy ekapakṣo

vihagaḥ prayāti ‖「知識は主要なものである。しかし行為なしではない。行為は主要なものである。しかし知識なしではない。それゆえ，両方（知識と行為）によってのみ完成（解脱）があるだろう。一翼の鳥が飛ぶことはない」。

(220)　「天界を望む者は祭祀すべし」(svargakāmo yajeta)。

(221)　行為（支分）→知識（本体）→解脱（果報）。

(222)　祭祀によって得られる果報，結果。不可見力（adṛṣṭa）は自然の力による結果。法（dharma）は善い行為によって得られる結果。非法（adharma）は悪い行為による結果。業（karman）は行為，言葉，思考による結果。

(223)　Viṣṇupurāṇa 2.13.39: na papāṭha guruproktāṃ kṛtopanayanaḥ śrutim ‖ na dadarśa ca karmāṇi śāstrāṇi jagṛhe na ca ‖「入門式に参加していた私は，導師の唱えた天啓聖典を唱えなかった。さらに祭式行為を見ず，論書を理解しなかった」。

(224)　Viṣṇupurāṇa 2.13.36: tatra cotsṛṣṭadeho 'sau jajñe jātismaro dvijaḥ ‖ sadācāravatāṃ śuddhe yogināṃ pravare kule ‖「またここで，身体から去った彼は，前生の記憶がある再生族として，善行をなすヨーガ行者の清浄な最上の家族に生まれた」。

(225)　Viṣṇupurāṇa 2.13.37: sarvavijñānasaṃpannaḥ sarvaśāstrārthatattvavit ‖ apaśyat sa ca maitreya ātmānaṃ prakṛteḥ param ‖「すべての知識を備えている者として，すべての教えの真実の意味を知る者として，マイトレーヤよ，物質と異なるものとして，彼はアートマンを見た」。

(226)　Kir: 40.[1f.] 本書第1部第3章註40参照。「サットヴァの浄化」(sattvaśuddhi）に関しては，本書第1部第3章第4節参照。

(227)　四住期の完成によって人は天界（svarga）に行く。渡瀬（1990: 42–49）参照。BhG 3.20: karmaṇa iva hi saṃsiddhim āsthitā janakādāyaḥ | lokasaṃgraham evāpi saṃpaśyan kartum arhasi ‖「実に，ジャナカなどは行為によってのみ完全な達成を得た。世間の繁栄だけを考えても，あなた（アルジュナ）は行為すべきである」。BhG 3. 25: saktāḥ karmaṇy avidvāṃso yathā kurvanti bhārata | kuryād vidvāṃs tathāsaktaś cikīrṣur lokasaṃgraham ‖「愚者は行為に対する執着を持って行為するのに対して，バーラタ（アルジュナ）よ，賢者はそのような執着なく世間の繁栄を望んで行為すべきである」。lokasaṃgraha「世間の繁栄」は，それぞれ次のように和訳されている。辻（1980）「世界の秩序維持」；上村（1992）「世界の維持」；鎧（1998）「利生」。

(228)　Kir: 40[15–17]: karmāṇi tv anutpannajñānasya jñānārthinas tatpratibandhakādharmaṇivāraṇadvāreṇa prāyaścittavad upayujyante | utpannajñānasya tv antarālabdhavṛṣṭeḥ kārīrīparisamāptivat prārabdhakarmasamāpanaṃ lokasaṃgrahārtham iti yuktam utpaśyāmaḥ |「しかし，行為は知識を求める人に知識が生じないとき，それ（真理知）の妨害因であるアダルマの排除の手段なので，滅罪のように有益である。しかし知識の生じた人は，たとえ祭祀の途中で雨が得られても，降雨祭を完成させねばならないよう

に，世間の繁栄のために始められた〔四住期の〕行為を完成させねばならない。以上を正しいとわれわれは見なす」。

(229) 楽や苦滅の生起因は真理知であり，世界の繁栄の生起因は祭式行為。

(230) TCDG: 2065^{6-8} = Text 8-1a 参照。KirR: $54^{1f.}$: kecit tu lokasaṃgrahārtham iti vihitakarmaṇo 'karaṇa ārabdhatadasamāpane ca lokānāṃ yad adhārmikatvena jñānaṃ tadabhāvārtham ity āhuḥ |「しかしある者（プラバーカラ？）たちは『世間の繁栄のために』を『規定された行為を行わないとき，そして始められたそれ（四住期の行為）が完成していないとき，世間の人々はアダルマを持っているから，それ（アダルマ）を無くすためにその知識がある』と言う」参照。ウダヤナに帰せられるこの主張は，(1)知識がなく行為がある場合，(2)知識と行為とがある場合，(3)行為がなく知識がある場合である。

(231) NSD: $30^{8f.}$: tattvajñānasyāpi vyavahitatvena tadartham api karmakāraṇatānirvāhārtham apūrvavyāpārakatvasyāvaśyaṃ kalpanīyatvāt |「真理知〔の生起〕もまた妨害されることがあるから，それ（至福の生起）のためであっても，行為が原因であることは〔至福の〕完成のためである。〔行為が〕新得力のはたらきを持つことは必然と考えられるから」。

(232) 悪は苦の生起因なので，悪の滅は苦の生起因の滅のこと。

(233) 聖紐をかけ，学生期に入る儀式。ヒンドゥー教徒としての第二の誕生。再生族しかこの儀式を受けることができない。渡瀬（1990：64-67）参照。

(234) この議論は，知行併合論の冒頭に既出。TCDG: 2074^{9-11} = Text 15-1 参照。

(235) Manusmṛti 6.95. 前掲註210参照。

(236) BhG 18.2: kāmyānāṃ karmaṇāṃ nyāsaṃ saṃnyāsaṃ kavayo viduḥ | sarvakarmaphalatyāgaṃ prāhus tyāgaṃ vicakṣaṇāḥ ‖「聖仙たちは，放棄を選択行為を捨てることだと知っている。賢者たちは放棄をすべての行為の結果の放棄であると言う」。

(237) カーストごとの義務行為であると思われる。ブラーフマナ（聖職者）であれば宗教行為，クシャトリヤ（戦士）であれば戦争行為など自己の本務（svadharma）の遂行。これは『バガヴァッド・ギーター』のテーマの一つでもある。ここでの「定められた行為」は，バラモンの学生期の義務である薄明の礼拝を意図していると思われる。

(238) BhG 18.7: niyatasya tu saṃnyāsaḥ karmaṇo nopapadyate | mohāt tasya parityāgas tāmasaḥ parikīrtitaḥ ‖「しかし定められた行為の放棄は適当でない。無知ゆえのその放棄は暗質的と言われる」。

(239) ヴァイシェーシカ学派の解脱論に関しては，本書第１部第３章第３節参照。

(240) VS 1.1.1-3. 本書第１部第３章註12-15参照。

(241) Kir: $40.^{2f.}$ 本書第１部第３章註46参照。NSD: $31^{16f.}$: na ca jñānasya vihitatvād adṛṣṭajanakatvenādṛṣṭasyaiva prādhānyam |「また知識は見えないもの（ダルマ）の生

起因であるという規定があるので，見えないもの（ダルマ）こそが主要なものだということはない」。

(242) PDhS: 632.[1] 本書第1部第3章註38；同章第4節参照。

(243) NSD: 30[7f.]: tatra dṛṣṭenaiva tattvajñānenopapattau cādṛṣṭakalpanāyā ayuktatvāt tattvajñānavyāpārakatvasiddhir iti vācyam |「ここで，見えるものである真理知によってのみ適切な理解があるとき，見えないもの（ダルマ）を想定することは不適当であるから，真理知がはたらきを持つことが成立する，と言われる」。NSD: 31[17]: dṛṣṭenaivopapattāv adṛṣṭakalpanāyogāt |「見えるもの（真理知）によってのみ適切な理解があるときに，見えないもの（ダルマ）を想定することは適当ではないから」。

(244) Kir: 40.[3f.] 本書第1部第3章註46参照。

(245) 雑乱とは因があっても所証（証明されるべき対象）がないこと。薬で病気がすでに治っているので，規定で治すべき病気がない。

(246) NS 1.1.2. 本書第1部第2章註53参照。

(247) NBh 7[12] *ad* NS 1.1.2: yadā tu tattvajñānān mithyājñānam apaiti ... |「真理知から誤知が滅するとき……」。

(248) 夜の方角は，昼の方角に否定される。ここでは，真理知があれば行為は必要ない。

(249) 解脱の原因が行為であると天啓聖典で言われているとしても，その行為は間接的であり直接的ではない。天啓聖典も行為が直接原因だとは言っていない。直接的な原因である真理知があれば，それだけで十分であり，行為は必要ない。したがって，知行併合は適当ではない。

(250) アプテ（V. S. Apte）の『梵英辞典』（*The Practical Sanskrit-English Dictionary*, Poona, 1957: 1250）によれば，自分の体重と同じ重さの金を布施すること。

(251) ベナレス（Benares），ヴァーラーナシー（Vārāṇasī）の別名。ガンジス川（Gaṅgā）に面するシヴァ（Śiva）神の町。ヒンドゥー教徒の信仰では，ガンジスの水で魂が浄化されると天界に生まれる，もしくは解脱できることになっている。立川（2005: 48ff.）参照。

(252) NSD: 30[3f.]: tīrthaviśeṣasnānādiyamaniyamādikarmaṇāṃ tāvanniḥśreyasasādhanatvaṃ śabdabalād avagamyate |「特別な巡礼，沐浴などや禁戒，勧戒などという行為が，まさに至福（解脱）の生起因であることは，聖言から理解される」。

(253) 直訳すれば「見えないもの」であり，ヴァイシェーシカ学派の専門用語としては，見えない自然の力（不可見力）のことである。ここでは祭祀の力である新得力（apūrva）と同義で使われているので「見えないもの」と訳した。

(254) NSD: 30[8f.]: tattvajñānasyāpi vyavahitatvena tadartham api karmakāraṇatānirvāhārtham apūrvavyāpārakatvasyāvaśyaṃ kalpanīyatvāt |「真理知が妨害されていれば，それ（至福の生起）のためであっても，行為が原因であることが〔至福の〕完成のため

である。〔行為が〕新得力のはたらき（手段）であることは必然的に考えられるから」。TC, Pratyakṣakhaṇḍa (1): 31[4f.]: na caivaṃ prayājāder api duritadhvaṃsa eva dvāram | kalpyaduritadhvaṃsato 'pūrvasya laghutvāt |「また同様に先駆祭などの結果は悪の滅だけではない。悪の滅を想定するよりも新得力〔の生起〕の方が簡潔であるから」。この議論は既出。TCDG: 2077[12f.] = Text 16b 参照。

(255) 原因としての祭式行為は複数あるが，結果としての解脱は苦の滅一種類しかない。すべての祭式行為が解脱を導き出す（anugama）わけではないので，祭式行為と解脱との間には因果関係は成立しない。この議論は Text 15-2a に既出。

(256) 属性は一つの実体に同時には一つしか存在できない。アートマン（実体）に誤知（属性）が内属しているとき，それと矛盾する真理知（属性）が同じアートマンに発生すれば，その誤知は滅する。したがって，属性が滅するとき，それと矛盾する属性は滅した属性の滅因である。矛盾する属性については，前掲註5参照。

(257) 前掲註25参照。

(258) 不足している語が期待され，それを補うと文章が完成する。クンジュンニ（Kunjunni 1963: 151-164）；片岡（2004: 151）参照。

(259) Kir: 35[3f.]: na ca tena vinā dṛḍhabhūmivibhramasamunmūlanasamarthas tattvasākṣātkāra iti |「それ（識別知 viveka, vivecana）なしでは，真理〔知〕の直接経験は固く根ざした誤知を根絶できない」。

(260) 肯定的随伴（anvaya）：真理知があれば「誤知の滅」はある。否定的随伴（vyatireka）：真理知がなければ「誤知の滅」はない。前掲註25参照。

(261) TCDG: 2057[13f.] = Text 2-5b.

(262) 過去の非存在（prāgabhāva）：無始・有終の過去の非存在。物が無始以来非存在（始まりのない非存在という意味で無始）であり，ある時点からその物が存在するようになる（非存在の終わりという意味で有終）ことが，物が生起する以前の非存在であり過去の非存在である。

(263) 消滅以後の非存在（dhvaṃsa, pradhvaṃsābhāva）：有始無終の未来の非存在。存在している物（非存在に始まりがあるという意味で有始）が，ある時点から存在しなくなる（非存在に終わりがないという意味で無終）ことが，物が消滅して以後の非存在であり未来の非存在である。ニヤーヤ学派のテクニカルな非存在については，山本（1994）参照。

(264) ChU 8.15.1. 前掲註108参照。

(265) Śvetāśvatara Upaniṣad 3.8 = 6.15: tam eva viditvāti mṛtyum eti na anyaḥ panthā vidyate 'yanāya ||「まさにそれを知って，人は死を超える。そこへ行くための別の道はない」。

(266) 真理知ではなく，もし行為によって解脱するとすれば，解脱者は出生（janman）

しないので，身体なしで天界に生まれるという矛盾に陥る。

(267)　行為は，天界に生まれることが結果である。その場合，楽を享受するために身体が必要である。しかし，もし行為によって解脱してしまえば，身体がなくなるので楽の享受は不可能になる。したがって，行為を解脱の手段と考えることはできない。

(268)　行為（滅罪）はアダルマ（悪業）の排除という方法で，アダルマによって生起できない特定の真理知に対する生起因にはなり得るが，すべての真理知に対する生起因ではない。さらに解脱の直接の生起因でもない。

(269)　NSD: $32^{6f.}$: vārāṇasīprāyaṇādes tattvajñānotpādakatvasya śabdād evāvagamyatvāt |「ヴァーラーナシーに行くこと（行為）などは，真理知の生起因であり，聖言からのみ理解されるから」。

(270)　結果がまだ現れていない業（anārabdhakarman）は，真理知によって消滅する。しかし結果が現れた業（prārabdhakarman）は，享受（bhoga）によって消滅する。伊藤（1986）参照。

(271)　ここでは行為が真理知の生起因であるというテーマであるが，後の滅罪や真理知から業が滅するという議論の先駆けとなっている。さらに業の消滅（karmāṇi ... vinaśyanti）は理解できるが，祭式行為の消滅は理解できないので，karman は祭式行為ではなく行為の結果としての業であろう。

(272)　婆羅門（ブラーフマナ）殺しの結果の悪業は，殺意のない場合に限って滅罪によって滅する。『マヌ法典』(Manusmṛti 11.72–90); 渡瀬（1990: 173–175; 1991: 373–375）参照。

(273)　祭式行為の有資格者は，聖職者ブラーフマナ（brāhmaṇa），王族クシャトリヤ（kṣatriya），庶民ヴァイシャ（vaiśya）のカースト上位三階級である。隷属民シュードラ（śūdra）には資格はない。中村（1995: 5–7）参照。滅罪→祭式→果報を想定しているように思われる。

(274)　マハー・パータカ。大罪は五種類ある。(1)婆羅門殺し，(2)スラー酒を飲む，(3)黄金泥棒，(4)師の妻との姦淫，(5)以上の四大罪を犯した者と交際すること。渡瀬（1990: 155–158）参照。

(275)　ヴァルナの喪失。上位カースト者としての社会生活ができなくなること。渡瀬（1990: 197–199）参照。

(276)　資格を得るために滅罪行為を行う必要はない。大罪以外で資格は喪失しない。

(277)　解脱には行為ではなく，真理知が必要である。

(278)　Muṇḍaka Upaniṣad 2.2.8: bhidyate hṛdayagranthiś chidyante sarvasaṃśayāḥ | kṣīyante cāsya karmāṇi tasmin dṛṣṭe parāvare ‖「こころを縛るもの（潜在印象をともなう誤知）は切られる。すべての疑いは絶たれる。そして彼が最高のアートマンを見るとき，彼の業は滅する」。

(279) BhG 4.37: yathaidhāṃsi samiddho 'gnir bhasmasātkurute 'rjuna | jñānāgniḥ sarvakarmāṇi bhasmasātkurute tathā ‖「たとえば燃火が薪を完全に灰にするように，アルジュナよ，知識の火はすべての業を完全に灰にする」。

(280) Brahmavaivartapurāṇa, Prakṛtikhaṇḍa 37.17: nābhuktaṃ kṣīyate karma kalpakoṭiśatair api | avaśyam eva bhoktavyaṃ kṛtaṃ karma śubhāśubham ‖「享受のない業は百億劫年経っても（永遠に）滅しない。浄・不浄の効果を発揮し始めた業が享受されるべきなのは必然である」。

(281) TCDG: 2080^{12-14} = Text 20: na ca prāyaścittasya duritotpattinimittakatvaṃ pāpanāśaphalaśravaṇāt |「さらに滅罪行為は，〔行為であるから業を生み出すので〕悪の生起因であるということはない。悪の滅が結果であると聖典で言われているから」。

(282)「享受のない業は滅しない」という伝承文学は，「滅罪によって業は滅する」という聖典によって制限される。業の滅因は，享受の他にも滅罪や真理知がある。一つずつの滅因を挙げることは煩瑣であり，多すぎる。したがって，知識だけでよいという議論に移行する。

(283) ある認識による別の認識の否定。たとえば，二つの異なる主張の推論がある場合，正しい推論は間違った推論を否定する。松尾（1948: 266-268）；宇野（1996: 199f.）参照。

(284) 知識は業を滅することはない，という主張はミーマーンサー学派のクマーリラ・バッタ（Kumārila Bhaṭṭa, c. 660）の『シュローカ・ヴァールッティカ』（Ślokavārttika）のなかでも展開されている。ŚV 96（: 473^{5}）: karmakṣayo hi vijñānād ity etac cāpramāṇavat |「知識から業は滅するというこれ〔の考え〕には認識手段がない」; ŚV 102（: 484^{21}）: jñānaṃ mokṣanimittaṃ ca gamyate nendriyādinā |「また知識が解脱の原因であるとは感覚器官などによって知られない」参照。

(285) Brahmavaivartapurāṇa, Prakṛtikhaṇḍa 37.17: nābhuktaṃ kṣīyate karma kalpakoṭiśatair api | 前掲註280参照。

(286) Muṇḍaka Upaniṣad 2.2.8: kṣīyante cāsya karmāṇi tasmin dṛṣṭe parāvare ‖ 前掲註278参照。

(287)『アイタレーヤ・ウパニシャッド』（Aitareya Upaniṣad）に登場する聖仙。Aitareya Upaniṣad 2.6: sa evaṃ vidvān asmāc charīrabhedād ūrdhva utkramyāmuṣmin svarge loke sarvān kāmān āptvāmṛtaḥ samabhavat samabhavat ‖「彼（ヴァーマデーヴァ）はこのように（アートマンの成立と展開を）知って，それから身体の崩壊後，上昇し，その天界においてすべての欲するものを得て，不死になった。彼は不死になったのである」。

(288)『バーガヴァタ・プラーナ』（Bhāgavatapurāṇa）に登場する聖仙。Bhāgavatapurāṇa 9.6.54: tatra taptvā tapas tīkṣṇam ātmakarṣaṇam ātmavān ‖ sahaivāgnibhir ātmānaṃ yuyoja paramātmani ‖「そこ（森）で，アートマンの所有者は，自分自身を傷つける激しい苦行を実践して，諸々の火とともに，アートマンを最高我（ブラフマン）へ結びつけた」。美莉亜（2007b: 404–410）「マーンダータと聖仙サウバリの物語」参照。

(289)　身体の配列は自然現象を人間の身体に配列すること。Aitareya Upaniṣad 2.4: agnir vāg bhūtvā mukhaṃ prāviśad vāyuḥ prāṇo bhūtvā nāsike prāviśad ādityaś cakṣur bhūtvākṣiṇī prāviśad diśaḥ śrotraṃ bhūtvā karṇau prāviśann oṣadhivanaspatayo lomāni bhūtvā tvacaṃ prāviśaṃś candramā mano bhūtvā hṛdayaṃ prāviśan mṛtyur apāno bhūtvā nābhiṃ prāviśad āpo reto bhūtvā śiśnaṃ prāviśan ‖「火はことばになって口に入った。風は出息になって鼻に入った。太陽は視力になって目に入った。方角は聴力になって耳に入った。草や森の木は毛になって皮膚に入った。月はマナス（意識）になって心臓に入った。死は入息になって臍に入った。水は精液になって男根に入った」。

(290)　ŚV 108（: 475[30f.]）: tatra jñātātmatattvānāṃ bhogāt pūrvakriyākṣaye | uttarapracayāsattvād deho notpadyate punaḥ ‖「ここでアートマンに関する真理を知った者には，享受によって以前の業が滅するとき，以後の〔業の〕蓄積がないから，身体は再び生じない」参照。

(291)　知識による業滅論の聖典（BhG 4.37; 前掲註279）と享受による業滅論の聖典（Brahmavaivartapurāṇa, Prakṛtikhaṇḍa 37.17; 前掲註280）。

(292)　「業は，滅罪などによって滅しないとき，享受によって滅する」。同様に，業は知識によって滅しないとき，享受によって滅する。

(293)　効果を発揮し始めた（prārabdha）業。真理知によって滅せられず，享受によってのみ滅する。

(294)　類（jāti）以外の -tva で終わる抽象名詞。宇野（1996: 85–88）参照。

(295)　まだ効果を発揮し始めていない（anārabdha）業もあるが，この推理では取り上げられていない。

(296)　滅罪によって業（新得力）が発生する。業（因）があるのに享受による滅（所証）がない。したがって，享受を想定することは雑乱という過失になる。

(297)　従属的な滅罪の結果はアダルマ（悪業）の滅であり，主要なもの（祭式）の結果が天界に生まれることである。

(298)　ChU 6.14.2: tasya tāvad eva ciraṃ yāvan na vimokṣye 'tha saṃpatya iti ‖「〔無知から〕わたしが解放されるまで，それまでには時間がかかる。その後で，わたしは〔有を〕得るだろう」。『チャーンドーギヤ・ウパニシャッド』では「無知からの解放による有の獲得」がテーマであるが，ガンゲーシャは「業からの解放による解脱の獲得」と解釈する。服部（1969: 122）; 佐保田（1979: 34）; 辻（1990: 198）参照。

(299)　知識が滅した直後（最初の瞬間）に解脱が生じる。

(300) BhG 4.37. 前掲註279参照。

(301) 「知識の火はすべての業を完全に灰にする」という伝承文学には，反論者にとっての業滅因である享受が言及されていないので，ここでは業が滅することはない。知識は滅罪と等しいはたらきをするという考えは，Text 20, 22-1b で論じられている。滅罪はアダルマ（悪業）の滅因か新得力の生起因かどちらかである。原因（知識）があるのに所証がないのは雑乱の過失になる。したがって，ここでの知識は業を滅しないとすれば，滅罪と同様に新得力を生み出すことになる。

(302) 天啓聖典（śruti）による伝承文学（smṛti）の否定。

(303) 天啓聖典によれば，青蓮華の花弁には水が付着しないと言われているが，実際には付着することもある。

(304) 「アルジュナよ，知識の火はすべての業を完全に灰にする」（BhG 4.37）という伝承文学は否定されない。

(305) 享受から業が滅する場合，享受は真理知のはたらきであり，因としての真理知はあるので，因（真理知）がないのに結果（業の滅）があるという過失はない。

(306) TCDG: 2083^{2} = Text 22-3a: bhogena kṣapayitveti śeṣaḥ |「『享受によって，〔業が〕滅した後で』というのが補足である」。たとえば，「享受のない業は滅しない」という伝承文学など。つまり業は享受だけではなく知識によっても滅する。

(307) TCDG: $2083^{3f.}$ = Text 22-3a: saty api vijñāne karmāvasthāne kḷptasāmarthyasya bhogasyaiva nāśakatvenākṣepād iti cet |「知識があるときでさえ，業の依処に対して能力を発揮する享受のみが，〔業の〕滅因なので，〔原因が〕暗示されているから」。

(308) この表現は推理知（anumiti）の定義の表現とよく似ている。TCDG: 20^{30}-21^{1}: vyāptiviśiṣṭapakṣadharmatājñānajanyaṃ jñānam anumitis tatkaraṇam anumānaṃ ... |「推理知とは，遍充に限定された主題性の知識から生じた知識であり，その手段は推理である」。解脱に関する天啓聖典の内容を，遍充と主題所属性とから成る推理によって確認する。その推理知はヨーガの実修によって生じた純粋なダルマから生じた真理知として体験される。真理知の生起によって誤知が滅し，誤知の滅から過失が滅し，過失の滅から活動が滅し，活動の滅から出生が滅し，出生の滅から苦が滅する。解脱は苦の滅である。解脱の手段は推理である。この推理によって生じる推理知の内容は天啓聖典に基づいている。真理知（誤知の滅）から解脱（苦の滅）に至るプロセスは肯定的・否定的随伴によって成立する。真理知があれば解脱があり，真理知がなければ解脱もない。

参考文献

第一次資料

Aitareya Upaniṣad

The Early Upanisads: Annotated Text and Translation. Ed. Patrick Olivelle, New York & Oxford: Oxford University Press, 1998: 314-323.

Āpastambaśrautasūtra

Āpastambaśrautasūtra: Dhūrtasvāmibhāṣya. Ed. A. Chinnaswāmi Śāstrī, Gaekwad's Oriental Series 121, Baroda: Oriental Institute, 1955.

Aṣṭādhyāyī of Pāṇini

The Aṣṭādhyāyī of Pāṇini. Vol.I. Ed. Chandra Vasu, Allahabad, 1891.

Ātmatattvaviveka of Udayana Ācārya

Ātmatattvaviveka with the Commentaries Ātmatattvavivekakalpalatā of Śaṅkara Miśra, Ātmatattvavivekaprakāśikā of Bhagīratha Ṭhakkura, Ātmatattvavivekadīdhiti of Raghunātha Tārkika Śiromaṇi. Ed. V. P. Dvivedin and L. S. Dravida, Bibliotheca Indica Work No.170, Calcutta: The Asiatic Society, 1939.

Bhagavadgītā

The Mahābhārata: the Bhīṣmaparvan, being the Sixth Book of the Mahābhārata, the Great Epic of India. Vol. 7. Ed. S. K. Belvalkar, Poona: Bhandarkar Oriental Research Institute, 1947.

Bhāgavatapurāṇa

Bhāgavatapurāṇa of Kṛṣṇa Dvaipāyana Vyāsa With Sanskrit Commentary Bhāvārthabodhinī of Śrīdhara Svāmin. Ed. J. L. Shastri, Delhi: Motilal Banarsidass, 1983.

Brahmapurāṇa

Sanskrit Indeces and Text of the Brahmapurāṇa. By Peter Schreiner and Renate Spöhnen, Wiesbaden: Harrassowitz, 1987.

Brahmasūtrabhāṣya of Bhāskara Ācārya

Brahmasūtrabhāṣyam: Brahmasūtra with a Commentary by Bhāskarāchārya. Ed. P. V. Dvivedin, Benares: Chowkhamba Sanskrit Book-Depot, 1903.

Brahmasūtrabhāṣya of Śaṅkara Ācārya

Brahmasūtraśāṅkarabhāṣya with the Commentaries Bhāmatī, Kalpataru and Parimala. Eds. Pandita Anantakrishna Shastri and Vasudev Laxman Shastri Pansikar, Krishnadas Sanskrit Series 25, Varanasi: Krishnadas Academy, 1915, repr. 2000.

Brahmavaivartapurāṇa of Kṛṣṇa Dvaipāyana Vyāsa

Brahmavaivarta Purāṇam (Brahma-Prakṛti and Gaṇapati Khaṇḍa), Text with English Translation. Vols.I & II. Tr. Shanti Lal Nagar, ed. Acharya Ramesh Chaturvedi, Delhi: Parimal Publications, 2008.

Bṛhadāraṇyaka Upaniṣad

The Early Upanisads: Annotated Text and Translation. Ed. Patrick Olivelle, New York & Oxford: Oxford University Press, 1998: 29-165.

Bṛhadyogiyājñavalkyasmṛti

The Bṛhadyogiyājñavalkyasmṛti. Eds. Swami Kuvalayananda and Pandit Raghunathashastri Kokaje, Lonavala: Kaivalyadhāma S.M.Y.M., 1951.

Carakasaṃhitā of Agniveśa

Agniveśa's Carakasaṃhitā: Text with English Translation & Critcail Exposition Based on Cakrapāṇi Datta's Āyurvedadīpikā. Vol.2. Eds. Ram Karan Sharma and Bhagawan Dash, Varanasi: Chowkhamba Sanskrit Series Office, 1976-2002, repr. 2010.

Chāndogya Upaniṣad

The Early Upanisads: Annotated Text and Translation. Ed. Patrick Olivelle, New York & Oxford: Oxford University Press, 1998: 166-287.

Īśā Upaniṣad

The Early Upanisads: Annotated Text and Translation. Ed. Patrick Olivelle, New York & Oxford: Oxford University Press, 1998: 405-411.

Kiraṇāvalī of Udayana Ācārya

(1) *Kiraṇāvalī with the Commentary Kiraṇāvalīprakāśa of Vardhamānopādhyāya*. Fasc. I-III. Ed. S. C. Sārvvabhouma, Bibliotheca Indica Work No. 200, Calcutta: The Asiatic Society, 1911.

(2) *Praśastapādabhāṣyam with the Commentary Kiraṇāvalī of Udayanācārya*. Ed. J. S. Jetly, Baroda: Oriental Institute 1971.

(3) *Kiraṇāvalīrahasyam of M. M. Mathurānātha Tarkavāgīśa*. Ed. Gaurīnātha Śāstrī, M. M. Śivakumāraśāstrī Granthamālā Vol. 4, Varanasi: Sampurnanand Sanskrit Vishvavidyalaya, 1981.

Kiraṇāvalībhāskara of Padmanābha Miśra

Kiraṇāvalībhāskara. Ed. Gopinath Kaviraj, Benares: Government of Sanskrit Library, 1920.

Kiraṇāvalīprakāśa of Vardhamāna Upādhyāya

See Kiraṇāvalī (1).

Kiraṇāvalīrahasya of Mathurānātha Tarkavāgīśa

See Kiraṇāvalī (3).

Kiraṇāvalīṭīkā of Bhaṭṭa Vādīndra

Kiraṇāvalī of Udayanācārya. Fasc. IV. Ed. Narendrachandra Bhattacharya Vedantatirtha, Kolkata: The Asiatic Society, 1956: APPENDIX (Dravya) Kiraṇāvalī-ṭīkā: 618–706, repr., 2002.

Maṇikaṇa

Maṇikaṇa: A Navya-Nyāya Mannual. Ed. E. R. Sreekrishna Sarma, Madras: The Adyar Library and Research Centre, 1960.

Manusmṛti

Manusmṛti with the Sanskrit Commentary Manvartha-Muktāvalī of Kullūka Bhaṭṭa. Ed. J. L. Shastri, Delhi: Motilal Banarsidass, 1983.

Mīmāṃsākośa

Mīmāṃsākośaḥ. 7 vols. Ed. Kevalānandasarasvatī, Wai: Prajna Pathashala Mandala, 1952–1966.

Mīmāṃsāsūtra of Jaimini

Jaimini: The Mimamsa Darsana. Repr. from the Edition Calcutta 1863–1867, Bibliotheca Indica 45, 1–2. Biblio Verlag, Osnabrück, 1983.

Mithabhāṣiṇī of Mādhava

Saptapadārthī: A Manual of the Vaiśeṣika System with Mādhava's Mitabhāṣiṇī, Śeṣānanta's Padārthacandrikā & Balabhadra's Sandarbha. Eds. Amarendra Mohan Bhattacharya and Narendra Chandra Bagchi Bhattacharya, Calcutta Sanskrit Series No.VIII, Calcutta: Metropolitan Printing & Publishing House, 1934.

Muktilakṣmī of Kālīpada Tarkacārya

Muktivādavicāraḥ of Śrī Harirāma Tarkavāgīśa with the Commentary Muktilakṣmī by M. M. Kālīpada Tarkācārya. Ed. Jagadish Chandra Bhattacharya, Calcutta: Sanskrit College, 1959.

Muktivāda of Gadādhara Bhaṭṭācārya

(1) *Muktivādaḥ.* Ed. Dhundhirāja Śāstrī, Benares: Jaykrishna Dass Gupta, 1919.

(2) *Nava Muktivāda with the Commentary of Śivarāma.* Ed. Kalipada Tarkacharyya, Sanskrit Sahitya Parishad Series No.4, Calcutta: Sanskrtit Sahitya Parishad, 1924.

Muktivāda of Gaurīnātha Śāstrī

Muktivāda by Gaurīnātha Śāstrī. Naimisaranya, Sitapur: Puranic and Vedic Studies & Research Institute, 1982.

Muktivādavicāra of Harirāma Tarkavāgīśa

See Muktilakṣmī.

Mūlamadhyamakakārikā of Nāgārjuna

『中論頌：梵蔵漢合校・導読・訳注』叶少勇編，中西書局，2011.

Muṇḍaka Upaniṣad

The Early Upanisads: Annotated Text and Translation. Ed. Patrick Olivelle, New York & Oxford: Oxford University Press, 1998: 434–455.

Nava Muktivāda of Gadādhara Bhaṭṭṭācārya

See Muktivāda (2).

Nyāyabhāṣya of Vātsyāyana

Gautamīyanyāyadarśana with Bhāṣya of Vātsyāyana. Ed. Anantalal Thakur, Nyāyacaturgranthikā Vol.I, New Delhi: Indian Council of Philosophical Research, 1997.

Nyāyabhūṣaṇa of Bhāsarvajña

Nyāyabhūṣaṇa. Ed. Yogīndrānanda, Varanasi: Ṣaḍdarśana Prakāśana Pratiṣṭhānam, 1969.

Nyāyakandalī of Śrīdhara

Nyāyakandalī being a Commentary on Praśastapādabhāṣya with Three Subcommentaries. Ed. J. S. Jetly and V. G. Parikh, Gaekwad's Oriental Series No.174, Baroda: Oriental Institute, 1991.

Nyāyakandalīpañjikā of Rājaśekharasūri

See Nyāyakandalī.

Nyāyakaustubha of Mahādeva Puṇtāmkara

The Nyāyakaustubha (Anumānakhaṇḍa) by Mahādeva Puṇtāmkara. Ed. Baladeva Upādhyāya, Saraswatī Bhavana Granthamālā Vol.33, Varanasi: Varanaseya Sanskrit Vishvavidyalaya, 1967.

Nyāyakośa

Nyāyakośa. Ed. Bhīmācārya Jhalakīkar, re-ed. V. S. Abhyankar, Poona: Bhandarkar Oriental Research Institute, 1978.

Nyāyālaṃkāra of Abhayatilaka Upādhyāya

Nyāyālaṃkāra: A Commentary on the five classical texts of the Nyāya Philosophy. Eds. Anantalal Thakur and J. S. Jetly, Baroda: Oriental Institute, 1981.

Nyāyalīlāvatī of Vallabha Ācārya

Nyāyalīlāvatī with the Commentary of Vardhamānopādhyāya, Śaṅkara Miśra and Bhagīratha Ṭhakkura. Ed. Harihara Śāstrī, Chowkhamba Sanskrit Series 64, Benares: The Chowkhamba Sanskrit Series Office, 1934.

Nyāyalīlāvatīkaṇṭhābharaṇa of Śaṅkara Miśra

See Nyāyalīlāvatī.

Nyāyasāra of Bhāsarvajña

See Nyāyabhūṣaṇa.

Nyāyasiddhāntadīpa of Śaśadhara Ācārya

(1) "Nyāyasiddhāntadīpa" (with the Commentary Nyāyasiddhāntadīpaprabhā of Śeṣānanta Ācārya). Ed. V. P. Dvivedin, *The Pandit.* 40, 1918.

(2) *Śaśadhara's Nyāyasiddhāntadīpa with Ṭippana by Guṇaratnasūri.* Ed. B. K. Matilal, Ahmedabad: L.D. Institute of Indology, 1976.

Nyāyasiddhāntadīpaprabhā of Śeṣānanta Ācārya

See Nyāyasiddhāntadīpa (1)

Nyāyasiddhāntamuktāvalī of Viśvanātha Pañcānana Bhaṭṭācārya

Nyāyasiddhāntamuktāvalī with the Commentary Kiraṇāvalī by Kṛṣṇavallabhācārya. Ed. Nārāyaṇacaraṇa Śāsrtī & Śvetavaikuṇṭha Śāstrī, Kashi Sanskrit Series 212, Varanasi: Chaukhamba Sanskrit Sansthan, 1972.

Nyāyasūcīnibandha of Vācaspati Miśra

Nyāyadarśana, the Sūtras of Gotama and Bhāṣya of Vātsyāyana, with The Prakāśikā Hindī Commentary by Dhuṇdhirāja Śāstrī. Ed. Nārāyaṇa Miśra, Padmaprasāda Śāstrī and Harirāma Śukla, Kashi Sanskrit Series 43, 3rd. ed. Varanasi: Chaukhamba Sanskrit Sansthan, 1979.

Nyāyasūtra of Akṣapāda Gautama

(1) *The Nyāyasūtras with Vātsyāyana's Bhāṣya and Extracts from Uddyotakara's Vārttika and Vācaspati Miśra's Tātparyaṭīkā.* Ed. Gangadhara Sastri Tailanga, Vizianagram Sanskrit Series 9, Benares, 1896.

(2) *Śrīgautamamunipraṇītanyāyasūtrāṇi: Śrīmadvātsyāyanamunikṛtabhāṣyaśrīviśvanāthabhaṭṭācaryakṛtavṛttisametāni.* Ed. Digambara Śāstrī Joshi, Ānandāśrama-

saṃskṛta-granthāvaliḥ 91, Poona: Ānandāśramamudraṇālaya, 1922.

(3) *The Nyāya-Darshana: The Sūtras of Gautama and Bhāṣya of Vātsyāyana with Two Commentaries the Khadyota by M. M. G. Jha, and the Bhāsyachandra by Raghūttama.* Eds. G. Jha and Dhundhirāja Shastri, Benares: Chowkhamba Sanskrit Series Office, 1925.

(4) *Die Nyāyasūtra's: Text, Ubersetzung, Erlauterung und Glossar.* Ed. Walter Ruben, Abhandlungen für die Kunde des Morgenlandes, Band 18, No.2, Leipzig, 1928.

(5) *Nyāyasūtrapāṭhaḥ: Vācaspatimiśrakṛtaprakaraṇasahitaś ca = Gautama's Nyāya Sūtras: Text only as embodied in Vātsyāyana Bhāṣya and Khadyota notes of M. M. Gangānātha Jhā with topical arrangements of the sūtras by Vāchaspati Misra.* Ed. G. Jha, Poona Oriental Series No.62, Poona: Orinetal Book Agency, 1936.

(6) *Nyāyadarśanam with Vātsyāyana's Bhāṣya, Uddyotakara's Vārttika, Vācaspati Miśra's Tātparyaṭīkā & Viśvanātha's Vṛtti.* Eds. Taranatha Nyaya-Tarkatirtha and Amarendramohan Tarkatirtha, Calcutta Sanskrit Series Nos. 18 & 19, 1936–44; 2nd ed. New Delhi: Munshiram Manoharlal Publishers Pt. Ltd, 1985.

(7) *Gautamīyanyāyadarśana with Bhāṣya of Vātsyāyana.* Ed. Anantalal Thakur, Nyāyacaturgranthikā Vol.I, New Delhi: Indian Council of Philosophical Research, 1997.

Nyāyavārttika of Uddyotakara

Nyāyabhāṣyavārttika of Bhāradvāja Uddyotakara. Ed. Anantalal Thakur, Nyāyacaturgranthikā Vol.II, New Delhi: Indian Council of Philosophical Research, 1997.

Nyāyavārttikatātparyapariśuddhi of Udayana Ācārya

Nyāyavārttikatātparyapariśuddhi of Udayanācārya. Ed. Anantalal Thakur, Nyāyacaturgranthikā Vol.IV, New Delhi: Indian Council of Philosophical Research, 1996.

Nyāyavārttikatātparyaṭīkā of Vācaspati Miśra

Nyāyavārttikatātparyaṭīkā of Vācaspatimiśra. Ed. Anantalal Thakur, Nyāyacaturgranthikā Vol.III, New Delhi: Indian Council of Philosophical Research, 1996.

Padārthadharmasaṃgraha of Praśastapāda

See Nyāyakandalī.

Prakaraṇapañcikā of Śālikanātha Miśra

Prakaraṇapañcikā with the Nyāyasiddhi of Jaipuri Nārāyaṇa Bhaṭṭa. Ed.

Subrahmanya Sastri, Banaras Hindu University Darśana Series No.4, Varanasi: Banaras Hindu University, 1961.

Saptapadārthī of Śivāditya

See Mithabhāṣiṇī.

Ślokavārttika of Kumārila Bhaṭṭa

Ślokavārttika of Śrī Kumārila Bhaṭṭa with the Commentary Nyāyaratnākara of Śrī Pārthasārathi Miśra. Ed. Dvārikādāsa Śāstrī, Varanasi: Ratna Publications, 1978.

Śvetāśvatara Upaniṣad

The Early Upanisads: Annotated Text and Translation. Ed. Patrick Olivelle, New York & Oxford: Oxford University Press, 1998: 413–433.

Taittirīya Upaniṣad

The Early Upanisads: Annotated Text and Translation. Ed. Patrick Olivelle, New York & Oxford: Oxford University Press, 1998: 288-313.

Tarkabhāṣā of Keśava Miśra

Tarkabhāṣā of Keśava Miśra with the Commentary Tarkabhāṣāprakāśikā of Cinnaṃbhaṭṭa. Eds. Devadatta Ramakrishna Bhandarkar and Pandit Kedarnāth, 2nd ed. Poona: Bhandarkar Oriental Research Institute, 1979.

Tarkacūḍāmaṇi of Dharmarāja Adhvarīndra

See TC (7).

Tarkadīpikā of Annaṃbhaṭṭa

Tarkasaṃgraha of Annaṃbhaṭṭa with the Author's Own Dīpikā and Govardhana's Nyāyabodhinī. Eds. Y. V. Athalye and M. R. Bodas, Poona: Bhandarkar Oriental Research Institute, 1897.

Tarkasaṃgraha of Annaṃbhaṭṭa

See Tarkadīpikā.

Tarkasaṃgrahanīlakaṇṭhaprakāśikā of Nīlakaṇṭha

Tarka-Saṃgrahaḥ. Kāśī Saṃskṛta Granthamālā 187, Varanasi: Chowkhamba Sanskrit Series Office, 1969.

Tattvacintāmaṇi of Gaṅgeśa Upādhyāya

Pratyakṣakhaṇḍa

(1) *The Tattvacintāmaṇi of Gaṅgeśa Upādhyāya with the Commentary of Mathurānātha Tarkavāgīśa.* Vol.I, Pratyakṣakhaṇḍa. Ed. Kāmākhyānātha Tarkavāgīśa, Bibliotheca Indica 98, Calcutta: The Asiatic Society of Bengal, 1888, repr. Delhi: Motilal Banarsidass, 1974.

(2) *Tattvacintāmaṇi with the Commentary Tattvacintāmaṇiprakāśa of Rucidatta Miśra and Tarkacūḍāmaṇi on Prakāśa of Dharmarājādhvarīndra.* Vol.I, Pratyakṣakhaṇḍa. Ed. Ramanuja Tatacharya, Tirupati: Rashtriya Sanskrit Vidyapeetha, 1973.

(3) *Maṅgalavāda by Gaṅgeśa Upādhyāya.* Ed. Gaurinath Śāstrī, Calcutta: The Asiatic Society, 1979.

Anumānakhaṇḍa, Muktivāda

(4) *The Anumānacintāmaṇi being the Second Book of the Tattvacintāmaṇi of Gaṅgeśa Upādhyāya with the Tattvacintāmaṇirahasya of Mathurānātha Tarkavāgīśa.* Ed. Kāmākhyānātha Tarkavāgīśa, Bibliotheca Indica 98, Calcutta: The Asiatic Society of Bengal, 1897, repr. New Delhi: Navrang, 1988.

(5) *Jāgadīśī: A Commentary on Anumāna-chintāmaṇi-dīdhiti by Śiromaṇi and Īśwarānumāna Chintāmani.* Second Part. Ed. Somanāthopādhyāya, Chowkhamba Sanskrit Series No.29, Benares: Chaukhamba Amarabharati Prakashan, 1908.

(6) *Gādādharī: A Commentary on Dīdhiti the Commentary by Raghunātha Śiromaṇi on the Tattvacintāmaṇi of Śrī Gaṅgeśa Upādhyāya.* Ed. V. P. Dvivedin et al., Chowkhamba Sanskrit Series 42, Benares, 1913-27, 2nd ed. by K. Jha and S. Vangiya, Varanasi: Chowkhambha Sanskrit Series Office, 1970.

(7) *Tattvacintāmaṇi with the Commentary Tattvacintāmaṇiprakāśa of Rucidatta Miśra and Tarkacūḍāmaṇi on Prakāśa of Dharmarājādhvarīndra.* Vol.II, Anumānakhaṇḍa part II. Ed. Ramanuja Tatacharya, Tirupati: Rashtriya Sanskrit Vidyapeetha, 1999.

Śabdakhaṇḍa

(8) *The Tattva-chintāmaṇi by Gaṅgeśa Upādhyāya: Śabda Khaṇḍa from Śabdaprāmāṇyavāda to Ucchannapracchannavāda with the Commentary of Mathurānātha Tarkavāgīśa.* Part IV, Volume I. Ed. Kāmākhyānātha Tarkavāgīśa, Bibliotheca Indica 98, Calcutta: The Asiatic Society of Bengal, 1897.

(9) *The Tattva-chintāmaṇi by Gaṅgeśa Upādhyāya: Śabda Khaṇḍa from Vidhivāda to Pramāṇacatuṣṭayaprāmāṇyavāda with the Commentaries of Mathurānātha Tarkavāgīśa and Jayadeva Miśra and with the Ākhyātavāda and the Nañvāda of Raghunātha Śiromaṇi.* Part IV, Volume II. Ed. Kāmākhyānātha Tarkavāgīśa, Bibliotheca Indica 98, Calcutta: The Asiatic Society of Bengal, 1901.

Tattvacintāmaṇiprakāśa of Rucidatta Miśra

See Tattvacintāmaṇi (7).

Tattvacintāmaṇiprakāśatarkacūḍāmaṇi of Dharmarāja Adhvarīndra

See Tattvacintāmaṇi (7).

Vaiśeṣikasūtra of Kaṇāda

(1) *Vaiśeṣikadarśana of Kaṇāda: with an Anonymous Commentary.* Ed. Anantalal Thakur, Darbhanga: Mithila Institute, 1957.

(2) *Vaiśeṣikasūtra of Kaṇāda with the Commentary of Candrānanda.* Ed. Jambuvijayaji, Gaekwad's Oriental Series No.136, Baroda: Oriental Institute, 1961.

(3) *Vaiśeṣikasūtropaskāra of Śaṅkaramiśra with The Prakāśikā Hindī Commentary by Ḍhuṇḍhirājaśāstrī.* Ed. Nārāyaṇa Miśra, Kashi Sanskrit Series 195, Varanasi: Chowkhamba Sanskrit Series Office, 1969.

Vaiśeṣikasūtra Upaskāra of Śaṅkara Miśra

See Vaiśeṣikasūtra (3).

Vaiśeṣikasūtravṛtti of Candrānanda

Vaiśeṣikasūtra of Kaṇāda with the Commentary of Candrānanda. Ed. Jambuvijayaji, Gaekwad's Oriental Series No.136, Baroda: Oriental Institute, 1961.

Vaiśeṣikasūtravyākhyā

See Vaiśeṣikasūtra (1).

Varāha Upaniṣad

Vihaṅgama Yoga: The Science of Consciousness with Sanskrit Text of Varāhopaniṣad & Mahopaniṣad. Ed. Mandan Mohan Rai, New Delhi: Meharchand Lachhmandas, 1992.

Vedāntasāra of Sadānanda

The Vedānta-Sāra. Edited with Introduction, Text, Translation and Notes by Hajime Nakamura, Kyoto: Heirakuji-Shoten, 1962.

Viṣṇupurāṇa

Viṣṇumahāpurāṇam of Maharṣi Vedavyāsa, with Sanskrit Commentary "Ātmaprakāśa" of Śrīdharācārya. Ed. Pt. Thaneshachandra Upreti, Delhi: Parimal Publishers, 2011.

Vyomavatī of Vyomaśiva Ācārya

Vyomavatī of Vyomaśivācārya. Part One. Ed. Gaurīnāth Śāstrī, M. M. Śivakumāraśāstri Granthamālā vol.6, Varanasi: Sampurnanand Sanskrit Vishvavidyalaya, 1983.

Yājñavalkyasmṛti of Yogīśvara Maharṣi Yājñavalkya

Yājñavalkyasmṛti of Yogīśvara Maharṣi Yājñavalkya with the Mitākṣarā Commentary of Vijñāneśvara. Ed. Ganga Sagar Rai, Delhi: Chauwkhamba Sanskrit Pratishthan, 1999.

Yogabhāṣya of Vyāsa

Pātañjalayogasūtrāṇi. Ed. Kāśīnātha Śāstrī Āgāse Ānadāśrama Saṃskṛta Granthāvaliḥ 47, Poona: Ānandāśramamudraṇālaya, 1904.

Yogasūtra of Patañjali

See Yogabhāṣya.

Yogavāsiṣṭha of Vālmīki

The Yogavāsiṣṭha of Vālmīki with the Commentary Vāsiṣṭhamahārāmāyaṇatātparyaprakāśa. Vols.I & II. Ed. Vasudeva Laxmana Sharma Pansikar, Bombay, 1918, repr. Delhi: Motilal Banarsidass, 1984.

第二次資料

赤松明彦

1989 「ウッディヨータカラの思想：NV 研究(1) tattvajñānān niḥśreyasādhigamaḥ」『インド思想史研究』6: 67-76.

1991a「初期ニヤーヤ学派の（祭式）行為論：NS 4.1.44-54」『西日本宗教学雑誌』13: 1-19.

1991b「ウッディヨータカラの思想：NV 研究(2) apūrva をめぐって」『伊原照蓮博士古稀記念論文集』伊原照蓮博士古稀記念会，377-398.

2000 「ウッディヨータカラの思想：NV 研究(3) NS 1.1.2 の解脱論をめぐって」赤松明彦編『戸崎宏正博士古稀記念論文集：インドの文化と論理』九州大学出版会，667-683.

安達俊英

1984 「ヴァイシェーシカ・スートラにおける解脱について」『印度学仏教学研究』64: 136-137.

井狩彌介

1988 「輪廻と業」長尾雅人他編『インド思想 2』岩波講座東洋思想 6，岩波書店，275-306.

井狩彌介・渡瀬信之訳注

2002 『ヤージュニャヴァルキヤ法典』東洋文庫698，平凡社
伊藤和男
1935 「正理学派に於ける解脱の問題：正理経 1.1.2 と縁起説との聯關に於いて」『龍谷学報』313: 154-184.
伊藤道哉
1986 「jīvanmukti 以後」『印度学仏教学研究』35(1): 78-81.
1990 「Videhamukti（離身解脱）について」『論集』17: 1-13.
宇野惇
1996 『インド論理学』法藏館
片岡啓
1995 「「ナラセル」の解釈学：『シャバラ注』における bhāva, kriyā, bhāvanā」『インド哲学仏教学研究』3: 47-60.
2004 『古典インドの祭式行為論：Śābarabhāṣya & Tantravārttika ad 2.2.1-4 原典校訂・訳注研究』山喜房佛書林
2011 『ミーマーンサー研究序説』九州大学出版会
金倉圓照
1971 『インドの自然哲学』平楽寺書店
1974 『インド哲学の自我思想』大蔵出版
1976 「ヴェーダーンタ派の一異流：バースカラについて」『インド哲学仏教学研究』Ⅲ，春秋社，229-260.
金沢篤
2003 「前生想起と解脱：知行併合論の哲学的基礎Ⅳ」『駒澤大学仏教学部研究紀要』61: 498-471.
上村勝彦訳
1992 『バガヴァッド・ギーター』岩波文庫
倉田治夫
1985a「Mīmāṃsā 学派の解脱観の一断面」『印度学仏教学研究』33(2): 66-70.
1985b「ミーマーンサー学派の解脱観：パールタサーラティの場合」『東方』1: 58-67.
黒田泰司
1988 「祭事哲学の体系（ミーマーンサー）」長尾雅人他編『インド思想 1』岩波講座東洋思想５，岩波書店，235-257.
佐保田鶴治
1973 『ヨーガ根本教典』平河出版社

1977 『ウパニシャッドからヨーガへ』平河出版社
1979 『ウパニシャッド』平河出版社
1980 『解説ヨーガ・スートラ』平河出版社
島岩
2002 『シャンカラ』人と思想179，清水書院
正信公章
1992 「インド中世における三杖一杖論争１：その前史」『文明研究』11: 1-16.
鈴木孝典
2010 「ヴァイシェーシカ学派における「論理」志向と「聖典」志向：解脱の存在に対する pramāṇa をめぐって」『印度学仏教学研究』58(2): 226-230.
立川武蔵
2005 『ヒンドゥー教巡礼』集英社新書
辻直四郎
1980 『バガヴァッド・ギーター』講談社
1990 『ウパニシャッド』講談社学術文庫
友岡雅弥
1985 「初期ニヤーヤ学派の解脱論」『待兼山論叢：哲学篇』18: 49-67.
中村元
1990 「ウパニシャッドの思想」『中村元選集［決定版］９』春秋社
1995 「ミーマーンサーと文法学の思想」『中村元選集［決定版］26』春秋社
1996a「ニヤーヤとヴァイシェーシカの思想」『中村元選集［決定版］25』春秋社
1996b「ヴェーダーンタ思想の展開」『中村元選集［決定版］27』春秋社
野沢正信
1981 「ヴァイシェーシカにおける生死について」『日本仏教学会年報』46: 459-472.
1995 「『ヴァイシェーシカ・スートラ』の二つの層」『インド思想史研究』7: 72-84.
2000 「ニヤーヤ学派に言及される初期ヴァイシェーシカ学派の輪廻説」『印度哲学仏教学』15: 114-130.
服部正明
1966 「古典ニヤーヤ学派のアートマン論とその背景」『哲学研究』43(6): 49-73.
1969 「論証学入門」長尾雅人編『世界の名著１：バラモン教典，原始仏典』中央公論社，331-397.
1979 『古代インドの神秘思想』講談社現代新書

1988 「インド思想史(二)」長尾雅人他編『インド思想２』岩波講座東洋思想６，岩波書店，1-67.
1989 「ヴァイシェーシカ・スートラにおけるダルマについて」藤田宏達博士還暦記念論集刊行会編『藤田宏達博士還暦記念論集：インド哲学と仏教』平楽寺書店，37-54.

針貝邦生
1990 『古典インド聖典解釈学研究：ミーマーンサー学派の釈義・マントラ論』九州大学出版会

菱田邦男
1993 『インド自然哲学の研究：Tattvasaṃgraha の一考察と Saptapadārthī の和訳解説』山喜房佛書林

松尾義海
1948 『印度論理学の構造』秋田屋

丸井浩
1989 「インド論理学派の解脱観について」『武蔵野女子大学仏教文化研究所紀要』7: 31-46.

宮坂宥勝
1963 「ニヤーヤ学派におけるアートマンの問題」中村元編『自我と無我：インド思想と仏教の根本問題』平楽寺書店，289-320.

宮元啓一
1982 「ニヤーヤ，ヴァイシェーシカ両派の解脱観」仏教思想研究会編『仏教思想８：解脱』平楽寺書店，327-352.
2009 『ヴァイシェーシカ・スートラ：古代インドの分析主義的実在論哲学』臨川書店

宮元啓一・石飛道子
1998 『インド新論理学派の知識論：『マニカナ』の和訳と註解』山喜房佛書林

美莉亜訳
2007a『バーガヴァタ・プラーナ：クリシュナ神の物語全訳』（上）ブイツーソリューション
2007b『バーガヴァタ・プラーナ：クリシュナ神の物語全訳』（中）ブイツーソリューション
2009 『バーガヴァタ・プラーナ：クリシュナ神の物語全訳』（下）ブイツーソリューション

村上真完

1979a「五火二道説の展開」『印度学仏教学研究』27(2): 549-554.

1979b「知行併合論（samuccaya-vāda）」『印度学仏教学研究』28(1): 16-21.

1980「インド哲学における知と行：jñāna と karman に関する *Yukti-dīpikā* の議論」日本仏教学会編『仏教における修行とその理論的根拠』平楽寺書店, 1-18.

1982「認識から解脱への筋道：サーンクヤ哲学における」仏教思想研究会編『仏教思想 8：解脱』平楽寺書店, 353-403.

山下博司

2004『ヒンドゥー教：インドという〈謎〉』講談社選書メチエ

山本和彦

1994「インド思想における非存在について」『大谷学報』74(1): 43-45.

2004「ヴァーチャスパティ・ミシュラの知覚と聖言」『仏教学セミナー』79: 68-54.

2006「正統バラモン思想とは何か」『大谷学報』84 (3, 4) : 65-69.

2010a「『ニヤーヤ・スートラ』の解脱論」『大谷大学研究年報』62: 1-35.

2010b「ウダヤナの解脱論」『仏教学セミナー』91: 1-17.

2011「ガンゲーシャの苦滅論」『仏教学セミナー』94: 1-13.

2014「ガンゲーシャの知行併合論批判」奥田聖應先生頌寿記念論集刊行会編『奥田聖應先生頌寿記念インド学仏教学論集』佼成出版社, 260-270.

湯田豊訳

1979 オットー・シュトラウス『インド哲学』大東出版社

鎧淳訳

1998『完訳バガヴァッド・ギーター』中公文庫

和田壽弘

2001「インド自然哲学における解脱」立川武蔵編『癒しと救い：アジアの宗教的伝統に学ぶ』玉川大学出版部, 135-153.

渡瀬信之

1990『マヌ法典：ヒンドゥー教世界の原型』中公新書

1991『サンスクリット原典全訳：マヌ法典』中公文庫

Abhyankar, K. V. and Shukla, J. M.

1961. *A Dictionary of Sanskrit Grammar.* Baroda: Oriental Institute.

Athalye, Y. V. and Bodas, M. R.

1897. *Tarkasaṃgraha of Annaṃbhaṭṭa with the Author's Own Dīpikā and Govardhana's Nyāyabodhinī.* Poona: Bhandarkar Oriental Research Institute.

Bhattacharya, D.

1958. *History of Navya-Nyāya in Mithilā.* Darbhanga: Mithila Institute.

Bronkhorst, J.

2009. "Some Uses of Dharma in Indian Philosophy." Ed. Patrick Olivelle, *Dharma: Studies in its Semantic, Cultural and Religious History*. Delhi: Motilal Banarsidass, 311-328.

Frauwallner, E.

1984. "Der ursprüngliche Anfang der Vaiśeṣika-Sūtren." *Nachgelassene Werke I, Aufsätze, Beiträge, Skizzen.* Hrsg von Ernst Steinkellner. Wien, 35-41.

Guha, D. C.

1979. *Navya Nyāya System of Logic.* Delhi: Motilal Banarsidass.

Halbfass, W.

1992. *On Being and What There Is: Classical Vaiśeṣika and the History of Indian Ontology.* Albany: State University of New York Press.

Ingalls, D. H. H.

1967. "Bhāskara the Vedāntin." *Philosophy East and West* 17, 1/4: 61-67.

Jha, G.

1911. *The Prābhākara School of Pūrva Mīmāṃsā.* Allahabad, repr. Delhi: Motilal Banarsidass, 1978.

1915. *The Nyāyasūtras of Gautama with Vātsyāyana's Bhāṣya and Uddyotakara's Vārttika.* Allahabad, repr. Kyoto: Rinsen, 1983.

Kane, P. V.

1953. *History of Dharmaśāstra.* Vol.4, Poona: Bhandarkar Oriental Research Institute.

1962. *History of Dharmaśāstra.* Vol.5, Poona: Bhandarkar Oriental Research Institute.

Kaviraj, G.

1982. *The History and Bibliography of Nyāya-Vaiśeṣika Literature.* The Prince of Wales Sarasvati Bhavana Studies, Sampurnanand Sanskrit University, Varanasi.

Kunjunni, R. K.

1963. *Indian Theories of Meaning.* Madras: The Adyar Library and Research Centre.

Matilal, B. K.

1968. *The Navya-nyāya Doctrine of Negation.* Harvard Oriental Series Vol.46, Cambridge, Mass.: Harvard University Press.

1976. "Introduction," *Śaśadhara's Nyāyasiddhāntadīpa with Ṭippana by Guṇaratnasūri.* Ed. Matilal, B. K., Ahmedabad: L. D. Institute of Indology.

Nozawa, M.

1996. "Concept of *yoga* in the *Vaiśeṣikasūtra.*"『今西順吉教授還暦記念論集：インド思想と仏教文化』春秋社, 17-30.

Oberhammer, G.

1984. *Wahrheit und Transzendenz: Ein Beitrag zur Spiritualität des Nyāya.* Wien: Österreichischen Akademie der Wissenschaften.

Phaṇibhūṣaṇa, T.

1967. *Nyāya Philosophy: Literal Translation of Gautama's Nyāya-sūtra and Vātsyāyana's Bhāṣya.* Calcutta: Past & Present.

Potter, K. H. (Ed.)

1970. *Encyclopedia of Indian Philosophies Vol.I: Bibliography.* Delhi: Motilal Banarsidass.

1977. *Encyclopedia of Indian Philosophies Vol.II: Indian Metaphysics and Epistemology: The Tradition of Nyāya-Vaiśeṣika up to Gaṅgeśa.* Delhi: Motilal Banarsidass.

Potter, K. H. and Bhattacharyya, S. (Eds.)

1993. *Encyclopedia of Indian Philosophies Vol.VI: Indian Philosophical Analysis Nyāya-Vaiśeṣika from Gaṅgeśa to Raghunātha Śiromaṇi.* Delhi: Motilal Banarsidass.

2011. *Encyclopedia of Indian Philosophies Vol.XIII: Nyāya-Vaiśeṣika Philosophy from 1515 to 1660.* Delhi: Motilal Banarsidass.

Slaje, W.

1986. "Niḥśreyasam im alten Nyāya." *Wiener Zeitschrift für die Kunde Südasiens und Archiv für Indische Philosophie.* XXX: 163-170.

Strauss, O.

1925. *Indische Philosophie.* München: Ernst Reinhardt.

Tachikawa, M.

2001. "The Introductory Part of Kiraṇāvalī." *Journal of Indian Philosophy.* 29: 275-291.

Vidyabhusana, S. C.

1921. *A History of Indian Logic.* Calcutta: Calcutta University.

Wada, T.

2000. "Liberation in Early Navya-Nyāya." *The Way to Liberation: Indological Studies in Japan.* Eds. Sengaku Mayeda, et al., Delhi: Manohar Publishers and Distributors, 107–121.

2004. "The Origin of Navya-nyāya and Its Place within the History of Indian Logic." *Prof. Musashi Tachikawa's Felicitation Volume: Three Mountains and Seven Rivers.* Delhi: Motilal Banarsidass, 439–462.

Wezler, A.

1982. "Remarks on the Definition of 'yoga' in the Vaiśeṣikasūtra." *Indological and Buddhist Studies: Volume in Honor of Prof. J. W. de Jong on his Sixtieth Birthday.* Ed. Hercus, L. A., et al. Canberra: Australian National University Press, 643–686.

おわりに

解脱論は仏教，ジャイナ教，ヒンドゥー教などインドのすべての宗教のメインテーマであり，研究も多い。一方，新論理学は遍充関係などの研究は多いが，論理学以外の本格的な文献研究は少ない。特に解脱論に関しては，立川武蔵先生の『キラナーヴァリー』の解脱論の部分の英訳と和田壽弘先生のシャシャダラに関する研究のみである。そういう状況のなかで，本書はガンゲーシャの解脱論研究の先駆的な意味を持つであろう。本書によって，解脱論に関するウダヤナとガンゲーシャとの関係やガンゲーシャと対論者との議論の内容が明らかになったと思われる。本書は新論理学の解脱論研究の出発点に過ぎない。この研究を契機として，ラグナータやガダーダラなどガンゲーシャ以降の新論理学者の解脱論が解明されることが期待される。

本書は2012年２月に大谷大学に提出した学位請求論文を基にしている。この論文は2007年４月から2008年３月まで客員研究員として滞在したハーヴァード大学での在外研究の研究報告書を基としている。出版するにあたり，訂正，加筆，削除した部分もある。

学位請求論文を審査していただいた主査の大谷大学名誉教授兵藤一夫先生をはじめ，信州大学教授茂木秀淳先生，大谷大学名誉教授宮下晴輝先生，大谷大学教授門脇健先生，さらにハーヴァード大学でご指導していただいたパリマル・パティル教授（Prof. Parimal G. Patil）に厚く御礼を申し上げたい。大谷大学で指導教授であった長崎法潤先生とプーナ大学で指導教授であったジャー（V. N. Jha）先生に対しての謝意は言葉に尽くせない。

本書は，2014年度大谷大学学術刊行物出版助成金の交付による出版である。ハーヴァード大学での在外研究に対して気持ち良く送り出していただいた木村宣彰前学長と学位を授与していただいた草野顕之学長にも御礼を申し上げねばならない。

校正に際しては大谷大学助教の堀田和義氏に，出版に際しては法藏館西村明高社長，編集部の満田みすず氏と今西智久氏にお世話になった。ご助力いただいた関係者の方々に対してとともに感謝を記しておきたい。

2015年2月1日

山本和彦

索　引

人名，書名，専門用語を中心に言葉を選んだ。ただし苦，楽，解脱，知識，真理知，karman, duḥkha, mukti, pravṛtti など頻出する言葉に関しては，煩雑さを避けるために除外した。

I　日本語索引

あ行——

か行——

さ行――

た行――

な行——

は行——

ま行——

や行——

ら行——

わ行——

II　サンスクリットなどローマ字索引

A——

G——

H——

I——

J——

K——

L——

M——

N——

O――

P――

R――

S――

Y ——

山本和彦（やまもと　かずひこ）

Ph.D，博士（文学）。
1960年京都市生まれ。
1984年大谷大学文学部仏教学科卒業，1986年大谷大学大学院文学研究科修士課程仏教学専攻修了，1992年インド・マハラシュトラ州立プーナ大学サンスクリット高等研究所博士課程修了，1993年大谷大学大学院文学研究科博士後期課程仏教学専攻満期退学。
1999年大谷大学文学部専任講師，2004年大谷大学文学部助教授，2007年米国ハーヴァード大学サンスクリット・インド学科客員研究員，2007年大谷大学文学部准教授，2012年大谷大学文学部教授，現在に至る。
専攻分野：インド哲学・仏教学。

インド新論理学の解脱論

2015年2月5日　初版第1刷発行

著　者　山本和彦
発行者　西村明高
発行所　株式会社 法藏館
〒600-8153
京都市下京区正面通烏丸東入
電　話　075（343）0030（編集）
075（343）5656（営業）

印刷・製本　中村印刷株式会社

ISBN978-4-8318-7080-3 C3015　*printed in Japan*